Das Ende der Schriftformheilungsklausel

Europäische Hochschulschriften Recht

European University Studies in Law

Publications Universitaires Européennes de Droit

Band/Volume **6199**

Johanna Rösch

Das Ende der Schriftformheilungsklausel

Eine Betrachtung
langfristiger Mietverträge
nebst Gestaltungsempfehlung

PETER LANG

Bibliografische Information der Deutschen Nationalbibliothek
Die Deutsche Nationalbibliothek verzeichnet diese Publikation in der Deutschen Nationalbibliografie; detaillierte bibliografische Daten sind im Internet über http://dnb.d-nb.de abrufbar.

Zugl.: Jena, Univ., Diss., 2020

27
ISSN 0531-7312
ISBN 978-3-631-83528-9 (Print)
E-ISBN 978-3-631-84052-8 (E-PDF)
E-ISBN 978-3-631-84053-5 (EPUB)
E-ISBN 978-3-631-84054-2 (MOBI)
DOI 10.3726/b17790

Peter Lang – Berlin · Bern · Bruxelles · New York · Oxford · Warszawa · Wien

Diese Publikation wurde begutachtet.

www.peterlang.com

Für Dominic

Vorwort

Die vorliegende Arbeit wurde von der Rechtswissenschaftlichen Fakultät der Friedrich-Schiller-Universität Jena im Wintersemester 2019/2020 als Dissertation angenommen. Rechtsprechung und Literatur konnten bis Februar 2020 berücksichtigt werden; nachgetragen wurde der aktuelle Stand des Gesetzgebungsverfahrens zur Neuregelung des Schriftformerfordernisses im Mietrecht (BT-Drs 19/17034).

Danken möchte ich allen voran meinem Doktorvater Prof. Dr. Jan Dirk Harke, der die Entstehung dieser Arbeit mit großem wissenschaftlichen und persönlichen Engagement förderte und mir als ein sehr angenehmer Gesprächspartner zur Seite stand. Herrn Prof. Dr. Christian Alexander danke ich herzlich für die rasche Erstellung des Zweitgutachtens.

Zurück blicke ich auch heute in dankbarer und liebevoller Erinnerung an meine Tante Lucia, für die Bildung stets sehr kostbar und wichtig war, und die mir noch immer starken Halt gibt.

Ein großer Dank geht an all diejenigen, die mir während der Anfertigung dieser Abhandlung mit ihren konstruktiven und wertvollen Ratschlägen zur Seite standen.

Für ihre liebevolle Unterstützung danke ich meiner Familie und meinen Freunden; insbesondere meinen Großeltern und meinen Geschwistern, die mich während meiner Promotion mit viel Verständnis begleitet haben.

Mein größter Dank geht schließlich an meine Eltern und meinen Ehemann: Meinen lieben Eltern Karin und Alfred danke ich für ihr unerschütterliches Vertrauen in mich, ihre bedingungslose Unterstützung und ihren immerwährenden Rückhalt.

Von ganzem Herzen aber danke ich meinem Ehemann Dominic für sein Verständnis, das er mir nicht nur bei dieser Arbeit entgegenbrachte, seine Geduld und seinen unermesslich liebevollen Rückhalt.

München, im Juli 2020 *Johanna Rösch*

Inhaltsübersicht

Inhaltsverzeichnis

Einleitung

A. Einführung in die Problematik

Mietvertragliche Schriftformheilungsklauseln sind unwirksam, urteilte der Bundesgerichtshof überraschend im Jahr 2017[1] und leitete damit zugleich deren Ende ein. Eine für das Gewerberaummietrecht weitreichende Entscheidung mit der Folge, dass Mietvertragsparteien nun fortan um die Entfristung ihrer langfristig geschlossenen Verträge[2] bangen. Denn zahlreichen Mietern und Vermietern wurde hierdurch die Möglichkeit eröffnet, sich vorzeitig von einem unliebsam gewordenen Mietvertrag zu lösen.

Die wirksame Befristung von Mietverträgen spielt im Gewerberaummietrecht wegen des grundsätzlich bestehenden Sicherungsinteresses der Vertragsparteien eine wesentliche Rolle.[3] Schließlich werden Mietverträge über Gewerbeobjekte angesichts der sich stetig ändernden Marktverhältnisse regelmäßig auf bestimmte Zeit – meist über einen Zeitraum von zehn bis zwanzig Jahren – geschlossen. Im Unterschied zu einem auf unbestimmte Zeit geschlossenen Vertrag kann ein Mietvertrag bei vereinbarter Festlaufzeit grundsätzlich nicht ohne Weiteres gekündigt werden. Durch die Befristung soll den Vertragsparteien also mittel- bis langfristige Planungssicherheit[4] gewährt werden. Eine dauerhafte und beständige Regelung von Laufzeit und Miete ist damit aus wirtschaftlichen Gesichtspunkten sowohl für Vermieter wie auch Mieter von wesentlicher Bedeutung.[5]

So garantieren langfristig gesicherte Mieteinnahmen dem Vermieter die Erzielung einer hohen Rendite aus der Gewerbeimmobilie. In finanzieller Hinsicht ist die Beständigkeit der Mietverträge daher nicht nur für den Bestandsvermieter, sondern insbesondere auch für einen Immobilieninvestor entscheidend.[6] Denn in der Regel bestimmen die zu erwartenden Mieteinnahmen die Werthaltigkeit einer Immobilie und stellen damit zugleich eine wichtige Kalkulationsgrundlage

---

1 BGHZ 216, 68 (68 ff.).

2 Die Bezeichnung „langfristige Mietverträge" meint im Folgenden befristete Mietverträge, die für längere Zeit als ein Jahr abgeschlossen wurden (vergleiche § 550 S. 1 BGB).

3 *Horst*, NZM 2018, 889 (889).

4 *Mehrings*, NZM 2009, 386 (390).

5 *Grüttemeier*, Das Formerfordernis des § 566 BGB, S. 3 f.

6 *Kreikenbohm/Niederstetter*, NJW 2009, 406 (406).

für das Investment dar.[7] Rechnet ein Investor fest mit den langfristigen Einnahmen, hängt die Sicherheit seiner Investition stark von der Beständigkeit der eingegangenen Mietverträge ab. Ein ungeplanter Leerstand führt im schlimmsten Fall zum Verlust der Kreditwürdigkeit.[8] Die Bewertung der Mietverträge und der damit einhergehenden Frage nach deren vorzeitiger Kündbarkeit bildet daher regelmäßig einen Beratungsschwerpunkt bei der im Rahmen von Immobilientransaktionen durchzuführenden rechtlichen Due Diligence.[9]

Aber auch Mieter haben in finanzieller Hinsicht oft großes Interesse am Bestand eines langfristigen Vertrages. Umfangreiche und im Hinblick auf die Vertragsdauer getätigte Investitionen müssen sich amortisieren.[10] Ein wichtiges Anliegen vieler Unternehmen ist zudem die langfristige Sicherung des Standortes und damit die Grundlage ihrer wirtschaftlichen Existenz.[11] Denn ein ungeplanter Standortwechsel kann einen erheblichen finanziellen Nachteil bringen. Ist zum einen gerade in städtischen Regionen bei Neuabschluss eines Gewerbemietvertrages aufgrund der stetig ansteigenden Mietpreise mit einem erheblichen Kostenmehraufwand zu rechnen, birgt zum anderen auch jeder Ortswechsel die Gefahr, dass eine Vielzahl der Mitarbeiter das Unternehmen verlassen wird oder Kunden verloren gehen. Verbunden ist damit aber auch in vielen Fällen ein nicht unerheblicher logistischer Aufwand, den es zu bewältigen gilt. Besonders große Hürden ergeben sich für Industrieunternehmen durch die Verlegung umfangreicher Produktionsanlagen und der damit einhergehenden Beantragung neuer behördlicher Genehmigungen.

Nur eine wirksame Befristung vermag deshalb den Parteien die erstrebte Planungssicherheit vermitteln. Zu erreichen ist dies allein über die mietvertragliche Vereinbarung einer Festlaufzeit, die – um Wirksamkeit zu entfalten – dem gesetzlichen Formerfordernis entsprechen muss. Und zwar nicht nur bei Abschluss des Mietvertrages, sondern vielmehr während seiner gesamten Laufzeit. Maßgebliche Vorschrift ist § 550 BGB. Hiernach unterliegen befristete Mietverträge, die für einen längeren Zeitraum als ein Jahr geschlossen werden, zwingend der gesetzlichen Schriftform. Die Formwidrigkeit führt indes nicht zur Nichtigkeit, sondern dazu, dass das Mietverhältnis ordentlich kündbar ist. Ungeachtet einer etwaigen Restlaufzeit von möglicherweise mehreren Jahren kann es nach § 580a

---

7 *Jacoby*, NZM 2011, 1 (2); *Lindner-Figura/Reuter*, NJW 2018, 897 (898).
8 *Conradi*, FAZ vom 03.01.2020, S. 13.
9 *Kreikenbohm/Niederstetter*, NJW 2009, 406 (406).
10 *Lindner-Figura/Reuter*, NJW 2018, 897 (898); *Streyl*, NZM 2009, 261 (262).
11 *Horst*, NZM 2018, 889 (889).

Abs. 2 BGB unter Einhaltung einer Kündigungsfrist von sechs Monaten zum Quartalsende einseitig und gegen den Willen der anderen Vertragspartei vorzeitig aufgelöst werden.

Hieraus resultiert für die Vertragsparteien eine erhebliche Rechtsunsicherheit, welche bisher durch die in Mietverträgen regelmäßig enthaltene Schriftformheilungsklausel abgewendet werden sollte. Eine derartige Klausel verpflichtet beide Parteien, etwaig auftretende Formverstöße zu beheben, wodurch die Möglichkeit der ordentlichen Kündigung gemäß § 550 BGB ausgeschlossen und damit zugleich die Einhaltung der vereinbarten Vertragslaufzeit sichergestellt wird. Diese Regelung vermochte in der Vergangenheit die Vertragsparteien davon abzuhalten, sich auf einen Formverstoß zu berufen. Durch die neuerliche Entscheidung des Bundesgerichtshofes zur Unwirksamkeit derartiger Klauseln ist diese Sicherungsmöglichkeit entfallen, weshalb etliche Mieter und Vermieter nunmehr die ungewollte Entfristung ihrer langfristig geschlossenen Mietverträge befürchten.

Neben einer erhöhten Rechtsunsicherheit birgt die Kehrtwende in der Rechtsprechung aber vor allem die Gefahr eines Missbrauchs der gesetzlichen Regelung.[12] Da die Kündigung wegen Nichteinhaltens der Form meist die einzige Möglichkeit darstellt, eine vereinbarte Festlaufzeit aushebeln zu können, nutzen zahlreiche Mieter und Vermieter die nunmehr gewonnene Chance und lassen bestehende Mietverträge von Anwaltskanzleien gezielt und in großer Regelmäßigkeit auf derartige „Schlupflöcher“[13] überprüfen.[14] Denn bei der Mehrheit der bestehenden Mietverträge werden in der Praxis bei einer hierauf gerichteten Überprüfung tatsächlich Schriftformmängel festgestellt[15]. Zurückzuführen ist dies auf die zahlreichen vom Bundesgerichtshof aufgestellten und strengen Regeln zur Wahrung der Schriftform[16], welche den Rechtsverkehr oftmals überfordern[17]. Hierdurch bietet sich den Mietvertragsparteien die Option, unliebsam gewordene Verträge entweder zu kündigen oder aber deren Kündigung zumindest anzudrohen, um hierdurch eine bessere Verhandlungsposition erlangen zu können.[18]

---

12 *Siering*, Die Auswirkungen des § 550 BGB auf die Gestaltungspraxis von Immobilientransaktionen, S. 122, 170.

13 LG Frankfurt a. M. NZM 2007, 288 (289); *Günter*, NZM 2019, 561 (562).

14 *Lindner-Figura/Reuter*, NJW 2018, 897 (898).

15 *Klimke*, WuM 2010, 8 (10).

16 *Leo*, in: BeckOK MietR, § 550 Rn. 4 f.

17 *Häsemeyer*, JuS 1980, 1 (4).

18 *Mehrings*, NZM 2009, 386 (391).

Die Gründe für ein solches Vorgehen sind vielfältig, ergeben sich aber zumeist aus den geänderten Marktverhältnissen.[19] So sind es vor allem nachhaltig wirtschaftende Unternehmen, die bestehende Mietverträge nun allesamt auf Schriftformmängel überprüfen lassen, um angemietete Flächen im Rahmen einer Bestandssenkung großflächig reduzieren zu können. Gelingt es einem Unternehmen durch Optimierung des Auftragsabwicklungsprozesses die Liquidität zu steigern, kann dies zu einer enormen Kosteneinsparung führen. Umgekehrt kann eine Reduktion der Flächen auch aufgrund ausbleibender Gewinne notwendig werden. Fordert die wirtschaftliche Dynamik also eine Umsetzung solch kurzfristiger Entwicklungen, stellt die Kündigung wegen Nichteinhaltens der Schriftform nunmehr eine neu gewonnene Möglichkeit dar, um zahlreiche Mietverträge vorzeitig aufkündigen zu können.

Aber auch Vermieter profitieren von der neuen Rechtsprechung und machen sich diese zu eigen, sofern sich dadurch eine höhere Rendite erzielen lässt. Vor allem in Ballungszentren stürzen sich sogenannte „Immobilienhaie" auf Objekte in guter Lage und nutzen die Chance der vorzeitigen Kündbarkeit, um bei Neuabschluss der Mietverträge eine höhere Miete zu erlangen. Beabsichtigt ein Investor beispielsweise den Abriss und Neubau eines Gebäudes, kann es ihm in finanzieller Hinsicht einen erheblichen Vorteil bringen, mit dem Vorhaben vorzeitig beginnen zu können, ohne sich zunächst von den Bestandsmietverträgen „freikaufen" zu müssen.[20]

Nach derzeitiger Rechtslage stellt die strikte Einhaltung der Form praktisch die einzige Möglichkeit dar, das soeben beschriebene Risiko einer ordentlichen Kündigung abwenden zu können. Denn ansonsten kann einer solchen nunmehr allein der – zumeist nicht durchgreifende – Missbrauchseinwand des § 242 BGB entgegengehalten werden.

B. Untersuchungsziel

Ausgangspunkt vorliegender Untersuchung ist das vom Bundesgerichtshof zur Unwirksamkeit der Schriftformheilungsklausel ergangene Urteil und dessen Auswirkungen auf die Gestaltungspraxis. Diese Arbeit leitet der Gedanke, die sich hieraus ergebende Lücke – soweit möglich – zu schließen. Im Kern gilt es, das bestehende Spannungsverhältnis zwischen rechtsgeschäftlicher und gesetzlicher Form zu lösen und der Schriftformheilungsklausel insofern ihren rechten

---

19 *Baumgarten/Engel*, MietRB 2011, 189 (189).
20 *Leo*, NJOZ 2014, 321 (323).

Platz zuzuweisen. Hierfür gilt es zunächst herauszufinden, inwieweit den mietrechtlichen Schriftformklauseln heute noch ein Geltungsanspruch zusteht. Es wird analysiert, ob die Rechtsprechung des Bundesgerichtshofes im Ergebnis überzeugen kann und ob unter Beachtung dieser Maßgaben eine für alle beteiligten Parteien sinnvolle und effektive Schriftformklausel vertraglich vereinbart werden kann. Anschließend soll für diesen Fall eine eigene Gestaltungsempfehlung für zukünftig abzuschließende Mietverträge abgegeben werden. Für den Fall, dass sich ein ausreichender und für alle Beteiligten sinnvoller Schutz durch vertragliche Gestaltung nicht erreichen lässt, soll auch untersucht werden, ob aus praktischen Gesichtspunkten eine Gesetzesänderung in Betracht zu ziehen wäre und wie eine solche umgesetzt werden könnte.

C. Gang der Untersuchung

Die Arbeit untergliedert sich in fünf Kapitel. Das erste Kapitel soll zunächst ein grundlegendes, für die weitere Untersuchung unerlässliches Verständnis der Schriftform(heilungs)klausel schaffen. Hierfür wird zunächst der Untersuchungsgegenstand konturiert, bevor eine dogmatische Auseinandersetzung mit der Klausel selbst erfolgt. Schließlich wird das Bedürfnis rechtsgeschäftlicher Schriftformklauseln erläutert und ein kurzer Überblick über die gegenwärtige Rechtslage verschafft.

Im zweiten Kapitel wird das Schriftformgebot des § 550 BGB im Hinblick auf die eintretende Rechtsfolge, die Tatbestandsvoraussetzungen und den Normzweck beleuchtet.

Das dritte Kapitel arbeitet sodann die Schriftformanforderungen des § 550 BGB heraus und zeigt die für den Rechtsverkehr bestehende Unsicherheit auf. Dabei befasst sich ein Unterabschnitt zunächst mit den Merkmalen, die eine Mietvertragsurkunde nach ihrer äußeren Beschaffenheit aufweisen muss. Schließlich werden in einem weiteren Unterabschnitt die inhaltlichen Anforderungen, die an die Urkunde zu stellen sind, untersucht.

Das vierte Kapitel beinhaltet die rechtliche Beurteilung der einfachen bzw. doppelten Schriftformklausel sowie der Schriftformheilungsklausel. Dabei wird in einem ersten Unterabschnitt die Wirksamkeit formfreier Absprachen trotz einer vereinbarten einfachen bzw. doppelten Schriftformklausel herausgearbeitet. Anschließend untersucht ein zweiter Unterabschnitt die Schriftformheilungsklausel auf ihre Wirksamkeit hin.

Im fünften Kapitel wird sodann eine mögliche Durchbrechung des Formzwangs untersucht. Vor dem Hintergrund der im Rahmen der Abhandlung gewonnenen Erkenntnisse wird eine konkrete Gestaltungsempfehlung abgegeben. Daran anschließend wird die Möglichkeit und Notwendigkeit einer Reform des Gesetzestextes – auch im Hinblick auf den vom Bundesrat beschlossenen Gesetzesantrag zur Änderung des § 550 BGB – beleuchtet und, hierauf beruhend, ein alternativer Gesetzesentwurf erarbeitet und zur Diskussion gestellt.

Letztlich schließt die Arbeit unter Darstellung der wesentlichen Ergebnisse mit einem Fazit ab und gibt insoweit einen Ausblick auf die Anforderungen, die künftig an eine effektive Gestaltungspraxis zu stellen sind.

Erstes Kapitel: Grundlegendes zur Schriftformklausel

Anlass und Gegenstand vorliegender Abhandlung sind die rechtsgeschäftlichen Schriftformbestimmungen des Mietrechts. Ihre Aufgabe ist es, die Folgen eines Verstoßes gegen die gesetzliche Schriftform zu vermeiden. Im Mittelpunkt dieser Arbeit steht die Schriftformheilungsklausel und die hieraus resultierende Problematik der Selbstbindung der Parteien. Daneben existieren weitere von der Gestaltungspraxis entwickelte Schriftformabreden mit derselben Zielrichtung, die es bei der durchzuführenden Untersuchung zu berücksichtigen gilt. Namentlich handelt es sich um die einfache und die doppelte Schriftformklausel. Zusammenfassen lassen sie sich allesamt unter dem allgemeinen Begriff der „Schriftformklausel".

A. Die Schriftformklausel als Untersuchungsgegenstand

Zu Beginn stellt sich die Frage, was unter dem Begriff der Schriftformklausel genau zu verstehen ist, welchen Zweck eine Schriftformklausel im Allgemeinen verfolgt und inwiefern die einzelnen Klauselarten voneinander abzugrenzen sind.

I. Der Begriff der Schriftformklausel

Schriftformbestimmungen werden nicht nur in unterschiedlichen Rechtsgebieten, sondern auch in verschiedensten Ausgestaltungen verwendet. Dabei lassen sie sich anhand ihrer jeweiligen charakteristischen Merkmale kategorisch in einzelne Klauselarten unterteilen. Die rechtliche Beurteilung dieser unterschiedlichen Klauselarten wird nicht selten dadurch erschwert, dass sie häufig lediglich allgemein dem schlagwortartig[21] verwendeten Begriff der Schriftformklausel zugeordnet werden.[22] Obwohl derartige Klauseln seit jeher eine erhebliche Relevanz in Rechtsprechung und Literatur einnehmen, ist es im Rahmen der wissenschaftlichen Auseinandersetzung bislang nicht gelungen, hierfür eine

---

21 *Teske*, Schriftformklauseln in AGB, S. 3 verwendet für den Begriff der Schriftformklausel die Bezeichnung „Schlagwort".

22 *Teske*, Schriftformklauseln in AGB, S. 145 f.

einheitliche Definition zu entwickeln.[23] Während über den jeweiligen Inhalt der einzelnen Klauseltypen zwar weitgehend Einigkeit besteht, divergieren deren Bezeichnungen.

Obwohl die „einfache“ Schriftformklausel lediglich eine speziell ausgestaltete Klauselart darstellt, wird sie häufig mit dem allgemeinen Begriff der Schriftformklausel bezeichnet.[24] Zudem werden die Begriffe „doppelte“ und „qualifizierte“ Schriftformklausel sowie „Bestätigungsklausel“ uneinheitlich verwendet.[25] Auch bestehen unterschiedliche Ansichten dahingehend, welche der einzelnen Klauseltypen tatsächlich unter den Begriff der Schriftform zu subsumieren sind.[26] Im Rahmen des Sprachgebrauchs kommt es mitunter zu einer Trennung der Begriffe Schriftform- und Schriftformheilungsklausel.[27] Werden die der Schriftformklausel zugehörigen Klauseltypen im Schrifttum aufgelistet, findet die Schriftformheilungsklausel, als spezielle ausschließlich im Mietrecht vorkommende

---

23 *Zschieschack*, in: BeckOGK-BGB, § 307 Rn. 1 f.; *Breitling*, Bedeutung und Wirkung von Schriftformklauseln, S. 7 f.; *Teske*, Schriftformklauseln in AGB, S. 2 f.; *Körnig*, Schriftformklauseln und Mündliche Abreden, S. 4.

24 *Breitling*, Bedeutung und Wirkung von Schriftformklauseln, S. 8.

25 Die Rechtsprechung verwendet den Begriff der qualifizierten Schriftformklausel überwiegend für die in der Literatur als doppelte Schriftformklausel bezeichneten Klauseln: vergleiche *Zschieschack*, in: BeckOGK-BGB, § 307 Rn. 4; BGHZ 164, 133 (138); BGH NJW-RR 1991, 1289 (1289), genauso *Michalski*, DStR 1998, 771 (771); anders BGH NJW 2017, 1017 (1017). Die Literatur verwendet den Begriff der qualifizierten Schriftformklausel hingegen überwiegend für die Bezeichnung der Bestätigungsklausel: vergleiche *Zschieschack*, in: BeckOGK-BGB, § 307 Rn. 4; *Hertel*, in: Staudinger, § 127 Rn. 14, 18; *Basedow*, in: MüKo-BGB, § 305n Rn. 14. *Teske*, Schriftformklauseln in AGB, S. 211, 315 ff. verwendet für die Bezeichnung einer doppelten Schriftformklausel den Begriff „verstärkte Schriftformklausel“. *Kreikenbohm/Niederstetter*, NJW 2009, 406 (406) verwenden den Begriff der qualifizierten Schriftformklausel für die Bezeichnung einer Schriftformheilungsklausel.

26 Unterschiedliche Ansichten bestehen mitunter über die Zugehörigkeit der Bestätigungs- und der Vollständigkeitsklausel. Bejahend: *Zschieschack*, in: BeckOGK-BGB, § 307 Rn. 5, 54 ff. bezüglich der Bestätigungsklausel; *Hertel*, in: Staudinger, § 127 Rn. 14 bezüglich der Bestätigungsklausel; *Michalski*, DStR 1998, 771 (772); Verneinend: *Zschieschack*, in: BeckOGK-BGB, § 307 Rn. 5, 54 ff. bezüglich der Vollständigkeitsklausel; *Hertel*, in: Staudinger, § 127 Rn. 20 bezüglich der Vollständigkeitsklausel; *Breitling*, Bedeutung und Wirkung von Schriftformklauseln, S. 7 f.; *Teske*, Schriftformklauseln in AGB, S. 205 f.

27 Siehe hierzu den Titel „Schriftform- und Schriftformheilungsklausel in Mietverträgen – quo vadis?“ in: *Nemzov/Aspar*, ZfIR 2019, 73 (73); *Emmerich*, in: Staudinger, § 550 Rn. 43.

Schriftformklausel, meist keine (explizite) Berücksichtigung.[28] Während sich im Rahmen der wissenschaftlichen Auseinandersetzung zwar die Bezeichnung Schriftformheilungsklausel etablierte, finden sich hierfür aber ebenso auch folgende Begriffe: Vorsorgeklausel, Heilungsklausel, Sanierungsklausel, Nachholklausel, qualifizierte Schriftformheilungsklausel oder Reparaturklausel.[29]

Dieser Arbeit wird im Folgenden ein weites Verständnis des Begriffs Schriftformklausel zugrunde gelegt. Er ist als Oberbegriff zu verstehen, welcher die einzelnen Klauseltypen umfasst. Gemeint sind damit diejenigen rechtsgeschäftlichen Schriftformabreden, welche für die vor und nach Vertragsschluss getroffenen Abreden die einzuhaltende Schriftform festlegen. Der Begriff der Schriftformklausel umfasst damit sowohl die einfache und doppelte Schriftformklausel als auch die Schriftformheilungsklausel. Nicht unter den Begriff der Schriftformklausel zu subsumieren sind hiernach die sogenannte salvatorische Klausel, die Vollständigkeitsklausel und die Bestätigungsklausel.

II. Zweck der Schriftformklausel

Um die Bedeutung der Schriftformklausel im Mietrecht erfassen zu können, wird diese zunächst im Kontext der allgemeinen Schriftformbestimmungen des Privatrechts beleuchtet. Während die Schriftformheilungsklausel ausschließlich im Mietrecht zur Anwendung kommt, sind die weiteren Klauseltypen auch in anderen Rechtsgebieten des Privatrechts von Bedeutung, denen – trotz der im Rahmen der einzelnen Rechtsgebiete bestehenden Besonderheiten – eine einheitliche Gesamtkonzeption entnommen werden kann.[30] Deshalb erfordert eine Auseinandersetzung mit der im Mittelpunkt dieser Arbeit stehenden Schriftformheilungsklausel neben der Betrachtung der mietrechtlichen Besonderheiten zunächst ein Grundverständnis der allgemein abstrakten Bestimmungen über die rechtsgeschäftliche Form.

1. Im Allgemeinen

Wesentliches charakteristisches Merkmal einer Schriftformabrede ist die von den Parteien erstrebte Rechtssicherheit und Rechtsklarheit. Die schriftliche

---

28 *Hertel*, in: Staudinger, § 127 Rn. 14; *Zschieschack*, in: BeckOGK-BGB, § 307 Rn. 2–5; *Michalski*, DStR 1998, 771 (771 f.).

29 *Piepers/Robles y Zepf*, NZM 2014, 152 (153); *Dittert*, in: BeckOGK-BGB, § 550 Rn. 167 ff.; *Emmerich*, in: Staudinger, § 550 Rn. 43; *Leo/Ghassemi-Tabar*, in: 10 Jahre Mietrechtsreformgesetz, 428 (428).

30 *Häsemeyer*, Die gesetzliche Form der Rechtsgeschäfte, S. 19 f.

Fixierung soll die Beweisführung über den Vertragsinhalt vereinfachen und Zweifel, die durch mündliche Vereinbarungen entstehen, verhindern.[31] Während die Schriftformklauseln Rechtsgebiet übergreifend denselben Zweck verfolgen, liegen ihnen dennoch – wegen der unterschiedlich ausgestalteten Normen in dem jeweiligen Rechtsgebiet – unterschiedliche Zielrichtungen und Interessen zugrunde.

2. *Im Mietrecht*

Insoweit stellt sich für diese Arbeit die Frage, welches Interesse die Parteien mit der mietrechtlichen Schriftformklausel verfolgen. Ungeachtet ihrer Ausgestaltung als einfache, doppelte oder Schriftformheilungsklausel ist ihr Hauptzweck die Sicherstellung der vereinbarten Vertragslaufzeit eines befristeten Mietvertrages. Durch die Schriftformklausel soll die vorzeitige Beendigung eines langfristig abgeschlossenen Mietverhältnisses verhindert werden. Denn eine frühzeitige Beendigung des Mietvertrages zieht – wie im Rahmen der Einführung bereits erläutert[32] – zumeist weitreichende Folgen nach sich.

Das aus § 550 S. 1 BGB erwachsende Risiko der ordentlichen Kündbarkeit steht – wie bereits eingangs erörtert[33] – im Widerspruch zu dem durch die Befristung bezweckten Sicherungsinteresse der Vertragsparteien. Denn für sie besteht der Sinn eines für einen bestimmten Zeitraum abgeschlossenen Mietvertrages im Wesentlichen darin, mittel- bis langfristige Planungssicherheit zu erlangen, um hierdurch zuverlässig kalkulieren zu können. In wirtschaftlicher Hinsicht ist dies sowohl für Mieter wie auch Vermieter von essenzieller Bedeutung. Trotz zunächst gleichgerichteter Interessen, besteht die Gefahr, dass sich eine Partei zu einem späteren Zeitpunkt vorzeitig vom Vertrag lösen will und sich hierfür auf einen Formmangel beruft. Mit den sich stetig wandelnden Marktverhältnissen ändern sich nämlich allzu häufig auch die Interessen der Vertragsparteien. Einzige Möglichkeit dieses Risiko abzuwenden ist die permanente Sicherstellung der Schriftform. An dieser Stelle wird die Schriftformklausel relevant. Sie stellt das einzige Mittel der Vertragsparteien dar, sich bereits bei Abschluss des Vertrages für die gesamte Laufzeit rechtsgeschäftlich an die notwendige Einhaltung der Schriftform zu binden.

---

31 *Breitling*, Bedeutung und Wirkung von Schriftformklauseln, S. 15 f; *Pufal*, Schriftformklauseln im deutschen und südafrikanischen Recht, S. 7; *Teske*, Schriftformklauseln in AGB, S. 209.

32 Hierzu auf S. 21 f.

33 Siehe hierzu die Ausführungen in der Einleitung auf S. 19 f.

III. Die unterschiedlichen Ausgestaltungen im Einzelnen

Schriftformabreden werden in verschiedenen Ausgestaltungen verwendet. Sie weisen unterschiedliche Formulierungen und Inhalte auf, die anhand ihrer charakteristischen Merkmale kategorisch zusammengefasst werden können. Wie bereits unter I.[34] erörtert, wurde im Rahmen der wissenschaftlichen Auseinandersetzung bislang keine einheitliche Terminologie entwickelt. Im Folgenden sollen die unterschiedlichen Schriftformabreden daher zunächst auf ihre Gemeinsamkeiten hin untersucht werden, bevor die einzelnen Klauseltypen voneinander abgegrenzt werden. Die Ausführungen orientieren sich dabei an dem dieser Arbeit zugrundeliegenden, unter I.[35] definierten Begriffsverständnis, wonach vom Begriff der Schriftformklausel diejenigen rechtsgeschäftlichen Formbestimmungen erfasst sind, die die Parteien des Mietverhältnisses für sämtliche vor und/oder nach Vertragsschluss getroffenen Abreden an die Einhaltung der Schriftform binden. Namentlich handelt es sich dabei – wie gezeigt – um die einfache und doppelte Schriftformklausel sowie die Schriftformheilungsklausel. Die Arbeit begrenzt sich dabei auf die Darstellung der für den vorliegenden Untersuchungsgegenstand maßgeblichen Varianten und erhebt insoweit – in Anbetracht der zahlreichen innerhalb einer Klauselart denkbaren Ausgestaltungsmöglichkeiten – keinen Anspruch auf Vollständigkeit.

1. *Gemeinsamer Regelungsinhalt*

Lassen sich die einzelnen Klauselarten anhand ihrer unterschiedlichen Formulierungen und den ihnen entsprechend zugrundeliegenden Regelungsgegenständen voneinander abgrenzen, weisen sie dennoch einige Gemeinsamkeiten auf. Neben dem einer Schriftformklausel allgemein zugrundeliegenden Zweck – Schutz vor Beeinträchtigung durch mündliche Absprachen[36] – stimmen ihre Regelungsinhalte noch in weiteren Punkten überein.

Zunächst ist zu nennen, dass sich eine Schriftformklausel nicht auf die einmal getroffene Vertragsabsprache beschränkt, die auch die Klausel enthält. Das mit ihr vereinbarte Schriftformgebot umfasst vielmehr sämtliche Vereinbarungen, die von den Parteien im Rahmen des Vertragsverhältnisses getroffen werden. Im Fokus stehen diejenigen Abreden, welche außerhalb der Vertragsurkunde vereinbart werden und eine Änderung des Vertrages zur Folge haben. Gültigkeit

34 Siehe oben S. 25 f.

35 Siehe oben S. 27.

36 Vergleiche hierzu die Ausführungen unter II. auf S. 28.

sollen sie nur für den Fall erlangen, dass die Schriftformanforderungen eingehalten oder zumindest nachgeholt werden.[37]

Die Schriftformklausel umfasst regelmäßig sowohl anfängliche Abreden, die schon bei Vertragsschluss getroffen werden als auch spätere Vereinbarungen. Eine zeitliche Differenzierung ist nur für den Fall vorzunehmen, dass sich das Schriftformerfordernis dem Wortlaut nach lediglich auf die vor bzw. bei Vertragsschluss getroffenen Abreden oder auf die erst nachträglich getroffenen Vereinbarungen beschränkt.[38] Angesichts ihrer wissenschaftlichen und praktischen Relevanz wird im Rahmen dieser Arbeit insbesondere auf die zweite Fallgruppe eingegangen. Denn meist entstehen Formmängel erst im Laufe der Vertragszeit durch eine nicht schriftformkonforme Abänderung des Vertrages, die wegen geänderter Marktverhältnisse oder Interessen der Parteien notwendig wird.[39]

Praktische Relevanz kommt der Schriftformklausel vor allem im Bereich der Gewerberaummiete zu. Wohnraummietverträge werden regelmäßig nicht befristet, sondern auf unbestimmte Zeit geschlossen[40], sodass der Schriftform insofern keine Bedeutung zukommt, da das Gesetz für diesen Fall unabhängig von etwaigen Formvorgaben ohnehin die ordentliche Kündbarkeit vorsieht.[41]

Schließlich wird eine Schriftformklausel im Rahmen des üblichen Geschäftsbetriebs grundsätzlich in Allgemeinen Geschäftsbedingungen vereinbart. Nur selten wird sie individuell verhandelt, sodass es bei den vorliegend anzustellenden Untersuchungen maßgeblich darauf ankommt, ob sie den strengen Anforderungen einer AGB-rechtlichen Prüfung standhält.[42] Gleichwohl kommt der Beurteilung einer Individualklausel insofern Bedeutung zu, als sie den Anwendungsbereich der gewillkürten Schriftform konturiert.

2. Relevante Klauselarten

Wie bereits dargelegt, lassen sich die unterschiedlichen Schriftformklauseln entsprechend ihrem Regelungsgehalt in nachfolgende Arten einteilen:

37 *Teske*, Schriftformklauseln in AGB, S. 3.
38 Vergleiche *Teske*, Schriftformklauseln in AGB, S. 268 f., 312.
39 *Baumgarten/Engel*, MietRB 2011, 189 (189).
40 *Mehrings*, NZM 2009, 386 (390).
41 *Disput*, in: Beck MandatsHdB Due Diligence, § 16 Rn. 94.
42 *Breitling*, Bedeutung und Wirkung von Schriftformklauseln, S. 5.

a) Einfache Schriftformklausel

Eine einfache Schriftformklausel lautet wie folgt:

> *„Nachträgliche Änderungen und Ergänzungen dieses Vertrages gelten nur bei schriftlicher Vereinbarung."*[43]

Aufgabe dieser Klausel ist die Begründung eines rechtsgeschäftlichen Formzwangs.[44] Die Parteien beabsichtigen damit den Ausschluss formlos getroffener Abreden. Jedoch kann dieser Zweck durch eine solche Klausel nicht erreicht werden. Denn eine mündliche Vereinbarung führt regelmäßig zugleich zur konkludenten Aufhebung des rechtsgeschäftlichen Formzwangs, sodass mündliche Abreden grundsätzlich Vorrang genießen. Es steht den Parteien schließlich frei, einen von ihnen selbst bestimmten Formzwang, jederzeit wieder aufzuheben. Dabei kann sowohl die Vereinbarung der Schriftformklausel als auch deren Aufhebung mündlich erfolgen.[45] Dies gilt für den Fall der Individualabrede ebenso wie für den Fall, dass die Klausel im Rahmen eines Formularvertrages geschlossen wurde.[46]

b) Doppelte Schriftformklausel

Aufgrund der Wirkungslosigkeit der einfachen Schriftformklausel entwickelte die Gestaltungspraxis die in Formularverträgen gewöhnlich enthaltene doppelte Schriftformklausel, die regelmäßig auch in mietrechtlichen Allgemeinen Geschäftsbedingungen zu finden ist. Ihre Formulierung lautet:

> *„Änderungen und Ergänzungen dieses Vertrages sind, auch wenn sie bereits mündlich getroffen wurden, nur wirksam, wenn sie schriftlich festgelegt und von beiden Parteien unterzeichnet worden sind. Dies gilt auch für den Verzicht auf das Schriftformerfordernis."*[47]

Primär verfolgt auch diese Klausel das Ziel, einen für sämtliche Nebenabreden geltenden Formzwang zu begründen. Im Unterschied zur einfachen Schriftformklausel enthält sie allerdings ein darüberhinausgehendes verschärftes Schriftformerfordernis. Denn dieses erstreckt sich nicht nur allgemein auf Vertragsabreden, sondern auch speziell auf die Aufhebung der Schriftformvereinbarung selbst.[48] Demnach bewirkt die doppelte Schriftformklausel zugleich den Ausschluss einer (konkludenten) Abweichung von dem rechtsgeschäftlich statuierten Formzwang.

---

43 BGHZ 164, 133 (133).

44 *Michalski*, DStR 1998, 771 (771).

45 BGHZ 164, 133 (136 f.); *Breitling*, Bedeutung und Wirkung von Schriftformklauseln, S. 12.

46 *Michalski*, DStR 1998, 771 (780).

47 BAG NZA 2008, 1233 (1234).

48 *Dittert*, in: BeckOGK-BGB, § 550 Rn. 160.

Zweck dieser Klausel ist vor allem, wie bereits unter II.[49] erörtert, ein weitreichender Schutz der Parteien vor Kündigungen. Denn sofern eine formlos getroffene Vertragsabrede keine Gültigkeit erlangt, verhindert dies zugleich die Entstehung eines Formmangels und schließt damit das mit § 550 BGB einhergehende Risiko der ordentlichen Kündbarkeit aus.

c) *Schriftformheilungsklausel*

Besondere Bedeutung kommt in der Praxis insbesondere der daneben verwendeten Schriftformheilungsklausel zu, die als solche ausschließlich im Mietrecht verwendet wird und – nach wie vor – nahezu in jedem langfristigen Mietvertrag enthalten ist. Eine typische Formulierung lautet wie folgt:

> *„Den Parteien ist bekannt, dass dieser Mietvertrag, der eine Laufzeit von mehr als einem Jahr hat, […] der Schriftform bedarf. Die Parteien wollen diese Schriftform einhalten. Sie verpflichten sich deshalb gegenseitig, auf jederzeitiges Verlangen einer Partei alle Handlungen vorzunehmen und Erklärungen abzugeben, die erforderlich sind, um den gesetzlichen Schriftformerfordernissen Genüge zu tun. Das gilt sowohl für den Mietvertrag, als auch für sämtliche Nachtrags-, Änderungs- und Ergänzungsvereinbarungen.“*[50]

aa) Regelungsinhalt

Wie bereits unter II.[51] dargestellt, verfolgt auch diese Klausel das Ziel, das aufgrund § 550 BGB bestehende Risiko der ordentlichen Kündbarkeit eines befristeten Mietvertrages auszuschließen. Neben der Anordnung eines für sämtliche Nebenabreden geltenden Formzwangs begründet die Schriftformheilungsklausel eine darüberhinausgehende Mitwirkungspflicht der Parteien, etwaig bestehende Formmängel zu beheben. Im Ergebnis führt dies zu einem Kündigungsverbot. Denn wer sich zur Heilung eines Formmangels verpflichtet, handelt widersprüchlich und damit treuwidrig, wenn er sich trotz dieser Verpflichtung auf einen Formmangel beruft.[52]

Im Unterschied zur einfachen und doppelten Schriftformklausel erklärt die Schriftformheilungsklausel eine formlos getroffene Nebenabrede daher nicht schlechthin für unwirksam, sondern verpflichtet die Vertragsparteien lediglich zur Behebung des bestehenden Formmangels. Daher ist eine formlos vereinbarte Nebenabrede trotz der vereinbarten Schriftformheilungsklausel gültig. Dennoch

---

49 Siehe oben S. 28.
50 BGHZ 216, 68 (69).
51 Siehe oben S. 28.
52 *Emmerich*, in: Staudinger, § 550 Rn. 43.

kann sie nicht als Formverstoß gewertet werden, da den Vertragsparteien insofern ein Anspruch auf Heilung zusteht. Sie führt hierdurch mittelbar zur Sicherstellung der vereinbarten Festlaufzeit.

bb) Vorsorge- und Nachholklausel

Teilweise wird im Rahmen dieser Klauselart eine weitere Differenzierung vorgenommen. Entsprechend der jeweiligen Formulierung wird zwischen der sogenannten Vorsorge- und der Nachholklausel unterschieden.

Von einer Nachholklausel ist dann die Rede, wenn sie – wie auch das Formulierungsbeispiel auf Seite 32 – die Regelung enthält, dass die Vertragsparteien im Falle eines Formverstoßes zur Nachholung der Form verpflichtet sind.[53] Enthält die Klausel nach ihrem Wortlaut hingegen ein ausdrückliches Kündigungsverbot, ohne eine entsprechende Heilungsverpflichtung auszusprechen, liegt eine Vorsorgeklausel vor.[54]

Letztlich verfolgen beide Varianten dieselbe Zielrichtung: den Ausschluss der vorzeitigen Beendigung eines befristeten Mietvertrages. In beiden Fällen verpflichten sich die Parteien nämlich dazu, sich nicht auf die Rechtsfolge des § 550 BGB zu berufen. Während das Recht zur ordentlichen Kündigung bei der Vorsorgeklausel allerdings unmittelbar ausgeschlossen wird, folgt der Kündigungsschutz bei der Nachholklausel hingegen nur mittelbar aus der bestehenden Treuepflicht[55], da derjenige, der einen langfristigen Mietvertrag trotz einer vereinbarten Nachholungspflicht kündigt, wie soeben erläutert, widersprüchlich und insofern treuwidrig handelt.[56]

In der mietrechtlichen Gestaltungpraxis hat sich vor allem die Variante der Nachholklausel durchgesetzt. Eine Schriftformheilungsklausel enthält daher regelmäßig die Verpflichtung zur Behebung des Formmangels. Deshalb wird im Rahmen dieser Arbeit der Begriff der Schriftformheilungsklausel in diesem Sinn verstanden und verwendet. Oftmals findet sich zwar auch eine Kombination[57]

---

53 Siehe hierzu das Formulierungsbeispiel bei *Dittert*, in: BeckOGK-BGB, § 550 Rn. 168, das wie folgt lautet: „Die Parteien sind verpflichtet, bei Nichteinhaltung der Schriftform dieses Vertrags diese nachträglich herbeizuführen.".

54 Siehe hierzu das Formulierungsbeispiel bei *Dittert*, in: BeckOGK-BGB, § 550 Rn. 167, das wie folgt lautet: „Die Parteien verpflichten sich gegenseitig, im Falle eines Formmangels den Mietvertrag nicht unter Berufung auf die Nichteinhaltung der Schriftform vorzeitig zu kündigen.".

55 *Piepers/Robles y Zepf*, NZM 2014, 152 (153).

56 *Emmerich*, in: Staudinger, § 550 Rn. 43.

57 Siehe *Dittert*, in: BeckOGK-BGB, § 550 Rn. 169.

beider Varianten, die zusätzlich auf den aus der bestehenden Heilungspflicht resultierenden Kündigungsausschluss hinweist. In diesem Fall erlangt der benannte Kündigungsausschluss aber keine über die Heilungsverpflichtung hinausgehende Bedeutung, sondern weist lediglich auf die mittelbar eintretende Folge hin. Wenn die Klausel ausschließlich ein Kündigungsverbot enthält, ohne eine Heilungsverpflichtung auszusprechen, wird die Regelung im Rahmen vorliegender Abhandlung als Vorsorgeklausel bezeichnet.

cc) Mietrechtliche Besonderheit

Die Schriftformheilungsklausel stellt eine mietrechtliche Besonderheit dar und ist in dieser Form in keinem anderen Rechtsgebiet anzutreffen. Dies folgt aus der besonderen vom Gesetz angeordneten Rechtsfolge des § 550 BGB. Denn im Falle eines Formmangels ist das Rechtsgeschäft nicht – wie gemäß § 125 S. 1 BGB üblich – nichtig, sondern nach wie vor wirksam. Sie führt lediglich zum Wegfall der Befristungsregelung. Mangels eintretender Nichtigkeit, hat ein Formverstoß also nicht zugleich die Unwirksamkeit der Schriftformheilungsklausel selbst zur Folge. Es ist den Parteien deshalb möglich, eine entsprechende Heilungsverpflichtung zu vereinbaren. Durch diese Verpflichtung wird zugleich die Einhaltung der vereinbarten Festlautzeit sichergestellt.

3. Abgrenzung

Daneben existieren weitere Klauseln, die nach der hier verwendeten Terminologie[58] nicht unter den Begriff der Schriftformklausel fallen, da es sich zwar um Formvereinbarungen handelt, diese aber einen anderen Inhalt und eine andere Zielrichtung aufweisen.[59] Während die Schriftformklausel in all ihren Ausgestaltungen für sämtliche vor und/oder nach Vertragsschluss getroffenen Abreden die notwendige Einhaltung der Schriftform bestimmt, sind hiervon diejenigen Formvereinbarungen zu unterscheiden, welche lediglich einen Bestätigungsvorbehalt, einen Hinweis auf Vollständigkeit oder eine Erhaltungsregelung zum Gegenstand haben.

a) Qualifizierte Schriftform-/Bestätigungsklausel

Die qualifizierte Schriftform-, bzw. Bestätigungsklausel lautet wie folgt:

---

58 Siehe unter I., S. 27.

59 *Breitling*, Bedeutung und Wirkung von Schriftformklauseln, S. 7 f.

„Mündliche Abmachungen haben ohne schriftliche Bestätigung der Firma keine Gültigkeit.“[60]

Entgegen ihrer Bezeichnung ist sie nicht als Schriftformklausel zu werten, da sie lediglich einen Bestätigungsvorbehalt macht. Mangels eines einheitlichen Begriffsverständnisses finden sich für die Klauselart, wie bereits unter I.[61] ausgeführt, unterschiedliche Bezeichnungen in Rechtsprechung und Literatur. Während der Begriff der qualifizierten Schriftformklausel in der Literatur – wie auch hier – für die Bezeichnung der Bestätigungsklausel verwendet wird, werden damit in der Rechtsprechung unter anderem diejenigen Klauseln bezeichnet, die das Schriftformerfordernis auf die Vereinbarung über die Aufhebung der Klausel selbst erstrecken (sogenannte doppelte Schriftformklausel).

Die qualifizierte Schriftform-, bzw. Bestätigungsklausel dient der Beschränkung einer Vertretungsmacht.[62] Von einem Vertreter des Klauselverwenders getroffene Nebenabreden sollen nämlich nur dann wirksam sein, sofern sie von einer besonders bevollmächtigten Person, etwa dem Geschäftsführer, schriftlich bestätigt werden. Diese Beschränkung bezieht sich insbesondere nicht nur auf mündliche, sondern auch auf bereits schriftlich getroffene Nebenabreden.[63] Im Unterschied zur Schriftformklausel beinhaltet sie also nicht die Einhaltung der Schriftform für sämtliche Nebenabreden, sondern deren schriftliche Bestätigung durch eine besonders bevollmächtigte Person.

b) Vollständigkeitsklausel

Nicht unter den Begriff der Schriftformklausel fallen sogenannte grundsätzlich unbedenkliche[64] Vollständigkeitsklauseln, die etwa folgende Formulierung aufweisen:

„Mündliche Nebenabreden sind nicht getroffen.“[65]

Da sie lediglich die ohnehin gesetzlich bestehende Vermutung der Vollständigkeit und Richtigkeit der Vertragsurkunde wiederholen, kommt ihnen insofern kein eigenständiger Regelungsgehalt zu; sie sind nicht als Schriftformvereinbarung zu werten.[66]

---

60 BGH NJW 1986, 1809 (1809).
61 Siehe oben S. 25 f.
62 *Zschieschack*, in: BeckOGK-BGB, § 307 Rn. 39.
63 *Michalski*, DStR 1998, 771 (771).
64 *Grüneberg*, in: Palandt, § 305b Rn. 5.
65 BGH NJW 2000, 207 (207).
66 BGHZ 93, 29 (60 f.); *Zschieschack*, in: BeckOGK-BGB, § 307 Rn. 5, 54.

c) *Allgemeine salvatorische Klausel*

Die in Mietverträgen regelmäßig enthaltene allgemeine salvatorische Klausel ist nicht als Schriftformklausel zu werten, da sie den Fall der fehlenden Schriftform nicht erfasst. Eine Mitwirkungspflicht zur Nachholung der Schriftform lässt sich anhand dieser Klausel im Rahmen der Auslegung gemäß §§ 133, 157 BGB nicht ableiten.

aa) Regelungsinhalt

Im Unterschied zu den oben benannten Schriftformklauseln regelt die salvatorische Klausel, dass im Fall der Unwirksamkeit einzelner Vertragsklauseln der Rest des Vertrages erhalten bleiben und sinngemäß durchgeführt werden soll. Ihre Formulierung lautet wie folgt:

> *„Sollte eine der Bestimmungen dieses Vertrags ganz oder teilweise rechtsunwirksam sein oder werden, so wird die Gültigkeit der übrigen Bestimmungen dadurch nicht berührt. In einem solchen Fall ist der Vertrag vielmehr seinem Sinne gemäß zur Durchführung zu bringen.“*[67]

Sie enthält zwei Komponenten; die Erhaltungsklausel im ersten und die Ersetzungsklausel im zweiten Teil.[68] Während die Erhaltungsklausel von der herrschenden Meinung[69] zwar als wirksam erachtet wird, da sie im Rahmen Allgemeiner Geschäftsbedingungen im Einklang mit der gesetzlichen Rechtsfolge des § 306 Abs. 1 BGB stehe[70], soll hingegen die Ersetzungsklausel nach überwiegender Meinung in Rechtsprechung[71] und Literatur[72] gegen die zwingende Vorschrift des § 306 Abs. 2 BGB verstoßen, sodass eine Verpflichtung zur Nachholung der Form schon aus diesem Grund zu verneinen wäre. Im Einzelnen unterscheiden sie sich wie folgt:

---

67 BGH NZM 2007, 730 (730).

68 BGH NZM 2005, 502 (503); *Roth*, in: Staudinger, § 139 Rn. 22.

69 BGH NZM 2007, 730 (731); BGH NZM 2005, 502 (503); *Wendtland*, in: BeckOK-BGB, § 139 Rn. 7; *Blank*, in: Schmidt-Futterer, vor § 535 Rn. 51, *Busche*, in: MüKo-BGB, § 139 Rn. 12.

70 *Blank*, in: Schmidt-Futterer, vor § 535 BGB Rn. 51.

71 Der Bundesgerichtshof bezeichnet die Ersetzungsklausel als bedenklich, BGH NZM 2005, 502 (503).

72 *Specht*, MietRB 2007, 285 (286); *Blank*, in: Schmidt-Futterer, vor § 535 BGB Rn. 52; *Dittert*, in: BeckOGK-BGB, § 550 Rn. 164; kritisch dagegen *Roth*, in: Staudinger, § 139 Rn. 22 sowie *Westphalen*, NJW 2002, 1688 (1691), der die salvatorische Klausel teilweise zwar für wirksam, im Ergebnis aber für wirkungslos hält.

(1) Erhaltungsklausel

Regelungsgegenstand der Erhaltungsklausel ist die Wirksamkeit des gesamten Vertrages. Sie befasst sich mit den Auswirkungen eines nichtigen Vertragsteils auf den Vertrag. Ihr Ziel ist es, die im Zweifel gemäß § 139 BGB bei Teilnichtigkeit eintretende Gesamtnichtigkeit zu verhindern, damit der Vertrag im Übrigen erhalten bleibt.

Nach der in Rechtsprechung[73] und Lehre[74] herrschenden Meinung führt die Regelung der Erhaltungsklausel für den Fall des Vorliegens einzelner unwirksamer Bestimmungen nicht automatisch zur Wirksamkeit des restlichen Vertrages. Vielmehr wird durch sie die gesetzliche Vermutung der Gesamtnichtigkeit gemäß § 139 BGB umgekehrt. Grundsätzlich trifft nämlich diejenige Vertragspartei, welche das Rechtsgeschäft aufrechterhalten möchte die Darlegungs- und Beweislast, dass die Parteien den Vertrag auch ohne das teilnichtige Geschäft geschlossen hätten und dessen Gültigkeit insofern nicht berührt ist. Im Fall einer salvatorischen Erhaltungsklausel ist hingegen derjenige darlegungs- und beweisbelastet, der den gesamten Vertrag als unwirksam behandelt wissen möchte.[75] Voraussetzung für die Anwendbarkeit des § 139 BGB und damit zugleich für die salvatorische Erhaltungsklausel ist daher die aufgrund der bestehenden Teilnichtigkeit des Rechtsgeschäfts drohende Gesamtnichtigkeit.[76]

Während die Schriftformklausel in all ihren Ausgestaltungen darauf abzielt, den Vertrag in seiner ursprünglichen Form aufrechtzuerhalten, bezieht sich die salvatorische Klausel hingegen nur auf die Wirksamkeit des restlichen Vertrages für den Fall der Unwirksamkeit einzelner Bestimmungen.

(2) Ersetzungsklausel

Die Ersetzungsklausel schließt an den Tatbestand der Erhaltungsklausel insoweit an, als sie die durch die Teilnichtigkeit entstandene Lücke schließen möchte. Sie bestimmt welche Vertragsregelung an die Stelle der nichtigen Vertragsklausel treten soll.[77] Sie verpflichtet die Parteien zur sinngemäßen Durchführung des Vertrages durch Ersetzung der unwirksamen Klausel mit einer ihr am besten entsprechenden Regelung.[78] Im Unterschied zur Schriftformheilungsklausel

---

73 BGH NZM 2007, 730 (730 ff.); BGH NZM 2002, 823 (823); OLG Jena NZM 2008, 572 (573); OLG Dresden NZM 2004, 827 (830).

74 *Piepers/Robles y* Zepf, NZM 2014, 152; *Klimke,* WuM 2010, 8 (11); *Roth,* in: Staudinger, § 139 Rn. 22.

75 BGH NJW 2003, 347 (347).

76 *Busche,* in: MüKo-BGB, § 139 Rn. 8.

77 *Roth,* in: Staudinger, § 139 Rn. 22.

78 BGH NZM 2007, 730 (730); *Reinelt,* jurisPR-BGHZivilR 39/2007 Anm. 1.

sieht die Erhaltungsklausel lediglich die sinngemäße Vertragsdurchführung vor, ohne eine konkrete Verpflichtung – wie etwa die Nachholung der Form – zu statuieren.

bb) Fehlende Anwendbarkeit auf Schriftformverstöße

Die Frage, ob die salvatorische Klausel auf Formverstöße bei langfristigen Mietverträgen anwendbar ist und über die Nichtbeachtung der gesetzlichen Schriftform hinweghelfen kann, wird von der höchstrichterlichen Rechtsprechung[79] und dem überwiegenden Schrifttum[80] verneint.

Da sich die Regelung einer salvatorischen Klausel sowohl dem Wortlaut wie dem Inhalt nach von den verschiedenen Varianten der Schriftformklausel unterscheidet, soll zunächst geklärt werden, inwiefern ein Schriftformverstoß eines langfristigen Mietvertrages hierunter subsumiert werden kann. Wie bereits dargestellt, erfordert der Anwendungsbereich einer salvatorischen Klausel das Vorliegen einer unwirksamen Vertragsbestimmung. Grundsätzlich führt ein Formverstoß zwar nicht zur Unwirksamkeit der getroffenen Regelung selbst. Allerdings führt er bei einem langfristigen Mietvertrag gemäß § 550 S. 1 BGB zum Wegfall der vereinbarten Befristungsregelung. In der sich hieraus ergebenden unwirksamen Regelung über die Mietdauer wird teilweise die im Rahmen der salvatorischen Klausel gegenständliche unwirksame Bestimmung gesehen.[81] Des Weiteren beinhaltet die sich aus der Ersetzungsklausel allgemein ergebende Pflicht zur Vereinbarung einer wirksamen Ersatzregelung zugleich die Verpflichtung zur Nachholung der Form, sodass der salvatorischen Klausel letztlich dieselbe Wirkung wie der Schriftformheilungsklausel zukommt.[82]

Als Argument für die Anwendbarkeit auf Formverstöße lässt sich das mit einer salvatorischen Klausel allgemein verfolgte Ziel anführen, das angestrebte Vertragskonstrukt stets bestmöglich umzusetzen.[83] Durch die Mitwirkungsverpflichtung zur Nachholung der Form würde die ursprünglich vereinbarte

---

79 BGH NZM 2007, 730 (730 ff.); BGH NZM 2002, 823 (823); ferner OLG Jena NZM 2008, 572 (573); OLG Dresden NZM 2004, 827 (830).

80 *Roth*, in: Staudinger, § 139 Rn. 10; *Piepers/Robles y Zepf*, NZM 2014, 152 (153); *Lindner-Figura*, NZM 2007, 705 (713); *Dittert*, in: BeckOGK-BGB, § 550 Rn. 164 ff.

81 Siehe hierzu nur *Klimke*, WuM 2010, 8 (11), der die Anwendbarkeit der salvatorischen Klausel bejaht.

82 *Klimke*, WuM 2010, 8 (11); Siehe hierzu auch die Ausführungen der früheren Rechtsprechung des OLG Jena, NZM 1999, 906 (908), welche allerdings inzwischen aufgegeben wurde; vergleiche NZM 2008, 572 (573).

83 OLG Jena NZM 1999, 906 (908); *Klimke*, WuM 2010, 8 (11).

Festlaufzeit des Vertrages gesichert werden und damit zugleich der angestrebte Vertragszweck realisiert werden.

Gegen die Anwendbarkeit spricht allerdings die Auslegung der salvatorischen Klausel im Sinne der §§ 133, 157 BGB.[84] Die fehlende Schriftform ist sowohl nach ihrem Wortlaut als auch ihrem Sinn und Zweck nach weder von der Erhaltungs- noch von der Ersetzungsklausel erfasst. Enthält die Klausel keine konkrete Vereinbarung über die Verpflichtung zur Behebung des Mangels, kann eine solche nicht aus der allgemeinen salvatorischen Klausel abgeleitet werden.[85]

Den Regelungsgegenstand der Erhaltungsklausel gibt § 139 BGB vor. Ihr Zweck ist die Verhinderung der Gesamtnichtigkeit des Vertrages. Danach soll ein im Zweifel als unwirksam geltender Vertrag auch ohne die nichtige Klausel wirksam sein.[86] Bereits hieran scheitert die Anwendbarkeit der salvatorischen Klausel auf den Fall der fehlenden Schriftform. Eine Unwirksamkeit des gesamten Mietvertrages droht bei einem Formverstoß nicht, sodass § 139 BGB bei einem langfristigen Mietverhältnis keine Anwendung findet.[87] Vielmehr bleibt der Mietvertrag bestehen und wird durch § 550 BGB lediglich in zeitlicher Hinsicht modifiziert, sodass er als auf unbestimmte Zeit geschlossen gilt.[88]

Aus diesem Grund scheitert auch die Anwendung der Ersetzungsklausel. Die systematische Auslegung anhand des Wortlauts[89] der salvatorischen Klausel ergibt, dass die Ersetzungsklausel an die Erhaltungsklausel anknüpft.[90] Sie soll die durch die Anwendung der Erhaltungsklausel entstandene Lücke schließen. Sofern diese aber nicht zur Anwendung kommt, kann sie nicht ohne Weiteres losgelöst und isoliert zur Lückenfüllung anderer unwirksamer Bestimmungen herangezogen werden. Denn dem Wortlaut nach bezieht sich die unmittelbar an die Erhaltungsklausel anschließende Formulierung allein auf das Vorliegen einer drohenden Gesamtnichtigkeit. Des Weiteren findet in Anwendung der höchstrichterlichen Rechtsprechung[91] durch die Nachholung der Schriftform keine Ersetzung statt, sodass der Tatbestand auch aus diesem Grunde nicht erfüllt ist.

---

84 Zur Auslegung von rechtsgeschäftlichen Normen siehe *Ellenberger*, in: Palandt, § 133 Rn. 2, § 157 Rn. 1.

85 *Specht*, MietRB 2007, 285 (286); *Lindner-Figura*, NZM 2007, 705 (713); *Roth*, in: Staudinger, § 139 Rn. 22.

86 *Mummenhoff*, jurisPR-MietR 25/2007 Anm. 2., *Roth*, in: Staudinger, § 139 Rn. 22.

87 *Dittert*, in: BeckOGK-BGB, § 550 Rn. 165.

88 BGH NZM 2007, 730 (731).

89 *Ellenberger*, in: Palandt, § 133 Rn. 14.

90 BGH NZM 2007, 730 (731).

91 BGH NZM 2007, 730 (731).

Ersetzung meint nämlich den zwingenden Austausch einer unwirksamen durch eine gültige sinngemäße Klausel. Vorliegend beruht die Unwirksamkeit der Mietdauer aber auf dem Formverstoß einer an sich gültigen Regelung. Durch die Nachholung der Schriftform würde also nicht eine unwirksame Klausel ersetzt werden, sondern vielmehr die ursprünglich geschlossene Klausel mit unverändertem Inhalt wirksam werden.[92]

IV. Zwischenergebnis

Gegenstand der folgenden Untersuchung ist weder die qualifizierte Schriftform- bzw. Bestätigungsklausel noch die Vollständigkeitsklausel und die allgemeine salvatorische Klausel. Wird im Rahmen dieser Arbeit der Begriff der Schriftformklausel verwendet, ist deshalb die einfache und doppelte Schriftformklausel sowie die Schriftformheilungsklausel gemeint. Sie alle verfolgen dieselbe Zielrichtung, haben lediglich einen anderen Regelungsgegenstand zum Inhalt. Allen gemein ist die beabsichtigte Sicherstellung der Einhaltung der Schriftform im Sinne des § 550 BGB. Hierdurch sollen die Vertragsparteien vor der Beeinträchtigung einer Entfristung des langfristigen Mietvertrages geschützt werden. Während die einfache bzw. doppelte Schriftformklausel einer formlosen getroffenen Vertragsabsprache bereits ihre Gültigkeit abspricht, sieht die Schriftformheilungsklausel lediglich eine Mitwirkungsverpflichtung zur Behebung eines Formmangels vor.

B. Dogmatische Einordnung der Schriftformklausel

Um die Schriftformklausel dogmatisch einordnen zu können, wird zunächst dargestellt, auf welche Rechtsgrundlage sie zurückgeht. Des Weiteren stellt sich die Frage, welche Anforderungen an die rechtsgeschäftliche Schriftform grundsätzlich zu stellen sind und welche Wirkungen sie entfalten kann. Vor dem Hintergrund der weiteren Untersuchung gilt es schließlich das Spannungsverhältnis zwischen rechtsgeschäftlicher und gesetzlicher Schriftform herauszuarbeiten.

I. Rechtsgrundlage

Die Möglichkeit, eine rechtsgeschäftliche Formabrede zu treffen, ist Ausfluss des im Privatrecht geltenden Grundsatzes der Formfreiheit.[93] Den Vertragsparteien steht es unabhängig von den gesetzlich bestehenden Formvorschriften frei, die

---

92 BGH NZM 2007, 730 (731); *Leo*, in: BeckOK MietR, § 550 Rn. 370.

93 Motive I, S. 178.

Einhaltung bestimmter Formvorgaben selbstbestimmt und verbindlich zu vereinbaren.[94] Dabei können sie die zu wahrenden Anforderungen an die Einhaltung der Form frei bestimmen.[95]

Sofern diesbezüglich keine Regelung getroffen wurde und auch die Auslegung keine Anhaltspunkte bietet, ist die Auslegungsregel des § 127 BGB zur „vereinbarten Form“ heranzuziehen.[96] Danach gelten die gesetzlichen Regelungen zur Schriftform (§ 126 BGB), elektronischen Form (§ 126a BGB) und Textform (§ 126b BGB) im Zweifel auch für die durch Rechtsgeschäft bestimmte Form unter Beachtung der in § 127 BGB normierten Einschränkungen.[97] Grund hierfür ist die regelmäßig identische Interessenlage bei rechtsgeschäftlicher und gesetzlicher Form.[98]

Da die verschiedenen Arten der gesetzlichen Form unterschiedliche Wirkungen entfalten sollen, sind bei ihnen jeweils unterschiedlich strenge Maßstäbe anzusetzen. Während bei der gesetzlichen Schriftform die Beweisbarkeit und der Schutz vor übereilter Eingehung riskanter vertraglicher Bindungen im Vordergrund steht, kommt der gesetzlichen Textform lediglich eine Dokumentationsfunktion zu. Entsprechend variieren die notwendig einzuhaltenden gesetzlichen Anforderungen an die jeweilige Form. Die Einhaltung der Schriftform erfordert daher einen strengeren Maßstab.[99] Nachdem die Vertragsparteien mit Vereinbarung einer entsprechenden rechtsgeschäftlichen Form grundsätzlich dieselben bzw. ähnliche Wirkungen bezwecken, sind die jeweiligen gesetzlichen Anforderungen entsprechend heranzuziehen.[100] Für die Schriftformklausel bedeutet dies, dass grundsätzlich die gesetzlichen Schriftformanforderungen des § 126 BGB zu beachten sind.

II. Rechtsgeschäftliche Schriftform

Eine Schriftformklausel sieht regelmäßig die Beachtung der gesetzlichen Schriftform gemäß § 126 BGB vor. Dies ergibt die Auslegung im Sinne des §§ 133, 157 BGB.

---

94 *Häsemeyer*, Die gesetzliche Form der Rechtsgeschäfte, S. 160.
95 *Ellenberger*, in: Palandt, § 127 Rn. 1.
96 *Einsele*, in: MüKo-BGB, § 127 Rn. 2.
97 *Ellenberger*, in: Palandt, § 127 Rn. 1.
98 *Hertel*, in: Staudinger, § 127 Rn. 22.
99 *Hertel*, in: Staudinger, § 127 Rn. 22.
100 *Hertel*, in: Staudinger, § 127 Rn. 22.

Das gilt auch für den Fall, dass die Regelung ihrem Wortlaut nach die Vorgabe der „gesetzlichen" Schriftform nicht explizit benennt. Unerheblich ist ferner, welcher Terminus für die Schriftform verwendet wird. Denn die in einer Schriftformklausel enthaltenen Begriffe „Schriftform", „schriftliche Form" oder „Schriftlichkeit" decken sich insoweit mit dem Wortlaut des BGB zur gesetzlichen Schriftform. Schließlich wird auch hier kein einheitlicher Terminus, sondern dieselbe Begrifflichkeit verwendet, sodass eine Differenzierung zwischen „Schriftform" und „gesetzlicher Schriftform" nicht erfolgt.[101]

Auch unter Berücksichtigung des der Schriftformklausel zugrundeliegenden Formzwecks[102] gelangt man zum selben Ergebnis. Deren Ziel ist es, eine durch eine mündliche Vertragsänderung eintretende Beeinträchtigung abzuwenden.[103] Dies erfordert regelmäßig die Einhaltung der gesetzlichen Formvorgaben. Denn nur die Einhaltung der gesetzlichen Schriftform hindert den Eintritt der Rechtsfolge des § 550 BGB. Ergänzend lässt sich die Auslegungsregel des § 127 Abs. 1 BGB heranziehen, die für den Fall der rechtsgeschäftlich vereinbarten Schriftform gleichfalls die Einhaltung der Anforderungen der gesetzlichen Schriftform im Sinne des § 126 BGB vorsieht.

III. Wirkung

Schriftformklauseln können unterschiedliche Wirkungen entfalten. Einerseits kann die rechtsgeschäftliche Form nach Maßgabe des Parteiwillens lediglich Beweiszwecken dienen (deklaratorische Bedeutung), andererseits kann sie eine notwendige Voraussetzung für die Wirksamkeit einer Vertragsabrede darstellen (konstitutive Bedeutung).[104]

1. Deklaratorische und konstitutive Wirkung im Allgemeinen

Schriftformklauseln haben in ihrer üblichen Ausgestaltung grundsätzlich konstitutive Bedeutung. Demnach soll eine Vertragsabrede nicht bloß Beweiszwecken dienen, sondern regelmäßig nur bei Einhaltung der Schriftform gültig sein.[105]

---

101 Vergleiche die vom Gesetzgeber verwandten Begriffe „Schriftform" und „schriftliche Form" in §§ 126 f., 492, 550, 623 BGB.

102 *Hertel*, in: Staudinger, § 127 Rn. 22.

103 *Teske*, Schriftformklauseln in AGB, S. 209.

104 *Einsele*, in: MüKo-BGB, § 125 Rn. 69.

105 *Michalski*, DStR 1998, 771 (771); *Teske*, Schriftformklauseln in AGB, S. 206 ff.; *Eisner*, NJW 1969, 118 (119); anders nur *Körnig*, Schriftformklauseln und Mündliche Abreden, S. 27; sowie *Bloching/Ortolf*, NJW 2009, 3393 (3394) im Hinblick auf die arbeitsrechtliche Schriftformklausel.

Welche Wirkung eine Regelung im Einzelnen entfalten soll, ist durch Auslegung zu ermitteln §§ 133, 157 BGB.[106]

Teilweise lässt sich bereits anhand des Wortlauts ableiten, ob es sich bei der verwendeten Klausel um eine deklaratorische oder konstitutive Schriftform handelt. Enthält eine Klausel die Formulierung, dass Parteivereinbarungen „nur wirksam" sind, sofern sie der Schriftform genügen, wird hierdurch deutlich zum Ausdruck gebracht, dass die Einhaltung der Schriftform Wirksamkeitsvoraussetzung sein soll.[107] Gleichfalls lässt sich aus der Formulierung, dass sämtliche Nebenabreden schriftlich abgefasst werden „sollen", mangels Bezeichnung einer zwingenden Verpflichtung eindeutig ableiten, dass die Wirksamkeit des Rechtsgeschäfts nicht von der Einhaltung der Form abhängen soll, sodass eine solche Klausel rein deklaratorischen Charakter hat.[108]

Die in Schriftformklauseln überwiegend enthaltene Formulierung, dass mündliche Nebenabreden der Schriftform „bedürfen" oder „schriftlich niederzulegen sind", lässt hingegen keinen klaren Rückschluss zu. Dennoch besteht Sinn und Zweck einer Schriftformklausel regelmäßig darin, die Parteien vor einer aufgrund mündlicher Vertragsänderung eintretenden Beeinträchtigung zu schützen.[109] Da aber mündliche Nebenabreden bei Vorliegen einer rein deklaratorischen Schriftformklausel uneingeschränkt wirksam sind[110], lässt sich insoweit ausreichender Schutz nur realisieren, wenn die Schriftform eine Gültigkeitsvoraussetzung darstellt, der Klausel also konstitutive Bedeutung zukommt.[111] Hierfür spricht auch die Auslegungsregel des § 125 S. 2 BGB, die im Falle einer ergebnisoffenen Auslegung heranzuziehen ist.[112] Danach hat die Nichteinhaltung eines gewillkürten Formerfordernisses „im Zweifel" die Nichtigkeit des formwidrigen Rechtsgeschäfts zur Folge. Im Zweifel ist also von einer Wirksamkeitsvoraussetzung auszugehen, sodass eine Schriftformklausel konstitutiv und nicht deklaratorisch wirkt.

---

106 *Ellenberger*, in: Palandt, § 125 Rn. 17.

107 *Teske*, Schriftformklauseln in AGB, S. 207; ebenso die allgemeinen Ausführungen in *Bloching/Ortolf*, NJW 2009, 3393 (3394) im Hinblick auf die arbeitsrechtliche Schriftformklausel.

108 *Teske*, Schriftformklauseln in AGB, S. 223; *Michalski*, DStR 1998, 771 (771).

109 Siehe hierzu bereits oben unter II. auf S. 28.

110 *Teske*, Schriftformklauseln in AGB, S. 225; *Emmerich*, in: Staudinger, § 550 Rn. 48.

111 Vergleiche in diesem Zusammenhang die aufgeführten Argumente bei *Teske*, Schriftformklauseln in AGB, S. 209 f.

112 *Ellenberger*, in: Palandt, § 125 Rn. 17.

2. *Wirkung der Schriftformklausel im Mietrecht*

Haben Schriftformklauseln in ihrer üblichen Ausgestaltung also grundsätzlich konstitutive Bedeutung, ist deren Wirkung im Mietrecht umstritten. Angesichts ihrer unterschiedlichen Ausgestaltung ist bei der Frage nach der erzielten Wirkungsform zwischen der einfachen bzw. doppelten Schriftformklausel und der Schriftformheilungsklausel zu differenzieren.

a) *Einfache bzw. doppelte Schriftformklausel*

In Rechtsprechung und Lehre bestehen unterschiedliche Ansichten dahingehend, welche Wirkung eine einfache bzw. doppelte Schriftformklausel im Anwendungsbereich des § 550 BGB entfaltet. Nach Ansicht des Bundesgerichtshofes[113] erscheint die Annahme einer konstitutiven Schriftform bei langfristigen Mietverträgen angesichts der besonderen Rechtsfolge des § 550 nicht interessengerecht. Denn eine daneben vereinbarte rechtsgeschäftliche Schriftform führt im Falle eines Formverstoßes nach der Auslegungsregel des §§ 125 S. 2, 154 Abs. 2 BGB[114] nicht lediglich – wie in § 550 BGB vorgesehen – zum Wegfall der Befristungsregelung, sondern zur Nichtigkeit des Mietvertrages.[115] Die rechtsgeschäftliche Schriftform würde als Rechtsfolge also grundsätzlich die Unwirksamkeit des Mietvertrages nach sich ziehen. Aus diesem Grund misst der Bundesgerichtshof[116] der mietrechtlichen Schriftformklausel in ständiger Rechtsprechung lediglich deklaratorischen Charakter[117] zu. Ansonsten würde die Schriftformklausel, die letztlich der Aufrechterhaltung des Vertrages in

---

113 BGH NJW 2000, 354 (356); BGH NZM 2000, 548 (549); in Abweichung hiervon, dennoch auf die ständige höchstrichterliche Rechtsprechung verweisend OLG München NJOZ 2019, 677 (681).

114 Bei § 154 Abs. 2 BGB handelt es sich um eine Parallelvorschrift zu §125 S. 2 BGB, deren Anwendungsbereich nur diejenigen Schriftformklauseln umfasst, die das Formerfordernis für den Zeitpunkt des Vertragsschlusses vorsehen, nicht hingegen nachträgliche Vertragsänderungen; *Busche*, in: MüKo-BGB, § 154 Rn. 12.

115 *Lammel*, in: Schmidt-Futterer, § 550 Rn. 70, 73; *Weidenkaff*, in: Palandt, § 550 Rn. 14.

116 BGH NJW 2000, 354 (356); BGH NZM 2000, 548 (549); in Abweichung hiervon, aber auf die ständige höchstrichterliche Rechtsprechung verweisend OLG München NJOZ 2019, 677 (681); ebenso *Emmerich*, in: Staudinger, § 550 Rn. 48.

117 *Hertel*, in: Staudinger, § 127 Rn. 7 bezeichnet die im Rahmen der höchstrichterlichen Rechtsprechung aufgestellten Grundsätzen als eine lediglich deklaratorische Wiederholung des gesetzlichen Schriftformerfordernisses; OLG München NJOZ 2019, 677 (681) verweist auf die ständige Rechtsprechung des Bundesgerichtshofes, die grundsätzlich von einer deklaratorischen Wirkung der Schriftformklausel ausgehe.

seiner ursprünglichen Form dienen soll, in ihr Gegenteil verkehrt. Insofern sei die rechtsgeschäftliche Schriftform nicht als Wirksamkeitsvoraussetzung für das Zustandekommen des Vertrages zu werten.

Nach anderer Ansicht kommt der mietrechtlichen Schriftformklausel hingegen konstitutive Bedeutung zu. Denn bei Vorliegen einer deklaratorischen Schriftformklausel seien mündliche Nebenabreden uneingeschränkt wirksam[118], sodass es in diesem Fall an der von den Parteien erzielten Bindungswirkung fehlen würde. Der Zweck der Schriftformklausel bestehe aber gerade darin, mündliche Nebenabreden auszuschließen.[119] Aus diesem Grund sei die rechtsgeschäftliche Schriftform als Wirksamkeitsvoraussetzung für das Zustandekommen formloser Vertragsabsprachen[120] zu verstehen, weshalb ihr zwingend konstitutive Bedeutung zukommen müsse.

Beide Ansichten führen letztlich aber zum selben Ergebnis. Denn im Fokus beider Ansichten steht das primäre Ziel der Vertragsparteien, eine Mitwirkungsverpflichtung zur Einhaltung der Schriftform zu bestimmen.[121] Der vermeintliche Meinungsstreit basiert allein auf einer unterschiedlichen Betrachtungsweise. Während der Bundesgerichtshof die Wirksamkeit des gesamten Mietvertrages betrachtet, ist Gegenstand der anderen Ansicht allein die Unwirksamkeit der von der Schriftformklausel erfassten Nebenabrede. Hinsichtlich der Wirkungsform ist aber zu unterscheiden, ob sich die Wirksamkeitsvoraussetzung auf den gesamten Vertrag oder auf die von der Schriftformklausel erfassten mündlichen Nebenabrede bezieht. Letztlich ist die vom Bundesgerichtshof vorgenommene

---

118 *Teske*, Schriftformklauseln in AGB, S. 225; *Emmerich*, in: Staudinger, § 550 Rn. 48.

119 *Hertel*, in: Staudinger, § 127 Rn. 7; OLG München NJOZ 2019, 677 (681); OLG Düsseldorf NJOZ 2012, 533 (534).

120 Vergleiche hierzu folgende Stimmen der Literatur, die sich allein mit der Wirksamkeitsvoraussetzung für mündliche Nebenabreden befassen und diese damit unausgesprochen zum Gegenstand einer Schriftformklausel machen: *Michalski*, DStR 1998, 771 (771) spricht von „Wirksamkeitsvoraussetzung für abweichende oder ergänzende Vereinbarungen"; Teske, Schriftformklauseln in AGB, S. 208, 228 ergänzt die Formulierung „Nebenabreden bedürfen der Schriftform" entsprechend ihrem Sinngehalt mit dem Zusatz „um wirksam zu sein"; *Körnig*, Schriftformklauseln und Mündliche Abreden, S. 9 spricht von „Wirksamkeitsvoraussetzung der von der Formvereinbarung erfassten Willenserklärung"; *Breitling*, Bedeutung und Wirkung von Schriftformklauseln, S. 14 spricht von „Wirksamkeitsvoraussetzung der von der Formabrede umfassten rechtsgeschäftlichen Elemente".

121 Zur deklaratorischen Wirkung vergleiche: BGH NJW 2000, 354 (356); BGH NZM 2000, 548 (549); Zur konstitutiven Wirkung vergleiche: *Hertel*, in: Staudinger, § 127 Rn. 7; OLG München NJOZ 2019, 677 (681).

Prüfung der anderen Ansicht sinngemäß vorgeschaltet: Beide gehen unausgesprochen vom Ergebnis der jeweils anderen Ansicht aus. Denn nur wenn die Auslegung ergibt, dass die Schriftformklausel im Falle einer formlosen Nebenabrede nicht zur Unwirksamkeit des Mietvertrages führt, hat die Frage nach der Wirksamkeit eben dieser Nebenabrede ihre Daseinsberechtigung. Grundsätzlich sind also beide Ansichten zutreffend. Sofern die Schriftformklausel nicht zur Nichtigkeit des gesamten Mietvertrages führen soll, hat sie deklaratorische Bedeutung, wohingegen ihr in Bezug auf die Wirksamkeit einer von ihr erfassten formwidrigen Nebenabrede konstitutive Bedeutung zukommt.

b) Schriftformheilungsklausel

Handelt es sich hingegen um eine Schriftformheilungsklausel, stellt sich diese Problematik nicht, da diese – wie bereits unter A. III. 2. c)[122] dargestellt – nicht die Unwirksamkeit der Nebenabrede, sondern lediglich die Verpflichtung zur Behebung eines Formmangels vorsieht. Insofern ist ihr eine deklaratorische Wirkung beizumessen.

IV. Spannungsverhältnis zwischen rechtsgeschäftlicher und gesetzlicher Form

Die Form als solche erfüllt innerhalb des Privatrechts eine Doppelfunktion: Sind die Vertragsparteien einerseits an die zwingende Einhaltung der gesetzlich normierten Formvorgaben gebunden, verfügen sie andererseits über die Freiheit, rechtsgeschäftliche Formvorgaben selbst bestimmen zu können. Beides dient dem Schutz des Rechtsverkehrs.[123] Die gesetzliche Form stellt ein sinnvolles und notwendiges Mittel dar, um die Vertragsparteien vor der unbedachten Eingehung riskanter Bindungen zu schützen.[124] So wird durch den gesetzlich normierten Formzwang im Hinblick auf die weitreichende Bedeutung einzelner Rechtsgeschäftstypen eine zu überwindende Hürde geschaffen. Die rechtsgeschäftliche Form stellt hingegen ein wichtiges Instrument der Privatautonomie zur Förderung der Freiheit des Rechtsverkehrs dar.[125]

Mit dem Schutz des Rechtsverkehrs verfolgen sie zwar beide dieselbe Zielrichtung. Dennoch stehen die ihnen zugrundeliegenden Extreme – Formzwang

---

122 Siehe oben S. 32.

123 *Di Fabio*, Form und Freiheit, DNotZ 2006, 342 (345); siehe zu den einzelnen Formzwecken ausführlich *Arnold*, in: Erman, § 125 Rn. 1–6.

124 *Körnig*, Schriftformklauseln und Mündliche Abreden, S. 2.

125 *Häsemeyer*, Die gesetzliche Form der Rechtsgeschäfte, S. 160.

und Freiheit zur Selbstbestimmung – im Spannungsverhältnis zueinander. Um einen optimalen Schutz des Rechtsverkehrs erlangen zu können, sind daher beide Formarten ins rechte Verhältnis zu setzen.[126] Bei rein formalistischer Anwendung des gesetzlichen Formzwangs, droht ein den Vertragsparteien gegen ihren Willen aufgezwungener Schutz, der im Widerspruch zu dem mit den gesetzlichen Formvorgaben eigentlich verfolgten Zweck steht. Denn umso starrer der gesetzliche Formzwang, umso höher die Missbrauchsgefahr.[127] Wird der Zwangscharakter der gesetzlichen Form allerdings nicht beachtet, droht die Vereitelung des Formzwecks und damit wiederum zugleich die Beeinträchtigung des Rechtsverkehrs. Die gesetzliche Form kann deshalb grundsätzlich nicht durch die gewillkürte Form abbedungen werden.[128] Ziel der vorliegenden Arbeit ist es, wie eingangs bereits erörtert, gerade dieses Spannungsverhältnis zu lösen.[129]

C. Bedürfnis für rechtsgeschäftliche Schriftformklauseln

Eine optimale Verwirklichung der Parteiinteressen erfordert die Möglichkeit, selbstbestimmt rechtsgeschäftliche Schriftformvereinbarungen treffen zu können. Zurückführen lässt sich dieses Bedürfnis auf die strenge Formvorschrift des § 550 BGB. Sie steht im Widerspruch zu dem bei Abschluss eines befristeten Mietvertrages wesentlichen Sicherungsinteresse der Parteien. Die Vereinbarung einer Schriftformklausel stellt mangels gesetzlich normierter Ausnahmen das einzige Mittel dar, dieses Interesse realisieren zu können.

I. Ausgangspunkt: gesetzliche Formvorschrift

Beurteilt man die Schriftformklauseln im Mietrecht, stellt die zwingende gesetzliche Formvorschrift des § 550 BGB den Ausgangspunkt aller Überlegungen dar. Demnach bedürfen befristete Mietverträge, die für einen längeren Zeitraum als ein Jahr geschlossen werden, der Einhaltung der Schriftform des § 126 BGB.[130] Rechtsfolge eines Formverstoßes ist – abweichend von § 125 BGB – nicht die Nichtigkeit, sondern die ordentliche Kündbarkeit des Mietvertrages.

---

126 *Häsemeyer*, Die gesetzliche Form der Rechtsgeschäfte, S. 161.

127 *Häsemeyer*, Die gesetzliche Form der Rechtsgeschäfte, S. 161; *Körnig*, Schriftformklauseln und Mündliche Abreden, S. 2.

128 *Hertel*, in: Staudinger, § 127 Rn. 8; *Häsemeyer*, Die gesetzliche Form der Rechtsgeschäfte, S. 162.

129 *Körnig*, Schriftformklauseln und Mündliche Abreden, S. 2.

130 Hierzu noch ausführlich im zweiten Kapitel unter B. II. auf S. 59 f.

1. *Widerspruch zu dem von den Parteien verfolgten Sicherungsinteresse*

Faktisch führt die gesetzliche Formvorschrift also zum Wegfall der vereinbarten Befristungsregelung. Dies steht, wie eingangs im Rahmen der Einführung[131] bereits erörtert, im Gegensatz zu der von den Parteien bei Abschluss des befristeten Vertrages angestrebten mittel- bis langfristigen Planungssicherheit. Das hieraus resultierende Risiko der vorzeitigen Kündbarkeit kann mithin zu existenzvernichtenden Folgen führen.

2. *Fehlende gesetzliche Ausnahmeregelungen*

Das Gesetz sieht keine Ausnahmen von der strengen Rechtsfolge des § 550 BGB vor, sodass Kündigungsschutz ausschließlich über die Generalklausel des § 242 BGB gewährt wird. Während die Schriftformklausel als generell abstrakte Regelung allerdings bei jedwedem Formverstoß greift, führt die Anwendung von Treu und Glauben lediglich im Einzelfall und nur in eng umgrenzten Ausnahmefällen zu dem gewünschten Ergebnis.[132] Die partielle Anwendung der Generalklausel vermag daher nicht den von den Parteien avisierten Schutz zu realisieren.

Auch die nach allgemeiner Meinung[133] grundsätzlich bestehende Möglichkeit, einen Formverstoß durch einen schriftformkonformen Nachtrag beheben zu können, verspricht nicht die wünschenswerte Sicherheit. Denn mangels einer gegenseitigen vertraglichen Verpflichtung der Vertragsparteien, besteht gerade kein Anspruch auf Mitwirkung zur Behebung des Formmangels. Daher müssen beide Parteien während der gesamten Laufzeit des befristeten Vertrages stets damit rechnen, dass die jeweils andere Partei aufgrund geänderter Interessen[134] von der ursprünglich bestehenden Heilungsbereitschaft abrückt und sich nunmehr auf den Formmangel beruft. Dieses Risiko kann nur durch die präventive Vereinbarung einer entsprechenden Mitwirkungsverpflichtung im Rahmen der Schriftformklausel abgewendet werden.

II. Komplexität der Schriftformanforderungen

Verschärft wird die Problematik durch die komplexe und unübersichtliche Rechtslage hinsichtlich der Schriftformanforderungen, welche für die

131 Sie oben S. 19–21.

132 Siehe hierzu ausführlich im fünften Kapitel unter A. II.

133 Siehe hierzu die Ausführungen im zweiten Kapitel unter A. auf S. 58.

134 Zu den möglichen Gründen eines geänderten Parteiinteresses sei auf die Ausführungen im Rahmen der Einführung auf S. 22 verwiesen.

Vertragsparteien zu einem erheblichen Maß an Rechtsunsicherheit führt.[135] Zum einen vermittelt das Gesetz selbst keine konkreten Vorgaben, an denen sich die Parteien des Rechtsgeschäfts orientieren können. So enthält § 126 Abs. 1 BGB im Hinblick auf die Einhaltung der gesetzlichen Schriftform lediglich die Angabe der notwendigen „Unterzeichnung" einer „Urkunde". Insoweit stellt sich aber dann die Frage, welche konkreten Merkmale das unterschriebene Schriftstück erfüllen muss.[136]

Zum anderen ist das Gewerberaummietrecht stark durch Einzelfallrechtsprechung geprägt. Es bestehen zahlreiche Regeln zur Einhaltung der Schriftform, die im Rahmen höchstrichterlicher Rechtsfortbildung über einige Jahrzehnte hinweg ausgeformt und von Fall zu Fall konkretisiert wurden. Wurde hierbei stets ein strenger Maßstab angewandt, damit die gesetzlichen Formvorschriften im Interesse der Rechtssicherheit nicht ausgehöhlt zu werden drohen, lassen die vielzähligen und strengen vom Bundesgerichtshof aufgestellten Schriftformanforderungen eine systematische Aufarbeitung vermissen.[137] Für den (ungeschulten) Rechtsverkehr ist es daher kaum vorhersehbar, welche Merkmale einzuhalten sind, um der gesetzlichen Schriftform genügen zu können.

Mit der für die Vertragsparteien bestehenden Unvorhersehbarkeit geht schließlich auch noch eine gewisse Fehleranfälligkeit einher, die zu häufigen Formverstößen in der Praxis führt.[138] Im Gewerberaummietrecht unterliegt deshalb die Mehrheit der Mietverträge zumindest temporär einem Schriftformmangel.[139] Dabei ist es den Parteien oftmals nicht bewusst, dass sie einen Formverstoß begehen.[140] Meist kommt es im Rahmen nachträglicher Vertragsverhandlungen zu derartigen Verstößen, indem vermeintlich unwesentliche Vertragsbestandteile „unter der Hand" geregelt werden, ohne dass sie in einem schriftformkonformen Nachtrag festgehalten werden.

Die unübersichtliche Rechtslage hinsichtlich der notwendig einzuhaltenden Schriftformanforderungen stellt die Mietvertragsparteien daher vor große, mitunter kaum zu bewältigende Herausforderungen. Um die Einhaltung der Schriftform dauerhaft gewährleisten zu können, bedarf es letztlich einer sorgfältigen und permanenten Überprüfung der formlos getroffenen Nebenabreden.[141]

---

135 *Jacoby*, NZM 2011, 1 (2).
136 *Regenfus*, JA 2008, 161 (162).
137 *Leo*, in: BeckOK MietR, § 550 Rn. 4 f.
138 *Schweitzer*, NJW 2019, 198 (198).
139 *Klimke*, WuM 2010, 8 (10).
140 *Einsele*, in: MüKo-BGB, § 125 Rn. 41.
141 *Nemzov*, ZfIR 2019, 73 (75).

Schwer handhabbar ist dies für einen Vermieter vor allem dann, wenn – wie im Gewerberaummietrecht üblich – ein zwischengeschalteter Property Manager mit der Verwaltung der Immobilie beauftragt ist. Zudem wäre eine darüberhinausgehende Kontrolle der tatsächlichen Gegebenheiten der Mieträumlichkeiten notwendig, um etwaig bestehende Abweichungen von den im Mietvertrag vereinbarten Bestimmungen und damit einhergehende Formmängel ausschließen zu können. Unter dem Gesichtspunkt der Zweckmäßigkeit erscheint ein derartiges Vorgehen für die Mietvertragsparteien wenig praktikabel und erschwert die Abwicklung des Rechtsverkehrs.[142] Einzige effektive Möglichkeit, die Einhaltung der unübersichtlichen Schriftformanforderungen präventiv sicherstellen zu können, stellt somit die Vereinbarung einer rechtsgeschäftlichen Schriftformklausel dar.

D. Die gegenwärtige Rechtsprechung und Reaktionen

Die Diskussion über die Wirksamkeit der Schriftformklausel ist bereits so alt wie das Bürgerliche Gesetzbuch selbst. Seit jeher ist die Wirksamkeit derartiger Klauseln umstritten. Auch das im Jahre 1977 eingeführte AGB-Gesetz[143] brachte hierüber keinen Aufschluss. Vielmehr ließ der Gesetzgeber diese Thematik im Rahmen des Gesetzgebungsverfahrens bewusst offen und wies die Beurteilung damit der Rechtsprechung zu.[144] Die sich hierauf über einige Jahrzehnte anschließende wissenschaftliche Auseinandersetzung vermochte allerdings ebenfalls keine Klarheit über die Frage nach der Gültigkeit derartiger Klauseln zu bringen. So ist weder der Rechtsprechung noch dem Schrifttum eine eindeutige und einheitliche Lösung der Fragen zu entnehmen.[145]

I. Die Rechtsprechung des Bundesgerichtshofes

Erst in jüngster Zeit hat sich der Bundesgerichtshof mit dieser Thematik beschäftigt und hierbei einen strengen Maßstab angesetzt. Während die überwiegende

---

142 *Nemzov*, ZfIR 2019, 73 (75).

143 Gesetz zur Regelung des Rechts der Allgemeinen Geschäftsbedingungen vom 09.12.1976, BGBl I, 1976, S. 3317 (3317 ff.).

144 So insbesondere *Teske*, Schriftformklauseln in AGB, S. 111; sowie *Basedow*, in: MüKo-BGB, § 305b Rn. 13 unter Darstellung der im Rahmen des Gesetzgebungsverfahrens angestellten Erwägungen; Anders offenbar *Nemzov*, ZfIR 2019, 73 (76), der die Ansicht vertritt, dass der Gesetzgeber grundsätzlich von der Wirksamkeit und Sinnhaftigkeit der Schriftformklauseln ausgegangen sei.

145 *Teske*, Schriftformklauseln in AGB, S. 142.

Meinung der oberlandesgerichtlichen Rechtsprechung[146] und der Lehre bis dahin von der Wirksamkeit der Schriftformklauseln, insbesondere der Schriftformheilungsklausel, ausging, etablierte der Bundesgerichtshof eine strenge Linie und erklärte sämtliche Klauseltypen nach und nach für wirkungslos.

Im Jahr 2005 erteilte der Bundesgerichtshof zunächst der einfachen Schriftformklausel eine Absage.[147] Die Vereinbarung einer mündlichen Vertragsabrede habe wegen des gemäß § 305b BGB geltenden Vorrangs der Individualvereinbarung auch immer zugleich die (konkludente) Aufhebung des rechtsgeschäftlich statuierten Formzwangs zur Folge, sodass die einfache Schriftformklausel faktisch wirkungslos sei.[148]

Anfang des Jahres 2017 erweiterte der Bundesgerichtshof diese Rechtsprechung auf die doppelte Schriftformklausel.[149] Wegen des geltenden Vorrangs der Individualvereinbarung vermöge auch der zur Aufhebung des Schriftformerfordernisses statuierte Formzwang selbst nicht die Gültigkeit einer mündlichen Vertragsabrede zu verhindern.[150] Demnach sei weder die einfache noch die doppelte Schriftformklausel geeignet, das Entstehen eines Formmangels und die damit einhergehende Rechtsfolge des § 550 BGB abzuwenden.

Offen blieb zunächst die Frage, ob sich die Vertragsparteien im Rahmen der sogenannten Schriftformheilungsklausel zur Behebung eines etwaig bestehenden Schriftformmangels verpflichten und damit einhergehend das Recht zur ordentlichen Kündigung ausschließen können. Im Jahre 2014 urteilte der Bundesgerichthof noch zurückhaltender dahingehend, dass jedenfalls ein Grundstückserwerber, der gemäß § 566 BGB in den Mietvertrag eintrete, nicht an eine derartige Klausel gebunden sei, weshalb er den Vertrag im Falle eines Formmangels jederzeit ordentlich kündigen könne.[151] Denn der primäre Schutzzweck des § 550 BGB bestehe darin, dass ein später eintretender Grundstückserwerber sämtliche auf ihn übergehende Bedingungen aus dem schriftlichen Mietvertrag

146 Die Wirksamkeit der Schriftformheilungsklausel bejahend: OLG Braunschweig NZM 2016, 197; OLG Frankfurt a. M. ZMR 2015, 709; die Wirksamkeit der Schriftformheilungsklausel bejahend, sofern der Kündigende vom Vertragspartner zuvor erfolglos Heilung des Schriftformmangels verlangte: OLG Dresden ZMR 2017, 469; KG Berlin ZMR 2016, 775; die Wirksamkeit der Schriftformheilungsklausel verneinend: LG Krefeld ZMR 2016, 547; OLG Rostock NZM 2008, 646 (648).

147 BGHZ 164, 133 (133 ff.).

148 BGHZ 164, 133 (136 f.).

149 BGH NJW 2017, 1017 (1017 ff.).

150 BGH NJW 2017, 1017 (1018).

151 BGHZ 200, 98 (105).

ersehen können muss. Tritt er nun aber in formlos getroffene und damit für ihn nicht erkennbare Vereinbarungen ein, müsse ihm das Recht zustehen, sich vom Vertrag zu lösen.[152]

Im Jahr 2017 nutzte der Bundesgerichtshof sodann die Möglichkeit, diese Rechtsprechung auch auf die ursprünglichen Vertragsparteien[153], die den Mietvertrag geschlossen hatten, zu erweitern.[154] Denn neben einem potentiellen Grundstückserwerber seien auch diese vom Schutzzweck des §550 BGB umfasst. Der Bundesgerichtshof verwies in seiner Entscheidung namentlich darauf, dass die der Norm zusätzlich innewohnende Beweissicherungs- und Übereilungsfunktion nicht durch Schriftformklauseln umgangen und damit „ausgehöhlt" werden dürfe.[155] Aus diesem Grund ist nach Ansicht des Bundesgerichtshofes nicht nur die einfache und doppelte Schriftformklausel wirkungslos, sondern auch die Schriftformheilungsklausel generell unwirksam.

II. Auswirkungen auf die Gestaltungspraxis

Doch auch nach oder gerade wegen dieser höchstrichterlichen Rechtsprechung zur Unwirksamkeit der Schriftformheilungsklausel ist festzuhalten, dass nicht jeder Schriftformmangel zur Kündigung berechtigt. Ein Kündigungsschutz kann sich einerseits aus dem Grundsatz von Treu und Glauben, andererseits infolge alternativer Gestaltungsmöglichkeiten ergeben.

1. Der Treuwidrigkeitseinwand

In absoluten Ausnahmefällen kann es den Vertragsparteien im Einzelfall gemäß § 242 BGB verwehrt sein, sich auf das aus § 550 BGB folgende ordentliche Kündigungsrecht zu berufen. Obwohl er die Schriftformheilungsklausel für unwirksam erklärte, kam der Bundesgerichtshof in jenem Urteil gleichwohl zu dem Ergebnis, dass die wegen des Schriftformverstoßes geltend gemachte ordentliche Kündigung treuwidrig war. Der Vermieter handele nämlich dann rechtsmissbräuchlich, wenn er seine Kündigung auf eine formwidrige Vertragsänderung stütze, welche ausschließlich zu seinen Gunsten erfolgte.[156] Im Unterschied zur Schriftformheilungsklausel führt die Bejahung einer solchen „einseitigen Vorteilsziehung" allerdings nur zu einem beschränkten Kündigungsrecht. Dieses

152 BGHZ 200, 98 (106).
153 Im Folgenden als Ursprungsparteien bezeichnet.
154 BGHZ 216, 68 (68 ff.).
155 BGHZ 216, 68 (79 f.).
156 BGHZ 216, 68 (82).

besteht nur gegenüber derjenigen Vertragspartei, die durch die Vereinbarung einen Vorteil erlangt hat und kommt nur dann zur Anwendung, wenn der Formmangel auf dieser speziellen Vertragsänderung beruht. Ferner stellt der Fall der einseitigen Vorteilsziehung – wie sich in Kapitel 5 dieser Abhandlung zeigen wird – einer der wenigen im Rahmen von § 242 BGB anerkannten Fallgruppen dar, die als Ausnahmeregelung bei der Schriftformheilungsklausel überhaupt zur Anwendung kommen können. Der Treuwidrigkeitsweinwand kann den Mietvertragsparteien in Zukunft also nicht den gewünschten Erfolg bringen.

2. *Alternative Gestaltungsmöglichkeiten*

Relevant wird damit insbesondere die Frage nach alternativen Gestaltungsmöglichkeiten. Eine solche Möglichkeit wird nämlich durch die Rechtsprechung nicht per se ausgeschlossen, sodass Hoffnung besteht, die gewünschte Rechtsfolge durch eine alternative Gestaltung der Schriftformklausel erreichen zu können. In seinem Urteil vom 27. September 2017 benannte der Bundesgerichtshof eine ausdrückliche Ausnahme: Nach wie vor zulässig seien Heilungsklauseln, deren Ziel es ist, einem konkret befürchteten Formmangel entgegenzutreten.[157] In derart gelagerten Fällen ist es nach Ansicht des Bundesgerichtshofes für die Vertragsparteien weiterhin möglich, sich zur Einhaltung der Schriftform zu verpflichten, um die langfristige Bindung an den Mietvertrag sicherzustellen.[158] Auf dieser Basis ist im Rahmen des fünften Kapitels schließlich ein konkreter Lösungsvorschlag zu entwickeln.

3. *Reaktion im Schrifttum*

Die Bedeutung der Schriftformklausel wurde im Schrifttum bereits vor Einleitung der vom Bundesgerichtshof vollzogenen Kehrtwende kontrovers diskutiert. Entsprechend fand die jüngste Rechtsprechung zur Unwirksamkeit der Schriftformheilungsklausel, angesichts ihrer für die Immobilienbranche enormen wirtschaftlichen Tragweite, große Beachtung im Schrifttum. Zustimmung erfuhr sie insofern, als die vom Bundesgerichtshof generell restriktiv verfolgte Linie mit dieser Entscheidung konsequent fortgeführt worden sei.[159] Auf Kritik stieß sie teilweise deshalb, weil die vom Bundesgerichtshof vertretene Ansicht nicht dem Willen des Gesetzgebers entspreche.[160]

---

157 Im Folgenden konkrete Schriftformheilungsklauseln.

158 BGHZ 216, 68 (76 f.).

159 *Leo*, in: BeckOK MietR, § 550 Rn. 386.

160 *Günter*, NZM 2019, 561 (567 f.) stellt das Vorliegen eines eigenständigen, die Ursprungsparteien umfassenden Schutzzwecks des § 550 BGB in Frage; Nach der

Das damit vom Bundesgerichtshof in einem ausführlichen obiter dictum[161] überraschend eingeleitete Ende der Schriftformheilungsklausel führte und führt zu einer gewissen Unsicherheit sowie Ratlosigkeit im Rahmen der wissenschaftlichen Auseinandersetzung. Erste Versuche, alternative Gestaltungsmöglichkeiten ausfindig zu machen, endeten überwiegend in der Erkenntnis, dass eine umfängliche sowie präventiv und allgemein gültige Lösung nach derzeitigem Stand der Rechtslage nicht existiere.[162] Dies führte mitunter auch zu einer Diskussion über die Umsetzung einer Gesetzreform.[163] Einigkeit besteht angesichts der Brisanz dieser Rechtsprechung vor allem darin, dass der Fokus der Mietvertragsparteien in Zukunft jedenfalls verstärkt auf die Einhaltung der komplexen Schriftformanforderungen zu richten sein wird.[164]

III. Reaktion des Gesetzgebers

Der in der Literatur erhobene Appell an den Gesetzgeber scheint indes nicht vollends verhallt zu sein. Am 20. Dezember 2019 beschloss der Bundesrat[165], eine Gesetzesinitiative zur Änderung des Schriftformerfordernisses nach § 550 BGB in den Bundestag einzubringen. Der Reformvorschlag sieht vor, das Kündigungsrecht auf den Erwerber und dieses in zeitlicher Hinsicht darüber hinaus auf drei Monate zu beschränken.[166] Mit diesem Gesetz soll ein Missbrauch der Formvorschrift unterbunden und eine erhöhte Rechtssicherheit für die Parteien des Mietvertrages geschaffen werden.[167] Allerdings würde hierdurch das Kündigungsrecht der ursprünglichen Mietvertragsparteien ersatzlos gestrichen. Damit wird nicht nur das seit Geltung des Bürgerlichen Gesetzbuches bestehende Kündigungsrecht eines Erwerbers erheblich eingeschränkt, sondern das Schriftformgebot im Mietrecht weitgehend faktisch abgeschafft.[168] Dementsprechend

Ansicht von *Nemzov*, ZfIR 2019, 73 (76) sei nach dem gesetzgeberischen Willen grundsätzlich von der Wirksamkeit der Schriftformheilungsklausel auszugehen.

161 *Krüger*, NZM 2018, 38 (42).

162 *Lindner-Figura/Reuter*, NJW 2018, 897 (900); *Nemzov*, ZfIR 2019, 73 (84); *Schweitzer*, NJW 2019, 198 (200); *Günter*, NZM 2019, 561 (563, 569).

163 *Lindner-Figura/Reuter*, NJW 2018, 897 (900); *Günter*, NZM 2019, 561 (568, 569).

164 *Lindner-Figura/Reuter*, NJW 2018, 897 (900); *Günter*, NZM 2019, 561 (565).

165 Entwurf eines Gesetzes zur Neuregelung des Schriftformerfordernisses im Mietrecht, BR-Drs 469/19(B).

166 BR-Drs 469/19(B), Anlage S. 1 f.

167 BR-Drs 469/19(B), Anlage S. 5; *Conradi*, FAZ vom 03.01.2020, S. 13.

168 Hierzu ausführlich im fünften Kapitel unter B. II. 1.

hat die Bundesregierung[169] den Gesetzentwurf im Februar 2020 zwar an den Bundestag weitergeleitet, diesen inhaltlich jedoch abgelehnt. Im Ergebnis geht aber auch die Bundesregierung von der Reformbedürftigkeit des § 550 BGB aus und möchte insoweit prüfen, wie das Gesetzesvorhaben verbessert werden kann. Ob und wie das mietrechtliche Schriftformerfordernis neu geregelt wird, bleibt deshalb abzuwarten.

169 Entwurf eines Gesetzes zur Neuregelung des Schriftformerfordernisses im Mietrecht mit Stellungnahme der Bundesregierung, BT-Drs 19/17034, Anlage 2.

Zweites Kapitel: Das Schriftformgebot des § 550 BGB

A. Rechtsfolge eines Formmangels

Das Schriftformgebot des § 550 S. 1 BGB ordnet eine besondere Rechtsfolge an. Danach führt ein Formverstoß nicht wie üblich gemäß § 125 S. 1 BGB zur Nichtigkeit des Vertrages, sondern lediglich dazu, dass ein befristeter Vertrag als für unbestimmte Zeit abgeschlossen gilt. Die Norm enthält eine gesetzliche Fiktion, die den §§ 125 S. 1 und 139 BGB als lex specialis vorgeht.[170] Sie greift auch bei nachträglichen Änderungen, sodass sich ein zunächst formgültig geschlossener langfristiger Mietvertrag durch eine spätere nicht schriftformkonforme Änderung oder Nebenabrede in ein unbefristetes Mietverhältnis wandelt.[171] Ordentlich kündbar ist also nicht lediglich die nachträgliche Änderungsvereinbarung, sondern wegen ihrer „infizierenden Wirkung" der gesamte Mietvertrag.

Das Schriftformerfordernis stellt keine Wirksamkeitsvoraussetzung für den Vertrag, sondern lediglich für die Befristungsregelung dar. Im Gegensatz zu einem befristeten Vertrag, welcher vor Ablauf der Festlaufzeit gemäß § 542 Abs. 2 Nr. 1 BGB nur bei Vorliegen der strengen Voraussetzungen einer außerordentlichen Kündigung (§ 543 BGB) beendet werden kann, ist ein auf unbestimmte Zeit geschlossener Vertrag gemäß § 542 Abs. 1 BGB jederzeit ordentlich kündbar. Bei einem Mietverhältnis über Geschäftsräume ist die ordentliche Kündigung gemäß § 580a Abs. 2 BGB spätestens am dritten Werktag eines Kalendervierteljahres zum Ablauf des nächsten Kalendervierteljahres einzureichen. Das bedeutet, dass ein langfristig geschlossener Gewerberaummietvertrag bei einem Formverstoß unter Einhaltung einer Frist von längstens neun Monaten einseitig gekündigt werden kann (§ 580a Abs. 2 BGB). Einzige Einschränkung ist die in § 550 S. 2 BGB geregelte Jahresfrist, welche regelmäßig mit Übergabe der Mietsache beginnt und den Parteien einen Mindestschutz vermitteln möchte.[172] Beruht der Formverstoß auf einer späteren Vertragsänderung, kommt es für den

170 BGHZ 99, 54 (59); *Emmerich* in: Staudinger, § 550 Rn. 35.

171 BGH NJW 1994, 1649 (1651); *Schweitzer*, NJW 2019, 198 (198).

172 Die Formvorschrift des § 550 BGB wurde als Korrelativ zur Mieterschutzbestimmung des § 566 BGB eingeführt und dient dem Schutz eines Erwerbers, wodurch wiederum das Interesse des Mieters an dem Bestand eines langfristigen Vertrages eingeschränkt wird, weshalb der Mieter mit § 550 S. 2 BGB zumindest für ein Jahr abgesichert werden sollte: Mugdan II, S. 1905; *Dittert*, in: BeckOGK-BGB, § 550 Rn. 174.

Fristbeginn auf den Zeitpunkt der Änderung selbst an, sodass der Vertrag erst nach (erneutem) Ablauf der Jahresfrist ordentlich gekündigt werden kann.[173] Die „infizierende Wirkung", die zur nachträglichen Unwirksamkeit des gesamten Vertrages führt, tritt lediglich ex nunc ein.[174]

Das Kündigungsrecht steht sowohl den ursprünglichen Parteien, zwischen denen der Vertrag zustande kam als auch einem später eintretenden Grundstückserwerber zu. Darüber hinaus kann sich jede Mietvertragspartei, losgelöst von dem ihrer Kündigung zugrundeliegenden Motiv, auf die Rechtsfolge der Kündbarkeit berufen. Verfolgt sie daher lediglich das Ziel, sich von einem ihr lästig gewordenen Mietvertrag zu lösen, ist dies unschädlich.

Grundsätzlich sieht das Gesetz zwar keine Ausnahme von der strengen Rechtsfolge des § 550 S. 1 BGB vor. Nach ständiger Rechtsprechung[175] besteht allerdings die Möglichkeit, einen bestehenden Formmangel durch Abschluss eines schriftformkonformen Nachtrags zu heilen, sofern der bestehende Formmangel hierdurch ausgeräumt wird.[176] Dabei wirkt die Nachholung der Schriftform ex tunc, das heißt mit Rückwirkung auf den Zeitpunkt des Vertragsschlusses.[177]

B. Tatbestand

Die Rechtsfolge von § 550 S. 1 BGB ist an zwei Tatbestandsvoraussetzungen geknüpft: Zum einen muss es sich um einen langfristigen Mietvertrag handeln, zum anderen tritt die Rechtsfolge der ordentlichen Kündbarkeit nur ein, wenn die gesetzliche Schriftform nicht eingehalten ist.

I. Langfristiger Mietvertrag

Mietverträge mit einer kürzeren Laufzeit als einem Jahr sind vom Anwendungsbereich der Norm ausgenommen. Erfasst sind primär befristete Mietverträge (§ 542 Abs. 2 BGB) mit einer Festlaufzeit von über einem Jahr. Ist eine kürzere Laufzeit vereinbart, kann sich die zeitliche Bindung über ein Jahr hinaus aber mittelbar aufgrund einer vereinbarten Verlängerungsklausel oder einem Optionsrecht ergeben, sodass auch diese Verträge dem Schriftformerfordernis

---

173 BGHZ 125, 175 (181); BGHZ 99, 54 (54).

174 BGHZ 99, 54 (58 f).

175 BGH NZM 2009, 515 (516); BGHZ 160, 97 (97); BGH NJW-RR 1988, 201 (201).

176 Hierzu noch ausführlich im dritten Kapitel unter A. III. 1. b) cc).

177 *Lindner-Figura*, in: Geschäftsraummiete, Kap. 6 Rn. 109; *Reingardt*, Das Schriftformerfordernis nach § 550 BGB, S. 53.

unterfallen können.[178] Mietverträge, die auf unbestimmte Zeit abgeschlossen sind (§ 542 Abs. 1 BGB), fallen nur dann unter den Anwendungsbereich, wenn die Kündigungsfrist so bemessen ist, dass der Mietvertrag erstmals für einen Zeitpunkt nach Ablauf der Jahresfrist gekündigt werden kann oder ein Kündigungsverzicht für eine längere Zeit als ein Jahr vereinbart wird.[179]

Obwohl die Vorschrift des § 550 BGB im Abschnitt der Wohnraummietverhältnisse verortet ist, liegt ihr Hauptanwendungsbereich im Gewerberaummietrecht, da sie aufgrund der Verweisungsnorm des § 578 BGB auch hierauf Anwendung findet. Das Schriftformgebot ist gemäß § 578 Abs. 1 BGB auf Grundstücke, gemäß § 578 Abs. 2 BGB auf Mietverhältnisse über Räume, die keine Wohnräume sind und gemäß § 581 Abs. 2 BGB schließlich auf Pachtverträge anwendbar. Im Bereich der Wohnraummiete kommt der Norm deshalb nur eine geringe Bedeutung zu, weil Wohnraummietverträge nur bei Vorliegen eines Befristungsgrundes auf bestimmte Zeit eingegangen werden können. Eine solche Befristung eines Wohnraummietvertrages ist gemäß § 575 BGB nur dann möglich, wenn bereits bei Abschluss des Vertrages eine Eigennutzungsabsicht, Modernisierungsabsicht oder ein späterer Betriebsbedarf besteht. Gewerberaummietverträge können, im Gegensatz hierzu, ohne Weiteres, insbesondere ohne Vorliegen eines Befristungsgrundes, eingegangen werden.

II. Gesetzliche Schriftform

Das Schriftformgebot erfordert die Einhaltung der gesetzlichen Schriftform im Sinne des § 126 BGB.[180] Die Regelung des § 550 BGB war vor der Mietrechtsreform in § 566 BGB a.F. verortet. Anders als die Vorgängerbestimmung[181] verlangt die heutige Fassung des § 550 S. 1 BGB nach ihrem Wortlaut („nicht in schriftlicher Form") zwar nicht länger positiv die Einhaltung der Schriftform, sondern setzt sie nun indirekt voraus.[182] Aufgrund der ungeschickten Formulierung der

---

178 *Bieber*, in: MüKo-BGB, § 550 Rn. 6.

179 BGH NZM 2008, 687 (687).

180 BGH NJW 2018, 1540 (1541); BGHZ 176, 301 (306); BGH 1998, 58 (58); *Emmerich*, in: Staudinger, § 550 Rn. 11; *Heile*, NZM 2002, 505 (505); *Leo*, in: MüKo-BGB, § 550 Rn. 35; *Lammel*, in: Schmidt-Futterer, § 550 Rn. 24; *Weidenkaff*, in: Palandt, § 550 Rn. 8.

181 § 566 S. 1 BGB a. F.: „Ein Mietvertrag über ein Grundstück, der für längere Zeit als ein Jahr geschlossen wird, bedarf der schriftlichen Form.".

182 Vergleiche zum Streitstand etwa *Heile*, NZM 2002, 505 (505 ff.); *Reingardt*, Das Schriftformerfordernis nach § 550 BGB, S. 12–15.

Begründung im Regierungsentwurf[183], eine Änderung der Norm erfolge dahingehend, dass die Schriftform „nicht mehr zwingend vorgeschrieben" sei, kamen in der Literatur im Zuge der Mietrechtsreform einige kritische Stimmen auf. Hiernach seien die strengen Schriftformanforderungen des § 126 BGB nunmehr nicht länger einzuhalten; ausreichend seien vielmehr die Vorgaben der rechtsgeschäftlichen Form nach § 127 BGB. Dem ist jedoch der ebenfalls in der Begründung enthaltene Hinweis des Gesetzgebers entgegenzuhalten, dass die Norm, abgesehen von lediglich redaktionellen Änderungen des Wortlautes, inhaltlich im Wesentlichen der bisherigen Vorschrift entsprechen soll.[184] Der Gesetzgeber erachtete es als ausreichend, allein den rechtlich erheblichen Tatbestand (langfristiger Mietvertrag ohne Beachtung der Schriftform) und die besondere Rechtsfolge (ordentliche Kündbarkeit) zu formulieren, ohne aber die Norm inhaltlich geändert haben zu wollen.[185] Ein Formzwang kann auch in der Weise angeordnet werden, dass die Rechtsfolge lediglich an die Unterlassung der Einhaltung der Schriftform geknüpft ist. Eine ausdrücklich formulierte Einhaltungspflicht, wie dies etwa bei der Formulierung „bedarf der Schriftform" der Fall ist, ist nicht erforderlich.[186]

C. Entstehungsgeschichte des mietrechtlichen Schriftformgebotes

Die Formvorschrift des § 550 BGB ist das Resultat des im zweiten Entwurf des Bürgerlichen Gesetzbuches eingeführten Grundsatzes „Kauf bricht nicht Miete"[187], der seit der Mietrechtsreform im Jahr 2001 in § 566 BGB verortet ist.

Enthielt der erste Entwurf des Bürgerlichen Gesetzbuches noch den gemeinrechtlichen Grundsatz „Kauf bricht Miete", wonach für den Fall der Veräußerung ein Übergang der bestehenden Mietverhältnisse nicht vorgesehen war, wurde von der zweiten Kommission die entgegengesetzte Vorschrift des heutigen § 566 BGB (§ 571 BGB a.F.) eingefügt.[188] Mit dieser Norm sollte dem Mieter ein umfassender Schutz bei Veräußerung des vermieteten Grundstücks vermittelt werden.[189] Denn dieser soll zum einen auf den Bestand des Mietverhältnisses

---

183 RegE, BT-Drs 14/4553, S. 47.

184 RegE, BT-Drs 14/4553, S. 47; *Dittert*, in: BeckOGK-BGB, § 550 Rn. 174.

185 RegE, BT-Drs 14/4553, S. 47.

186 *Lammel*, in: Schmidt-Futterer, § 550 Rn. 8.

187 Mugdan II, S. 814 ff.

188 Mugdan II, S. 815 f.; *Emmerich*, in: Staudinger, § 566 Rn. 1 f.; *Harke*, in: BeckOGK-BGB, § 566 Rn. 3.

189 Mugdan II, S. 816 f.; 825.

vertrauen können und zum anderen darauf, dass Vertragspartner stets derjenige ist, der die Vermieterpflichten erfüllen kann.[190] Nach § 566 Abs. 1 BGB tritt ein Grundstückserwerber, entgegen des im Schuldrecht für gewöhnlich geltenden Grundsatzes der Relativität der Schuldverhältnisse, in die bestehenden Mietverhältnisse als Vermieter ein.[191] Dies gilt selbst dann, wenn der Erwerber weder Kenntnis über die etwaig bestehenden Mietverhältnisse hat noch einen Eintritt in jene wünscht.[192]

Hieraus ergibt sich zugleich ein Schutzbedürfnis des Erwerbers: Nachdem die grundbuchrechtliche Eintragung des Mietvertrages im Zuge der Beratungen zum Bürgerlichen Gesetzbuch abgelehnt wurde[193], bestand für den Erwerber keinerlei Möglichkeit, sich über etwaig bestehende Mietverträge, welche gesetzlich auf ihn übergehen, informieren zu können.[194] Einziges Publizitätsmittel ist der Besitz des Mieters.[195] Da der Besitz keinen Aufschluss über den Inhalt des Mietvertrages gibt, erachtete es der Gesetzgeber als notwendig, dem Erwerber für die fehlende Unterrichtungsmöglichkeit aus dem Grundbuch, einen Ersatz zu schaffen.[196] So führte der Gesetzgeber das mietrechtliche Schriftformgebot des § 550 BGB (§ 566 BGB a.F.) ein.[197] Durch die schriftliche Dokumentation der Mietvertragsurkunde sollte ein Grundstückserwerber in die Lage versetzt werden, „sich über den Inhalt und den Umfang der von ihm übernommenen Verpflichtungen durch Einsicht der schriftlichen Mietverträge vollständig zu unterrichten“[198].

Im Hinblick auf einen ausgewogenen Schutz von Erwerber und Mieter wurde es aber als ausreichend erachtet, dass ein Formverstoß lediglich zur ordentlichen Kündbarkeit und nicht, wie sonst üblich, zur Nichtigkeit des Vertrages führt.[199] Denn im Grunde verfolgte der Gesetzgeber das Ziel, dem Mieter in Bezug auf das eingegangene Mietverhältnis einen Bestandsschutz zu vermitteln, ohne

---

190 *Emmerich*, in: Staudinger, § 566 Rn. 3; *Harke*, in: BeckOGK-BGB, § 566 Rn. 6.

191 Der historische Gesetzgeber spricht in den Protokollen der 2. Kommission in Bezug auf den in § 566 Abs. 1 BGB gesetzlich angeordneten Übergang von einer „Anomalie gegenüber dem Systeme des Entwurfs“: Mugdan II, S. 816.

192 *Harke*, in: BeckOGK-BGB, § 566 Rn. 6; *Heile*, NZM 2002, 505 (509).

193 Mugdan II, S. 214; *Harke*, in: BeckOGK-BGB, § 566 Rn. 3.

194 *Bieber*, in: MüKo-BGB, § 550 Rn. 1; *Heile*, NZM 2002, 505 (509).

195 Mugdan II, S. 817; *Harke*, in: BeckOGK-BGB, § 566 Rn. 8.

196 Mugdan II, S. 825.

197 *Häsemeyer*, Die gesetzliche Form der Rechtsgeschäfte, S. 34.

198 Mugdan II, S. 818.

199 *Bieber*, in: MüKo-BGB, § 550 Rn. 1; *Heile*, NZM 2002, 505 (509).

einen Erwerber hierdurch unbillig beschweren zu wollen. Die strenge Nichtigkeitssanktion des § 125 S. 1 BGB würde aber regelmäßig die Unwirksamkeit des Mietvertrages nach sich ziehen und den eigentlich bezweckten Mieterschutz damit ad absurdum führen.

D. Normzweck

Eine dogmatische Auseinandersetzung mit dem Schriftformgebot des § 550 BGB erfordert die Ermittlung des ihr zugrundeliegenden Schutzzwecks. Hier ist strittig, ob die Schriftform ausschließlich den Schutz eines Grundstückserwerbers bezweckt oder zugleich dem Schutz der Ursprungsparteien dienen soll. Er bestimmt nicht nur über den Umfang der Schriftformanforderungen, sondern ist vor allem auch für die Beurteilung der Wirksamkeit der Schriftformheilungsklausel sowie der Ausnahmen im Sinne des § 242 BGB von erheblicher Bedeutung. Unterstellt man, dass die Formvorschrift ausschließlich dem Erwerber dienen soll, erscheint es naheliegend, den Kreis der formbedürftigen Vertragsbestimmungen auf ebensolche zu beschränken, die auch durch Erwerberinteressen tangiert werden.[200] Welchen konkreten Formzweck die Regelung des § 550 BGB verfolgt, ist im Wege der allgemeinen Auslegungsmethodik zu ermitteln.

I. Erwerberschutz

Primäres Schutzobjekt von § 550 BGB ist das Informationsinteresse des Erwerbers. Dies geht aus den Erwägungen des historischen Gesetzgebers bei Einführung der Norm hervor. Der den Mietvertragsparteien auferlegte Formzwang soll dem Grundstückserwerber ermöglichen, sich über Umfang und Inhalt der gemäß § 566 BGB kraft Gesetzes auf ihn übergehenden mietvertraglichen Verpflichtungen zu informieren. § 550 BGB erfüllt somit eine Klarstellungs- und Beweisfunktion, die zugunsten eines Dritten, dem Grundstückserwerber, besteht.

Nach ständiger Rechtsprechung des Bundesgerichtshofes erschöpft sich der Schutz des Grundstückserwerbers allerdings allein in der Unterrichtung über die auf ihn übergehenden unbekannten Bindungen. Hieraus erwächst eine für ihn zumutbare Nachforschungsmöglichkeit bzw. -pflicht, Auskunft über bestehende Mietverhältnisse und Herausgabe von Vertragsunterlagen zu verlangen. Eine umfassende Information darüber, ob der Mietvertrag wirksam zustande kam,

200 Hierzu sogleich im dritten Kapitel unter B. I. 1. auf S. 103 f.

nicht mehr besteht oder gegebenenfalls verlängert wurde, ist insoweit vom Sinn und Zweck der Vorschrift nicht erfasst.[201]

II. Schutz der Mietvertragsparteien

Der Bundesgerichtshof misst dem Formerfordernis des § 550 BGB allerdings eine über die Vorschrift des § 566 BGB hinausgehende Bedeutung zu. Das Formerfordernis verfolgt nach seiner Ansicht den – wenn auch untergeordneten – Zweck, die Beweisbarkeit langfristiger Abreden zwischen den ursprünglichen Mietvertragsparteien sicherzustellen (Beweissicherungsfunktion) und diese vor unbedachten langfristigen Bindungen zu schützen (Übereilungsfunktion).[202] Diese Ansicht sieht sich allerdings häufig der Kritik ausgesetzt, dass ein eigenständiger Schutz der ursprünglichen Mietvertragsparteien weder dem Willen des Gesetzgebers entspräche noch mit Sinn und Zweck der Norm vereinbar sei.[203] Der zum Schutz des Erwerbers angeordnete Formzwang wirke sich zwar notwendigerweise auch auf die Mietvertragsparteien aus. Diese Wirkung gehe aber lediglich unweigerlich mit der Anordnung der Schriftform einher und stelle keinen eigenständigen Zweck dar, sodass dieser im Rahmen der Auslegung nicht zu berücksichtigen sei.[204]

1. Wortlaut

Ein wesentliches Argument, das nach Ansicht des Bundesgerichtshofes[205] für die Annahme einer eigenständigen Beweissicherungs- und Übereilungsfunktion zugunsten der Mietvertragsparteien spricht, ist der offene Wortlaut des § 550 BGB. Denn hiernach führt ein Formverstoß ohne Einschränkungen stets zur ordentlichen Kündbarkeit des befristeten Vertrages; sowohl im Verhältnis zwischen den ursprünglichen Mietvertragsparteien wie auch im Verhältnis Mieter

---

201 Siehe dazu noch ausführlich im dritten Kapitel unter A. II. 2. auf S. 77.

202 BGH NJW 2018, 1540 (1542); BGHZ 216, 68 (79 f.); BGH NJW 2010, 1518 (1520); BGHZ 176, 301 (301); BGHZ 81, 56 (50 f.).

203 *Bieber*, in: MüKo-BGB, § 550 Rn. 2; *Heile*, NJW 1991, 6 (10) nur in Bezug auf die Warn- und nicht auf die Dokumentationsfunktion; *Krüger*, in: 10 Jahre Mietrechtsreformgesetz, 410 (413 ff.); *Lammel*, in: Schmidt-Futterer, § 550 Rn. 5; *Lammel*, in: 10 Jahre Mietrechtsreformgesetz, 418 (425); *Reingardt*, Das Schriftformerfordernis nach § 550 BGB, S. 85.

204 *Bieber*, in: MüKo-BGB, § 550 Rn. 2; *Krüger*, in: 10 Jahre Mietrechtsreformgesetz, 410 (414); *Reingardt*, Das Schriftformerfordernis nach § 550 BGB, S. 85.

205 BGHZ 81, 46 (50); ebenso *Grüttemeier*, Das Formerfordernis nach § 566 BGB, S. 24.

und Erwerber. Die Norm knüpft weder im Rahmen des Tatbestands noch bei der Rechtsfolge an den Eintritt eines Grundstückserwerbers an. Auf Tatbestandsebene bezieht sie sich vielmehr ganz allgemein auf das Vorliegen eines Schriftformverstoßes, ohne dass es zu einer Veräußerung der Immobilie kommen muss. Auch in ihrer Rechtsfolge beschränkt sie sich nicht auf die Kündigungsmöglichkeit eines Erwerbers. Da also die Mietvertragsparteien genauso wie ein Grundstückserwerber vom Anwendungsbereich der Formvorschrift erfasst sind, liegt es nach Ansicht des Bundesgerichtshofes nahe, auch den Ursprungsparteien eigenständigen Schutz zuzusprechen.[206]

Diese Schlussfolgerung des Bundesgerichtshofes erscheint allerdings nicht berechtigt[207]: Die Ursache für den offenen Wortlaut liegt in der notwendigen Gleichstellung der Vertragsparteien. Durch das beiderseitige Kündigungsrecht wird eine Benachteiligung des Mieters verhindert und damit eine „Waffengleichheit" hergestellt.[208] Die Gleichstellung der Parteien ist aus zwei Gründen erforderlich: So soll zum einen das Interesse des Mieters am Bestand des langfristig geschlossenen Vertrages geschützt werden. Zum anderen ist sie notwendig, um die Einhaltung der Schriftform überhaupt gewährleisten zu können. Bestünde nämlich ein exklusives Kündigungsrecht des Erwerbers, so würde dies zu einem extremen Ungleichgewicht führen, da sich der Mieter dem ständigen Risiko der Entfristung des langfristigen Vertrages ausgesetzt sähe, weil ihm kein Druckmittel zur Verfügung stünde, um seinerseits den Vermieter zur Einhaltung der Schriftform anzuhalten. Auf Seiten des Erwerbers bestünde kein Interesse zur Wahrung der Schriftform, wenn ihm bei einem Formverstoß keine Sanktion drohen, sondern sich ihm lediglich eine Kündigungsoption bieten würde.[209] Die Gleichstellung der Vertragsparteien ist also zwingend notwendig, um den von §§ 566 und 550 BGB bezweckten Schutz umzusetzen.[210] Sie stellt demnach

---

206 BGHZ 216, 68 (79 f.).

207 *Lammel* sieht hierin einen typischen Zirkelschluss, bei dem das zu beweisende als Voraussetzung der Norm hineininterpretiert wird, vergleiche hierzu: *Lammel*, in: 10 Jahre Mietrechtsreformgesetz, 418 (426).

208 *Einsele*, LMK 2018, 401890.

209 *Reingardt*, Das Schriftformerfordernis nach § 550 BGB, S. 80.

210 Aus diesem Grund scheitert auch die teilweise in der Literatur geforderte teleologische Reduktion der Norm, welche zur Einschränkung der ordentlichen Kündbarkeit auf den Erwerbsfall führen soll: *Lammel*, in: Schmidt-Futterer, § 550 Rn. 5; *Lammel*, in: 10 Jahre Mietrechtsreformgesetz, 410 (428); *Grüttemeier*, Das Formerfordernis des § 566 BGB S. 16, 171 ff.; *Leonhard*, NZM 2008, 353 (356).

lediglich die Ursache für die Struktur der Rechtsnorm dar, nicht aber einen eigenständigen darüberhinausgehenden Zweck.

2. *Historie*

Vor diesem Hintergrund kann auch die Annahme des Bundesgerichtshofes, dass seine Auslegungsweise dem Willen des Gesetzgebers entspräche, nicht überzeugen. Richtig ist, dass der Reformgesetzgeber das Schriftformgebot des § 550 BGB trotz ständiger Rechtsprechung des Bundesgerichtshofes, wonach die Norm auch zugunsten der ursprünglichen Mietvertragsparteien wirken soll, unverändert bestehen ließ. Dies rechtfertigt allerdings nicht den Schluss, dass der Reformgesetzgeber dem Schutz der Mietvertragsparteien deshalb ebenfalls Bedeutung beigemessen hat, weil es andernfalls nahegelegen hätte, die Rechtsfolge der ordentlichen Kündbarkeit im Zuge der Mietrechtsreform im Jahr 2001 auf einen potentiellen Erwerber zu beschränken.[211] Wie bereits zuvor erörtert, geht der Bundesgerichtshof in seiner Argumentation irrtümlich davon aus, dass § 550 BGB wegen des weiten Anwendungsbereichs zwingend auch den Schutz der Mietvertragsparteien intendiert; und verkennt dabei, dass die Ursache für den weiten Anwendungsbereich in der notwendigen Gleichstellung der Vertragsparteien liegt.

Wertet man in diesem Zusammenhang die Gesetzesmaterialen aus, so lässt sich feststellen, dass sich hierin keine Anhaltspunkte dafür finden lassen, dass § 550 BGB zugunsten der ursprünglichen Mietvertragsparteien wirken soll.[212] Vielmehr verweist die 2. Kommission bloß auf die wegen der Aufnahme des Grundsatzes „Kauf bricht nicht Miete" bestehende Schutzbedürftigkeit des Erwerbers.[213] Umgekehrt gibt es sogar Anzeichen dafür, dass der Schutz der ursprünglichen Vertragsparteien im Widerspruch mit dem eigentlich vom Gesetzgeber verfolgten Schutzzweck steht. Angeführt werden kann in diesem Zusammenhang beispielhaft *Bieber*[214], der sogar davon spricht, dass die Kündigung eines laufenden Mietverhältnisses zur damaligen Zeit fernliegend erschien

---

211 BGHZ 216, 68 (79 f.).

212 Vergleiche Mugdan II, S. 814–831; *Grüttemeier*, Das Formerfordernis des § 566 BGB, S. 18; *Krüger*, in: 10 Jahre Mietrechtsreformgesetz, 410 (414).

213 Anders nur *Häsemayer*, der in dem in den Protokollen enthaltenen Hinweis, dass sich die Schriftform auch deshalb rechtfertige, weil ein Grundstück durch langfristige Mietverträge unter Umständen stärker belastet werde als durch Bestellung einer Grundgerechtigkeit, bereits eine Bestätigung für den Schutzzweck der Ursprungsparteien sieht: Die gesetzliche Form der Rechtsgeschäfte, S. 34.

214 *Bieber*, in: MüKo-BGB, § 550 Rn. 2.

und einer solchen Kündigungsmöglichkeit deshalb keinerlei Bedeutung beigemessen wurde.

Hiergegen lässt sich freilich einwenden, dass der historische Gesetzgeber in den Gesetzesmaterialien allerdings darauf hinwies, dass es zu jener Zeit – unabhängig von dem Eintritt eines etwaigen Grundstückserwerbers – bereits üblich gewesen sei, „wichtige und längerdauernde Mietverträge"[215] schriftlich zu errichten. Dies zeigt, dass auch der Gesetzgeber, ohne es explizit zu benennen, vom Vorliegen einer zugunsten der Vertragsparteien wirkenden Dokumentations- und Beweisfunktion als in der Natur der Sache liegend ausging und nicht wie teilwiese in der Literatur behauptet, einer solchen schlichtweg keine Bedeutung beimaß.

Als weiteres Argument für einen eigenständigen Schutzzweck der Mietvertragsparteien lässt sich die im Rahmen der Entstehung des Bürgerlichen Gesetzbuches geführte Diskussion über die Eintragung des Mietrechts im Grundbuch anführen.[216] Dies spricht dafür, dass der Gesetzgeber dem Mietrecht eine derart große Bedeutung beimaß, dass er durchaus eine generelle Dokumentations- und Warnfunktion im Blick hatte und sogar darüber hinaus eine Belehrungs- und Beratungsfunktion durch den Notar etabliert hätte. Allerdings kann auch hiergegen vorgebracht werden, dass die Diskussion über die Grundbucheintragung im Zusammenhang mit dem Grundsatz „Kauf bricht nicht Miete" geführt wurde und auch hier im Vordergrund stand, das Gebrauchsrecht des Mieters für den Fall der Veräußerung zu schützen und nicht wegen der mit einer Befristung einhergehenden Gefahren zu beschränken.[217]

3. *Telos*

Lässt der offene Wortlaut der Norm grundsätzlich die Annahme einer eigenständigen Beweis- und Übereilungsfunktion zugunsten der Mietvertragsparteien zu, stellt sich die Frage, ob eine derartige über den § 566 BGB hinausgehende Bedeutung mit Sinn und Zweck der Norm vereinbar ist. Hierfür spricht zunächst, dass im Übrigen nahezu jeder Formzwang die Funktion erfüllt, die formbedürftigen Erklärungen – sowohl zugunsten der Parteien selbst wie auch zugunsten Dritter – zu dokumentieren und den Vertragsparteien die Bedeutung des Geschäfts vor Augen zu führen, um sie vor übereilter Bindung zu schützen. Es entspricht

215 Mugdan II, S. 825.
216 Mugdan II, S. 212 ff.
217 Vergleiche Mugdan II, S. 212; *Harke*, in: BeckOGK-BGB, § 566 Rn. 7.

also der Regel, dass die besondere Form eine Dokumentations- und Warnfunktion zugunsten der Vertragsparteien bezwecken soll. Wenn auch die Schriftform des § 550 BGB in erster Linie dem Informationsinteresse eines potentiellen Erwerbers dient, liegt es deshalb dennoch nahe, dem typischerweise vorherrschenden Zweck zumindest eine nachrangige Funktion einzuräumen. Dabei ist zwischen den unterschiedlichen Zwecken, der Dokumentationsfunktion einerseits und der Warnfunktion andererseits, zu differenzieren.

a) Klarstellungs- und Beweisfunktion

Nach der gängigen Vertragspraxis scheint die schriftliche Fixierung eines langfristigen Mietvertrages sogar weniger im Interesse eines potentiellen Erwerbers, sondern vorrangig im Interesse der Vertragsparteien selbst zu erfolgen. Das Schriftformerfordernis ist im heute vorherrschenden Rechtsbewusstsein der Mietvertragsparteien derart fest verankert, dass der eigentlich mit § 550 BGB verfolgte Schutz eines später eintretenden Grundstückserwerbers weitgehend in Vergessenheit geraten ist.[218] In der Praxis ist die schriftliche Verkörperung der zahlreichen Vertragsbedingungen für die dauerhafte und langfristige Durchführbarkeit des Gewerbemietvertrages fast unabdinglich; und die Dokumentation liegt im ureigenen Interesse beider Vertragsparteien. Nur sie ermöglicht es den Parteien, wegen der fehlenden Eintragung im Grundbuch, ihre Rechte aus dem Vertrag effektiv durchsetzen und vor Gericht beweisen zu können.[219] Die Notwendigkeit der schriftlichen Fixierung ergibt sich zum einen aus dem besonderen Charakter eines langfristigen Mietvertrages als Dauerschuldverhältnis und zum anderen aus dem Umfang der zahlreichen Regelungen, die hiervon umfasst sind. Eine andauernde Vertragsabwicklung über mehrere Jahre, gar Jahrzehnte wäre faktisch nicht möglich, wenn die einzelnen Vertragsbedingungen – wie etwa Nebenkostenpositionen, Vereinbarungen über Instandhaltung- und Instandsetzung sowie über bauliche und gestalterische Veränderungen, Haftungsvereinbarungen, etc. – der Vergessenheit anheimfallen würden. Dies gilt umso mehr in solchen Fällen, in denen die beteiligten Personen einem häufigen Wechsel unterliegen, wie es etwa bei Gesellschaften und dem hier oftmals stattfindenden Ausscheidens eines Geschäftsführers der Fall ist.[220] Die schriftliche Dokumentation eines befristeten Mietvertrages stellt nicht nur die heute gängige Vertragspraxis dar, sondern entsprach bereits vor Einführung des

---

218 *Heile*, NJW 1991, 6 (10).

219 *Grüttemeier*, Das Formerfordernis des § 566 BGB, S. 22.

220 *Grüttemeier*, Das Formerfordernis des § 566 BGB, S. 23.

Grundsatzes „Kauf bricht nicht Miete“ dem allgemeinen Geschäftsgebaren. Es besteht deshalb kein plausibler Grund, der gegen die Annahme einer der Norm innewohnenden allgemeinen Beweisfunktion spricht.[221]

b) Warnfunktion

Ferner stellt sich die Frage, ob dem Schriftformerfordernis des § 550 BGB nach seinem Sinn und Zweck zusätzlich auch eine Warnfunktion zukommt. Hierfür spricht die enorme wirtschaftliche Bedeutung, welche mit einer langfristigen Bindung an eine Immobilie für beide Vertragsparteien einhergeht. Wird sie dauerhaft vermietet, stellt dies insbesondere wegen des geltenden Grundsatzes „Kauf bricht nicht Miete“ und der damit verbundenen Durchbrechung der Relativität der Schuldverhältnisse eine erhebliche Belastung des Grundstücks dar, die sich bei einer Veräußerung erheblich zu Lasten des Verkäufers niederschlagen kann.[222] Zudem kann die langfristige Bindung an eine Immobilie auch für den Mieter mit weitreichenden, gar existenzvernichtenden Folgen verbunden sein.[223] Aus diesem Grund erscheint es nur logisch, beide Vertragsparteien – unabhängig vom Eintritt eines potentiellen Grundstückserwerbers – vor der übereilten Eingehung einer für sie möglichicherweise riskanten dauerhaften Bindung zu schützen.[224]

Eine Ausnahme von der Regel, dass die Schriftform immer zugleich eine Warnfunktion verfolgt, wird damit begründet, dass § 550 BGB eine besondere Rechtsfolge vorsehe.[225] Grundsätzlich führt ein Formverstoß gemäß § 125 S. 1 BGB zur Nichtigkeit des betreffenden Rechtsgeschäfts und damit zur stärksten Sanktionsform für die Vertragsparteien. Das Schriftformgebot des § 550 BGB führt hingegen nicht zur Unwirksamkeit des Mietvertrages, sondern zur Aufrechterhaltung mit anderem Inhalt. Aufgrund der fehlenden Nichtigkeitssanktion sei es daher nicht gerechtfertigt, der Norm eine Warnfunktion beizumessen. Im Unterschied zur üblichen Nichtigkeitsfolge stehe bei § 550 BGB nämlich gerade das Interesse der Vertragsparteien am Bestand des Mietvertrages im Vordergrund. Eine Warnung sei aufgrund der milderen Rechtsfolge daher nicht

---

221 Anders offenbar *Lammel*, in: 10 Jahre Mietrechtsreformgesetz, 418 (426); *Krüger*, in: 10 Jahre Mietrechtsreformgesetz, 410 (414 f.).

222 Zur besonderen Ausgestaltung des mietrechtlichen Schriftformgebots siehe die Ausführungen unter C.

223 Siehe insbesondere die in der Einführung auf S. 5 aufgeführten Gründe, wegen derer ein Festhalten am Vertrag wirtschaftlich oftmals nicht mehr tragbar erscheint.

224 *Grüttemeier*, Das Formerfordernis nach § 566 BGB, S. 25 f.

225 *Einsele,* LMK 2018, 401890.

wie sonst üblich erforderlich. Hiergegen lässt sich allerdings einwenden, dass schließlich auch § 550 BGB in seiner Rechtsfolge (im Falle der Ausübung des ordentlichen Kündigungsrechtes) zur vorzeitigen Beendigung des Mietvertrages führt und für die Parteien damit eine ebenso weitreichende Folge nach sich ziehen kann. Da die Entfristung im Widerspruch zu dem von beiden Vertragsparteien bei Abschluss des Vertrages verfolgten Bestandsinteresse steht, erscheint es deshalb logisch, die Parteien – trotz der Abweichung von der üblichen Nichtigkeitsfolge – auf die für sie unter Umständen genauso weitreichende Rechtsfolge des § 550 BGB hinzuweisen. Die Annahme einer Warnfunktion zugunsten der Vertragsparteien erscheint daher nur konsequent.

4. Ergebnis

Unter Berücksichtigung der soeben beschriebenen und aus den jeweiligen Auslegungsmethoden gewonnenen Erkenntnisse sind nach hiesiger Ansicht die Ursprungsparteien ebenfalls vom Schutzbereich des § 550 BGB erfasst. Sei es schon aufgrund eines eigenständigen zu ihren Gunsten bestehenden Schutzzwecks oder aber wegen des primär verfolgten Schutzzwecks zugunsten eines Erwerbers. Dies ergibt sich aus den folgenden Gesichtspunkten:

a) Eigenständiger Schutzzweck zugunsten der Ursprungsparteien

Zwar lässt sich weder aus dem Willen des Gesetzgebers noch aus dem Wortlaut des §550 BGB eine eigenständige Warn- und Beweisfunktion zugunsten der Mietvertragsparteien als zwingende Schlussfolgerung ableiten. Die dahingehende Argumentation des Bundesgerichtshofes, der Reformgesetzgeber habe den weiten Anwendungsbereich der Norm nicht auf einen Grundstückserwerber beschränkt, was notwendigerweise für die Annahme eines eigenständigen Schutzzwecks der Ursprungsparteien spräche, vermag insoweit nicht überzeugen. Denn allein die Tatsache, dass der Gesetzgeber bisher keine dahingehende Änderung der Norm in Betracht gezogen hat, mag zwar dafür sprechen, dass er den Anwendungsbereich nicht auf einen Erwerber beschränken will, kann aber im Umkehrschluss nicht zwingend die Schlussfolgerung ergeben, dass der Norm damit auch eine zugunsten der Vertragsparteien bestehende Warn- und Beweisfunktion beizumessen ist. Begründet liegt ein derartiges Verständnis vielmehr in der notwendigen Gleichstellung aller Vertragsparteien. Der Erkenntnisgewinn muss sich deshalb allein darauf beschränken, dass die Annahme eines eigenständigen Schutzzwecks zugunsten der Ursprungsparteien jedenfalls weder im Widerspruch zu den Gesetzesmaterialien, noch zum weiten Anwendungsbereich der Norm steht.

Dass § 550 BGB einen eigenständigen Schutzzweck zugunsten der Ursprungsparteien enthält, lässt sich nur aus dem Telos der Norm ableiten: Die Beweisfunktion ergibt sich nämlich nicht nur aus der allgemeinen Natur einer jeden Formvorschrift, sondern vor allem aus dem konkret ermittelten Normzweck des § 550 BGB. So liegt es auf der Hand, dass die schriftliche Fixierung des regelmäßig umfangreichen und auf Dauer angelegten Vertragskonstrukts bei lebensnaher Betrachtung sogar vorherrschend dem Schutz der Mietvertragsparteien zu dienen bestimmt ist. Schwieriger gestaltet sich nur die Frage nach dem Vorliegen einer Warnfunktion. Letztlich lässt sich aber jedenfalls kein hinreichend plausibles Argument finden, das zwingend gegen die Annahme der typischerweise bestehenden Warnfunktion spricht. Die Ansicht, die hierin nur eine mittelbare, nicht aber bewusst herbeigeführte Wirkung und keinen eigenständigen Schutzzweck erkennen möchte, stützt sich insoweit weniger auf eine dogmatisch saubere Begründung als auf ein – wenn auch nachvollziehbares – rechtspolitisches Desiderat, wonach das in der Praxis häufig als ungerecht empfundene Schriftformgebot des § 550 BGB einzuschränken ist. Fest steht allerdings, auch für den Fall, dass man vom Vorliegen einer Beweissicherungs- und Übereilungsfunktion ausgeht, dass es sich lediglich um sekundäre Zwecke handelt, die bei Auslegung des Umfangs des Formerfordernisses als sonstige Zwecke in den Hintergrund treten.

b) Untrennbarkeit der Schutzzwecke

Selbst für den Fall, dass man eine eigenständige zugunsten der Vertragsparteien bestehende Beweis- und Warnfunktion nicht annehmen möchte, ist deren Schutz schon zwingend dem unstreitig durch die Norm gewährleisteten Erwerberschutzes immanent. Dies gilt unabhängig davon, ob es sich in Bezug auf den Erwerber lediglich um den primären oder gar um den einzigen Schutzzweck der Norm handelt.

Die Position von Erwerber und bisherigem Vermieter ist „untrennbar“: § 566 BGB sorgt für einen Eintritt des Erwerbers in die Rechtsstellung des Vermieters; beides Rechte und Pflichten sind gleichermaßen betroffen. Da der Erwerber also vollständig in die Position des Vermieters einrückt, darf eine Verpflichtung, die ihn wegen des Schutzzwecks von § 550 BGB nicht treffen kann, auch nicht dem ursprünglichen Vermieter obliegen. Ist der Erwerber geschützt, muss es auch der Vermieter sein; ist der Vermieter geschützt, muss es auch der Mieter sein. Da sich der Schutz des Erwerbers nur dann erfüllen lässt, wenn auch bereits die ursprünglichen Mietvertragsparteien an die Form gebunden sind, besteht der Schutzzweck und damit der zwingende Charakter erst Recht auch ihnen gegenüber.

Drittes Kapitel: Die Schriftformanforderungen des § 550 BGB

In den letzten Jahrzehnten entwickelte sich im Rahmen der Rechtsprechung zu den Schriftformanforderungen des § 550 BGB, wie bereits im ersten Kapitel unter C. II. erwähnt, eine kaum überschaubare Kasuistik. Ohne fachliche Expertise ist es im Rechtsverkehr nahezu unmöglich, die gesetzlich angeordnete Schriftform einzuhalten. Angesichts des vom Bundesgerichtshof ergangenen Urteils zur Unwirksamkeit der Schriftformheilungsklausel wirkt sich diese seit jeher bestehende Rechtsunsicherheit nun noch stärker aus als zuvor. Ziel einer jeden Formvorschrift ist schließlich der Schutz der Vertragsparteien: Sofern ein Rechtsgeschäft mit besonderen Risiken für die Parteien verbunden ist, erachtet es der Gesetzgeber für notwendig, die grundsätzlich bestehende Formfreiheit zu deren Schutz einzuschränken. Angesichts der unübersichtlichen Rechtslage besteht im Fall von § 550 BGB allerdings ein erhebliches Ungleichgewicht zwischen Formfreiheit und Formzwang. Da es den Parteien in der Praxis faktisch nicht möglich ist, die komplexen Schriftformanforderungen zu erfüllen, beeinträchtigt das Schriftformerfordernis den Rechtsverkehr vielmehr, als dass es ihn schützt. Nur eine systematische Aufarbeitung der ergangenen Einzelfallrechtsprechung ermöglicht es deshalb, den Vertragsparteien einen Überblick über die wesentlichen Kriterien zu verschaffen und damit das erforderliche Gleichgewicht zwischen Formfreiheit und Formzwang annähernd herstellen zu können. Aus diesem Grund werden daher in diesem Abschnitt die maßgeblichen von der Rechtsprechung entwickelten Kriterien dargestellt, um das zur Wahrung der Schriftform notwendige Verständnis zu entwickeln. Der Fokus richtet sich insbesondere auf den Sinn der jeweiligen Regelungen und die sich aus der Rechtsprechung ergebenden Grenzen – unter welchen Umständen ist die Schriftform gewahrt, wann ist dies nicht mehr der Fall?

Ausgangspunkt aller Überlegungen ist § 126 BGB, auf den sich das Schriftformerfordernis des § 550 BGB bezieht. Demnach ist grundsätzlich erforderlich, dass sich sämtliche Vertragsbestimmungen aus einer von beiden Vertragsparteien unterzeichneten Urkunde ergeben (§ 126 Abs. 1 und Abs. 2 S. 1 BGB). Im Wesentlichen folgen hieraus zwei Untersuchungsgegenstände: Zum einen sind die Anforderungen der Mietvertragsurkunde an ihre äußere Beschaffenheit zu untersuchen (Mietvertragsurkunde). Zum anderen stellt sich die Frage, welche inhaltlichen Vertragsbestimmungen in der Urkunde niedergelegt sein müssen (wesentlicher Vertragsinhalt).

A. Mietvertragsurkunde

Die Anforderungen, die an die Mietvertragsurkunde zu stellen sind, wurden vom Bundesgerichtshof mehrfach modifiziert. Der Mietvertrag ist gemäß § 126 Abs. 2 S. 1 BGB grundsätzlich von beiden Parteien eigenhändig auf derselben Urkunde zu unterzeichnen. Werden über den Vertrag mehrere gleichlautende Urkunden aufgenommen, so genügt es insoweit allerdings, wenn jede Partei die für die andere Partei bestimmte Urkunde unterschreibt, § 126 Abs. 2 S. 2 BGB.[226] Nach ständiger Rechtsprechung soll für die Schriftform des § 550 BGB allerdings eine der „äußeren Form" des § 126 Abs. 2 BGB genügende Urkunde ausreichend sein. Die Anforderungen der sogenannten „inneren Form" seien lediglich materielle Voraussetzungen. Wie aber genau die vom Bundesgerichtshof aufgestellte „Theorie der äußeren Form" zu verstehen ist und welche formellen Anforderungen eine Mietvertragsurkunde letztlich erfüllen muss, gilt es im Folgenden zu untersuchen.

I. Theorie der äußeren Form

Im Rahmen der Schriftform ist zwischen der Einhaltung materieller Voraussetzungen einerseits und der Einhaltung formeller Voraussetzungen andererseits zu differenzieren.[227] Die materiellen Vorgaben stellen lediglich eine Grundvoraussetzung dar und sind von den Formvorgaben zu trennen. Nur ein materiell wirksam zustande gekommener Vertrag kann auf die Einhaltung der Schriftform hin überprüft werden. Deshalb ist es zwar erforderlich, dass die materiellen Voraussetzungen für einen wirksamen Vertragsschluss vorliegen. Sie selbst stellen aber keine Schriftformanforderungen dar und müssen somit nicht zwingend in der schriftlichen Urkunde verkörpert sein. In materieller Hinsicht ist also zunächst erforderlich, dass zwei übereinstimmende Willenserklärungen im Sinne der §§ 145 ff. BGB gegeben sind, bevor in einem weiteren Schritt überprüft werden kann, ob ein formgerechter Vertrag vorliegt.[228]

---

226 Der Schriftform steht gemäß § 126 Abs. 3 BGB die elektronische Form im Sinne des § 126a BGB und gemäß § 126 Abs. 4 BGB die notarielle Beurkundung des Vertrages im Sinne der §§ 127a, 128 BGB gleich, welche für die Vertragspraxis lediglich von geringer Relevanz sind und somit nicht zum Gegenstand der vorliegenden Untersuchungen gemacht werden sollen.

227 *Reingardt*, Das Schriftformerfordernis nach § 550 BGB, S. 24; *Dittert*, in: BeckOGK-BGB, § 550 Rn. 33.

228 *Birnbach/Gassert*, MDR 2010, 727 (729); *Lammel*, in: Schmidt-Futterer, § 550 Rn. 25.

Diese Differenzierung findet ihren Niederschlag in der vom Bundesgerichtshof im Rahmen seiner jüngeren Rechtsprechung[229] entwickelten Theorie der äußeren Form, die in der Literatur[230] weitgehend Zustimmung gefunden hat. Begrifflich unterscheidet der Bundesgerichtshof zwischen der „äußeren Form" (formelle Voraussetzungen) und der „inneren Form" (materielle Voraussetzungen). Diese Bezeichnung ist insofern irreführend, als beide Male von Form die Rede ist, aber sich lediglich die äußere Form auf die Schriftformanforderungen des § 550 BGB bezieht.[231] Während der Bundesgerichtshof mit der äußeren Form diejenigen Merkmale beschreibt, die die Mietvertragsurkunde rein äußerlich aufweisen muss, um der Schriftform genügen zu können, bezieht sich der Begriff der inneren Form auf die hiervon abzugrenzenden materiellen Voraussetzungen für das wirksame Zustandekommen des Vertrages.[232]

Mit dieser Rechtsprechung will der Bundesgerichtshof die Anforderungen an die Schriftform des § 550 BGB lockern.[233] § 126 Abs. 2 BGB erfordert eigentlich, dass der Vertragsschluss durch ein formgerechtes Angebot und eine formgerechte Annahme zustande kommt.[234] Grundsätzlich ist also schon bei Vornahme des materiellen Vertragsschlusses die Einhaltung der Schriftform notwendig, Angebot und Annahme müssen bereits hinreichend schriftlich verkörpert sein. Im Rahmen des § 550 BGB weicht der Bundesgerichtshof von diesen Vorgaben insofern ab, als er für den Vertragsschluss nicht weiterhin die notwendige Schriftform verlangt, sondern Schriftlichkeit genügen lässt.[235] Das bedeutet, dass ein an sich der Schriftform genügender Vertrag, dem es jedoch zunächst an zwei übereinstimmender Willenserklärungen fehlt, und der später „nochmals" zu denselben Bedingungen mündlich oder konkludent geschlossen wird, trotz des formwidrigen Vertragsschlusses der Schriftform des § 550 BGB genügt. Denn nach der Rechtsprechung des Bundesgerichtshofs ist es ausreichend, dass allein die Vertragsbedingungen in einer der äußeren Form genügenden Urkunde schriftlich verkörpert sind.[236] Im Ergebnis erweitert der Bundesgerichtshof damit

229 BGH NZM 2018, 394 (394 ff.); BGH NJW 2015, 2648 (2648 ff.); BGH NJW 2010, 1518 (1518 ff.).

230 Hierzu ausführlich sogleich unter II. 3. auf S. 78 f.

231 *Lammel*, in: Schmidt-Futterer, § 550 Rn. 25.

232 *Jacoby*, NZM 2011, 1 (5).

233 *Dittert*, in: BeckOGK-BGB, § 550 Rn. 34.1; *Schweitzer*, NZM 2018, 394 (397).

234 BGH NJW 2015, 2648 (2649); BGH NJW 2010, 1518 (1519); *Hertel*, in: Staudinger, § 126 Rn. 153; *Ellenberger*, in: Palandt, § 126 Rn. 13; *Birnbach/Gassert*, MDR 2010, 727 (729).

235 BGH NJW 2010, 1518 (1519); *Eupen*, NZM 2010, 389 (389).

236 Vergleiche hierzu 2. Leitsatz BGH NJW 2010, 1518 (1518).

die Möglichkeit, einen bestehenden Formverstoß zu heilen und schränkt insoweit den Anwendungsbereich des § 550 BGB ein[237], als ein zunächst formgerechter, aber unwirksamer Vertragsschluss durch einen später lediglich konkludent vollzogenen Vertragsschluss geheilt wird.[238] Ist also lediglich die innere Form betroffen, besteht nach Ansicht des Bundesgerichtshofes kein Recht zur ordentlichen Kündigung des Vertrages. Allerdings gestaltet sich eine Abgrenzung zwischen der inneren und äußeren Form anhand dieser abstrakten Merkmale in der Praxis als äußerst schwierig, zumal die Rechtsprechung des Bundesgerichtshofes eine weitergehende und konkretisierende Definition vermissen lässt. Im Folgenden wird deshalb darauf eingegangen, anhand welcher Merkmale eine Abgrenzung erfolgen kann und welche Fallgruppen unter die jeweiligen Begriffe zu subsumieren sind.

II. Einhaltung der inneren Form als materielle Voraussetzung

Eine genauere Definition der sogenannten inneren Form erfolgt im Rahmen der höchstrichterlichen Rechtsprechung nicht. Vielmehr geht der Bundesgerichtshof in Abgrenzung zu den aufgestellten Kriterien der äußeren Form davon aus, dass die innere Form die materiellen Voraussetzungen für einen wirksamen Vertragsschluss umfasst.[239] Das bedeutet, dass der Mietvertrag – entgegen den üblichen Voraussetzungen des § 126 Abs. 2 S. 1 BGB – nicht durch zwei schriftlich abgegebene Erklärungen zustande gekommen sein muss.[240] Ausreichend ist vielmehr allein das Vorliegen eines materiell wirksamen, wenn auch formwidrigen, Vertragsschlusses. Die Frage danach, durch welche Willenserklärungen der Vertrag zustande kam, ist damit im Bereich der inneren Form zu verordnen.[241]

1. Umfang

Die innere Form betrifft im Wesentlichen zwei Probleme: zum einen das Handeln eines Vertreters ohne Vertretungsmacht, zum anderen solche Probleme, die sich im Rahmen von Angebot und Annahme stellen.

237 *Bub/Bernhard*, FD-MietR 2015, 370908.
238 *Birnbach/Gassert*, MDR 2010, 727 (727); *Jacoby*, NZM 2011, 1 (2, 7).
239 *Lammel*, in: Schmidt-Futterer, § 550 Rn. 25.
240 *Birnbach/Gassert*, MDR 2010, 727 (727).
241 BGH NJW 2007, 3346 (3347); *Eupen*, NZM 2010, 389 (390).

a) *Vertreterproblematik*

Bei Einschaltung eines Stellvertreters kommt es für die Schriftform des § 550 BGB auf die Berechtigung des Vertreters nicht an. Die Unterzeichnung der Vertragsurkunde durch einen vollmachtlosen Vertreter steht der Schriftform nicht entgegen. Auch ein Vertreter ohne Vertretungsmacht kann eine formgerechte Vertragsurkunde erstellen, sodass die notwendige Schriftlichkeit der Erklärungen gegeben ist.[242] Fehlt es an der erforderlichen Vollmacht des Unterzeichnenden, ist der Vertrag zunächst zwar schwebend unwirksam und bedarf der Genehmigung der von ihm vertretenen Partei, §§ 164 Abs. 1, 177 Abs. 1 BGB. Allerdings erfolgt der Vertragsschluss regelmäßig mit Übergabe des Mietgegenstandes, worin zugleich die konkludente Genehmigung des vollmachtlosen Vertreterhandelns zu sehen ist, § 184 Abs. 2 BGB.[243] Hierdurch kommt der zunächst zwar formwahrende, aber schwebend unwirksame Vertrag zu den in der Mietvertragsurkunde schriftlich festgehaltenen Konditionen später (formlos) zustande.

b) *Problematik hinsichtlich Angebot und Annahme*

Ähnliche Konstellationen ergeben sich im Hinblick auf die für das Zustandekommen des Vertrages notwendigen übereinstimmenden Willenserklärungen gemäß §§ 145 ff. BGB. So führt weder eine verspätete Annahme (§ 150 Abs. 1 BGB) noch eine abändernde Annahme (§ 150 Abs. 2 BGB) zu einem Schriftformproblem. Außerdem ist ein Zugang des Mietvertrages für die Schriftform des § 550 BGB entbehrlich.

aa) Verspätete Annahme

Zunächst ließ der Bundesgerichtshof[244] im Jahr 2010 im Hinblick auf die verspätete Annahme eines Angebotes gemäß § 150 Abs. 1 BGB eine Abweichung von den Vorgaben des § 126 Abs. 1 S. 1 BGB zu: Erfolgt der Vertragsschluss – wie üblich – nicht unter gleichzeitiger Anwesenheit aller Vertragsparteien, sondern unter Abwesenden, beträgt die von § 146 BGB vorgegebene Annahmefrist für Mietverträge, sofern die Parteien keine Bestimmung gemäß § 184 BGB getroffen haben, in der Regel zwei bis drei Wochen.[245] Eine verspätete Annahme gilt gemäß § 150 Abs. 1 BGB als neues Angebot. Notwendig wäre zur Wahrung der

---

242 *Reingardt*, Das Schriftformerfordernis nach § 550 BGB, S. 24.
243 *Reingardt*, Das Schriftformerfordernis nach § 550 BGB, S. 24.
244 BGH, NJW 2010, 1518 (1518).
245 BGH, NJW 2016, 1441 (1443).

Schriftform des § 126 Abs. 2 S. 1 BGB nunmehr eigentlich wiederum die rechtzeitige schriftliche Annahme dieses Angebots. In der Praxis erfolgt der Vertragsschluss aber regelmäßig konkludent – also formwidrig – durch Übergabe des Mietgegenstandes.[246] Da es für juristische Laien häufig nicht nachvollziehbar ist, dass sie die bereits von beiden Parteien unterzeichnete Urkunde richtigerweise erneut unterschreiben müssten, unterliegt der spätere formlose Vertragsschluss nicht der Schriftform des § 550 BGB.

Da die Annahmefrist für die Wahrung der Schriftform ihre Bedeutung verloren hat, ist folglich auch die Datumsangabe auf dem Mietvertrag entbehrlich. Ihr kommt nur noch dahingehend Bedeutung zu, den materiell notwendigen Vertragsschluss beweisen zu können.[247]

bb) Abändernde Annahme

Mit anschließender Entscheidung aus dem Jahr 2015 bestätigte der Bundesgerichtshof[248] seine bisherige Rechtsprechung und erweiterte diese folgerichtig auf den ähnlich gelagerten Fall der abändernden Annahme im Sinne des § 150 Abs. 2 BGB, welche, wie die verspätete Annahme, zu einem neuen Angebot führt, das nunmehr wiederum schriftlich angenommen werden müsste.

cc) Zugang

Mit einer sich anschließenden Entscheidung aus dem Jahr 2018 führte der Bundesgerichtshof[249] seine bisherige Rechtsprechung fort und erweiterte die Anwendung der sogenannten inneren Form auch auf den Fall des § 126 Abs. 2 S. 2 BGB. Bei einem Vertragsschluss unter Abwesenden ist es danach ausreichend, dass die Parteien nicht auf derselben, sondern auf zwei gleichlautenden Urkunden unterzeichnen. Wirksam werden empfangsbedürftige Willenserklärungen, die der Schriftform unterliegen, aber grundsätzlich erst mit Zugang im Sinne des § 130 Abs. 1 BGB, das heißt mit Übermittlung der Originalurkunden.[250] Im Gegensatz hierzu lässt der Bundesgerichtshof zur Wahrung der Schriftform des § 550 BGB allerdings die bloße Unterzeichnung zweier gleichlautender Vertragsurkunden

---

246 *Birnbach/Gassert*, MDR 2010, 727 (729).

247 *Birnbach/Gassert*, MDR 2010, 727 (729).

248 BGH NZM 2015, 662 (662).

249 BGH NJW 2018, 1540 (1540); siehe hierzu bereits BGHZ 160, 97 (97); anders noch die Rechtsprechung des OLG Dresden ZMR 1999, 104 (104), wonach ein Mietvertrag regelmäßig erst mit Zugang eines beiderseitig unterzeichneten Originals der Mietvertragsurkunde zustande kommt.

250 *Ellenberger*, in: Palandt, § 126 Rn. 12, § 130 Rn. 10.

genügen. Da es bei § 550 BGB gerade nicht darauf ankomme, ob der Vertragsschluss durch zwei die Schriftform wahrende Erklärungen oder auf andere Weise zustande gekommen ist, sei insofern auch der Zugang der im Original unterzeichneten Urkunden entbehrlich.[251] Demzufolge können Mietvertragsparteien in Abweichung zu den bislang geltenden Grundsätzen[252] den Vertrag nunmehr per Austausch von Telefaxen abschließen, ohne dass sie – wie sonst üblich – einer qualifizierten elektronischen Signatur im Sinne des §§ 126 Abs. 3 i. V. m. § 126a BGB bedürfen.

2. Begründung

Zur Begründung dieser restriktiven Handhabung von § 550 BGB verweist der Bundesgerichtshof in all seinen Entscheidungen sowohl auf Sinn und Zweck der Vorschrift als auch auf die besondere Rechtsfolge, die sie statuiert. Das Schriftformerfordernis bezwecke in erster Linie den Schutz eines späteren Grundstückserwerbers, welcher gemäß § 566 BGB kraft Gesetzes in das bestehende Mietverhältnis eintritt und deshalb die Bedingungen aus dem schriftlichen Vertrag erkennen müsse.[253] Ein Grundstückserwerber soll daher lediglich über den Inhalt des gesetzlich auf ihn übergehenden Vertrages informiert werden. Eine nur der äußeren Form genügende Mietvertragsurkunde erfülle diesen Zweck, da sie den Erwerber hinreichend über die Bedingungen des Mietvertrages informiere.[254] Sinn und Zweck der Schriftform sei es allerdings nicht, ihm Gewissheit darüber zu verschaffen, ob der Mietvertrag wirksam zustande gekommen ist bzw. weiterhin Wirksamkeit entfaltet.[255] Eine solche Gewissheit könne eine schriftformkonforme Urkunde ohnedies nicht erbringen, da das Zustandekommen des Vertrages von zahlreichen Umständen abhängt, die nicht zwingend aus der Urkunde selbst ersichtlich sein müssen.[256]

Darüber hinaus würden aber auch die nach Ansicht des Bundesgerichtshofes zusätzlich verfolgten Zwecke, namentlich die Beweisbarkeit langfristiger Abreden sicherzustellen und die Vertragsparteien vor der unbedachten Eingehung

251 BGH NJW 2018, 1540 (1542).
252 Vergleiche die Rechtsprechung des Bundesgerichtshofes zur generell unzureichenden Übermittlung durch Telefax in BGHZ 121, 224 (229), da dieses nicht die Originalunterschrift enthalte und damit keine Urkunde im Sinne des § 126 BGB darstelle.
253 BGH NJW 2010, 1518 (1518).
254 BGH NJW 2015, 2648 (2649); BGH NJW 2018, 1540 (1541 f.).
255 BGHZ 176, 301 (309).
256 BGH NJW 2010, 1518 (1518).

langfristiger Bindungen zu warnen, durch die bloße Einhaltung der äußeren Form gewahrt.[257] Der Beweisfunktion sei insofern genüge getan, als zwar hinsichtlich der zum Vertragsschluss führenden Willenserklärungen auf die Schriftform, nicht aber auf die Schriftlichkeit der Vertragsbedingungen verzichtet wird.[258] Die reine Wiederholung der Unterschrift erhöhe nicht etwa deren Beweiskraft. Auch die Warnfunktion sei durch die beiderseitige Unterzeichnung der Vertragsurkunde bereits gewahrt, sodass in dieser Hinsicht eine zweite Unterzeichnung ebenfalls entbehrlich sei.[259]

Schließlich führe auch die speziell in § 550 BGB angeordnete Rechtsfolge zu dem Ergebnis, dass die Einhaltung der Schriftform nicht davon abhängen dürfe, ob der Vertrag durch die schriftlich abgegebenen Erklärungen zu Stande gekommen ist. Sieht das Gesetz die Einhaltung der Schriftform vor, führe ein Formverstoß gemäß § 125 S. 1 BGB nämlich grundsätzlich zur Nichtigkeit des Vertrages. Während die gesetzliche Schriftform im Sinne des § 126 BGB im Regelfall damit eine Wirksamkeitsvoraussetzung für das Zustandekommen des Vertrages darstelle, gelte dies hingegen nicht für die Vorschrift des § 550 BGB, da ein Mietvertrag auch ohne Einhaltung der Schriftform wirksam geschlossen werden kann. Da § 550 S. 1 BGB lediglich zur ordentlichen Kündbarkeit des Mietvertrages führt und insofern eine mildere Rechtsfolge vorsieht, sei es nicht gerechtfertigt, hier dieselben strengen Anforderungen an die Schriftform zu stellen.[260]

3. Reaktionen im Schrifttum

Nach überwiegender Ansicht im Schrifttum[261] ist dieser Rechtsprechung des Bundesgerichtshofes zu folgen. Es erscheine als „unnötige Förmelei", die für den Rechtsverkehr, insbesondere aber für einen juristisch nicht geschulten Laien, nur schwer nachvollziehbar sei, wenn die Vertragsparteien einen wirksamen und bereits unterzeichneten Vertrag nochmals unterzeichnen müssten, um dem Formerfordernis zu entsprechen.[262] Demnach sei es richtig, dass im Rahmen des

---

257 BGH NJW 2018, 1540 (1541 f.); BGH NJW 2015, 2648 (2649); BGH NJW 2010, 1518 (1520).

258 BGH NJW 2010, 1518 (1520).

259 BGH NJW 2010, 1518 (1520).

260 BGH NJW 2010, 1518 (1520).

261 *Birnbach/Gassert*, MDR 2010, 727 (729); *Emmerich*, in: Staudinger, § 550 Rn. 14; *Eupen*, NZM 2010, 389 (390); *Schweitzer*, NZM 2018, 394 (397 f.).

262 *Schultz*, NZM 2007, 509 (509); *Jacoby*, NZM 2011, 1 (6).

Zustandekommens des Vertrages Schriftlichkeit anstatt Schriftform genügen müsse, um den Anforderungen des § 550 BGB gerecht zu werden.

Gegen diese Ansicht wendet sich, soweit ersichtlich, allein *Leo*[263] mit der Argumentation, die vom Bundesgerichtshof entwickelte Theorie der äußeren Form lasse sich nicht mit den Bestimmungen des allgemeinen Teils des BGB vereinbaren. Dieses Argument wird allerdings zutreffend durch *Schweitzer*[264] entkräftet, da die Abweichung von den allgemeinen Grundsätzen des § 126 BGB gerade auf der sich hiervon unterscheidenden Rechtsfolge des § 550 BGB beruhe. Die unterschiedlichen Rechtsfolgen rechtfertigen demnach auch die Anwendung eines unterschiedlichen Maßstabs hinsichtlich der Schriftformanforderungen.

Kritisch äußert sich auch *Jacoby*[265], der mit der höchstrichterlichen Rechtsprechung im Ergebnis zwar übereinstimmt, allerdings einen mit den allgemeinen Vorschriften des BGB zu vereinbarenden, dogmatischen Begründungsansatz fordert, ohne § 550 BGB als Spezialvorschrift zu behandeln. Denn eine lediglich an den spezifischen Formzwecken des § 550 BGB ausgerichtete Argumentation würde nach seiner Ansicht zu einer erheblichen Rechtsunsicherheit führen. Einen allgemeinen Lösungsansatz sieht er in der Norm des § 141 Abs. 1 BGB, nach der die Bestätigung eines nichtigen Rechtsgeschäfts zugleich als erneute Vornahme gilt. Ein späterer konkludenter Vertragsschluss sei demnach generell als eine Bestätigung des formwahrenden Rechtsgeschäfts zu werten. Dieser Ansatz scheint allerdings wenig überzeugend, da die Norm auf die Problematik des Zustandekommens des Vertrages insoweit nicht nur analog angewendet werden müsste, sondern deren Anwendungsbereich entgegen der herrschenden Meinung zudem teleologisch zu reduzieren wäre. Denn zum einen mangelt es bei dem Erlöschen eines Antrages an einem Nichtigkeitsgrund und zum anderen muss auch die Bestätigung im Sinne des § 141 Abs. 1 BGB die erforderliche Schriftform wahren, um wirksam zu sein.

4. Zwischenergebnis

Der Bundesgerichtshof nimmt zu Recht an, dass, soweit es um die sogenannte innere Form geht, auch ein formwidriger Vertragsschluss nicht zu einem Schriftformfehler führt: Kommt es später zu einem mündlichen oder konkludenten Vertragsschluss, bei dem die bereits schriftlich niedergelegten Vertragsbedingungen inhaltsgleich Vertragsbestandteil werden, lässt der Bundesgerichtshof

263 *Leo*, in: BeckOK MietR, § 550 Rn. 230–232.

264 *Schweitzer*, NZM 2018, 394 (397 f.).

265 *Jacoby*, NZM 2011, 1 (5 f.).

dies – im Gegensatz zu den im Rahmen des §126 Abs. 2 BGB sonst üblichen Anforderungen – für die Wahrung der Schriftform des § 550 BGB genügen. Die innere Form umfasst allein die Fälle des vollmachtlosen Vertreterhandelns, der verspäteten oder abändernden Annahme sowie des fehlenden Zugangs. Die formfreie Willenserklärung, durch welche der Vertrag zustande kommt, ist als eine Voraussetzung der inneren Form zwar weiterhin erforderlich, nur führt sie nicht zum Eintritt der Rechtsfolge des § 550 BGB.

III. Einhaltung der äußeren Form als formelle Voraussetzung

Zur Wahrung der Schriftform des § 550 BGB bedarf es eine der äußeren Form des § 126 Abs. 2 BGB genügenden Urkunde. Demnach ist es erforderlich, dass sich die wesentlichen Vertragsbedingungen aus einer von beiden Vertragsparteien unterzeichneten Urkunde ergeben.[266] Erscheint die Einhaltung dieser formellen Voraussetzungen – Urkunde und Unterzeichnung – zunächst trivial, entsteht ein Problem dahingehend, dass das Gesetz auf eine Konkretisierung verzichtet. Die Begriffe werden in § 126 BGB weniger definiert als schlichtweg vorausgesetzt.[267] Welche Kriterien im Einzelfall erfüllt sein müssen, ist für den Rechtsverkehr nicht ohne Weiteres erkennbar. Nicht zuletzt aus diesem Grund war die Beurteilung der Schriftformanforderungen über Jahrzehnte hinweg Gegenstand einer Vielzahl höchstrichterlicher Entscheidungen, sodass sich schließlich der Bundesgerichtshof gezwungen sah, in einem Urteil aus dem Jahr 1964[268] wesentliche für die Wahrung der äußeren Form einzuhaltende Grundsätze zu entwickeln, die er in einer Reihe von nachfolgenden Entscheidungen bestätigte und weiter ausformte. Welche Merkmale eine Mietvertragsurkunde danach erfüllen muss und welche Anforderungen an die Unterzeichnung zu stellen sind, wird im Folgenden dargestellt.

1. Anforderungen an die Urkunde

Wesentliche Voraussetzung ist das Vorliegen einer einheitlichen Urkunde. Es gilt der Grundsatz der „Einheitlichkeit der Vertragsurkunde“.[269] Danach müssen sämtliche Bestandteile des Mietvertrages fest zu einer Einheit verbunden sein. Das Erfordernis der Urkundseinheit beruht auf § 126 Abs. 2 S. 1 BGB, wonach

---

266 BGH NZM 2008, 482 (483).
267 BGHZ 136, 357 (362).
268 BGHZ 42, 333 (333 ff.).
269 BGH NJW 2008, 2181 (2182); BGHZ 142, 158 (161); BGHZ 136, 357 (357); *Einsele*, in: MüKo-BGB, § 126 Rn. 8.

die Vertragsparteien grundsätzlich auf derselben Urkunde zu unterzeichnen haben. Denn eine Urkunde muss am Ende unterschrieben werden und den Vertragsinhalt abschließen, sodass sich eindeutig erkennen lässt, welche Inhalte genau zu der unterschriebenen Erklärung gehören.[270] Hieraus folgt, dass das gesamte der Schriftform unterliegende Rechtsgeschäft in einer Urkunde enthalten sein muss.[271] Für Mietverträge gilt dies umso mehr, da ein späterer Grundstückserwerber durch die Urkunde im Hinblick auf § 566 BGB vollumfänglich unterrichtet werden soll.[272]

Bedarf es zur Wahrung der Schriftform demnach einer einheitlichen Vertragsurkunde, die alle wesentlichen Vertragsbedingungen einschließlich der Nebenabreden und nachträglich getroffener Vereinbarungen enthält, erweist sich dies bei der Gewerberaummiete dahingehend als problematisch, weil der Vertragstext regelmäßig mit Anlagen versehen ist. Namentlich handelt es sich dabei meist um folgende Anlagen, die zur Veranschaulichung oder Präzisierung des Vertragsgegenstandes beigefügt werden: Lagepläne, Grundrisse, Flächenberechnungen, Baubeschreibungen und Hausordnungen. Zudem unterliegt der Mietvertrag als Dauerschuldverhältnis typischerweise zahlreichen Veränderungen. Im Hinblick auf das Erfordernis der Einheitlichkeit der Urkunde stellt sich deshalb die Frage, inwiefern die unterschiedlichen Vertragsbestandteile miteinander verknüpft sein müssen, damit eine einheitliche Vertragsurkunde gegeben ist. Im Rahmen der wissenschaftlichen Auseinandersetzung stand insbesondere zur Diskussion, ob hierfür eine körperlich feste Verbindung der einzelnen Vertragsbestandteile notwendig ist oder ob und gegebenenfalls wie die Zusammengehörigkeit der Urkunde auf anderem Weg realisiert werden kann.

a) Auflockerungsrechtsprechung

Die Frage nach der Einheitlichkeit der Urkunde wurde von der Rechtsprechung im Laufe der Zeit unterschiedlich beurteilt. Stellte der Bundesgerichtshof zunächst sehr strenge Anforderungen an die äußere Beschaffenheit der Mietvertragsurkunde, wurden diese im Wege der von ihm selbst so bezeichneten „Auflockerungsrechtsprechung“[273] nach und nach herabgesetzt. Anlass für eine derartige Lockerung waren die hieraus resultierenden Formverstöße, welche

270 BGH NJW 1999, 1104 (1105).

271 *Lindner-Figura*, in: Geschäftsraummiete, Kap. 6 Rn. 40; *Reingardt*, Das Schriftformerfordernis nach § 550, S. 19.

272 BGH NJW 1999, 1104 (1105).

273 BGHZ 136, 357 (360).

in der Praxis häufig zu einem als materiell ungerecht empfundenen Ergebnis führten. Langfristig geschlossene, nunmehr aber unliebsam gewordene Mietverträge wurden von den Parteien, aufgrund der wegen der strengen Anforderungen häufig bestehenden Formverstöße, in einer Vielzahl einseitig und vorzeitig gekündigt.[274] Ziel der Auflockerungsrechtsprechung war es, diesem Vorgehen entgegenzuwirken, da sich die strengen Vorgaben zur Einheitlichkeit der Urkunde nicht mit dem Zweck des § 550 BGB vereinbaren ließen.

Ursprünglich forderte der Bundesgerichtshof[275] eine körperlich feste Verbindung der einzelnen Vertragsbestandteile von der Art, dass eine Auflösung nur durch eine teilweise Substanzzerstörung oder Gewaltanwendung möglich sein könne. Während der letzten 40 Jahre des 19. Jahrhunderts erfolgte sodann in einer Reihe von Entscheidungen[276] eine stetige Aufweichung dieser strengen Regelungen. Zunächst wurde bei später getroffenen Nachtrags- und Ergänzungsvereinbarungen[277] von dem Merkmal der körperlich festen Verbindung abgewichen, bevor dieser Ansatz auf eine aus mehreren Blättern bestehende Urkunde[278] erweitert und schließlich hinsichtlich einer mit Anlagen versehenen Urkunde[279] ergänzt wurde. So entwickelte der Bundesgerichtshof etwa bis zum Jahr 2000[280] einige wesentliche Grundsätze zur Einheitlichkeit der Urkunde, die er später in zahlreichen Entscheidungen[281] bestätigte. Im Folgenden wird daher

---

274 *Reingardt*, Das Schriftformerfordernis nach § 550 BGB, S. 12; *Siering*, Die Auswirkungen des § 550 BGB auf die Gestaltungspraxis von Immobilientransaktionen, S. 81.

275 Vergleiche die strengen Anforderungen in dem Urt. v. 13.11.1963 in BGHZ 40, 255 (255, 263).

276 Vergleiche die vom Bundesgerichtshof im Rahmen der Auflockerungsrechtsprechung ergangenen Grundsatzentscheidungen im Zeitraum zwischen 1960 und 2000: Urt. v. 05.07.2000 (BGH NZM 2000, 907); Urt. v. 29.09.1999 (BGH NJW 2000, 3524); Urt. v. 30.06.1999 (BGHZ 142, 158); Urt. v. 21.01.1999 (BGH NJW 1999, 1104); Urt. v. 24.09.1997 (BGHZ 136, 357); Urt. v. 17.09.1997 (BGH NJW 1998, 62); Urt. v. 11.11.1987 (BGH NJW-RR 1988, 201); Urt. v. 02.07.1975 (BGH NJW 1975, 1653); Urt. v. 19.03.1969 (BGHZ 52, 25); Urt. v. 27.03.1968 (BGHZ 50, 39); Urt. v. 30.06.1964 (BGHZ 42, 333).

277 Urt. v. 17.09.1997 (BGH NJW 1998, 62); Urt. v. 11.11.1987 (BGH NJW-RR 1988, 201); Urt. v. 02.07.1975 (BGH NJW 1975, 1653); Urt. v. 19.03.1969 (BGHZ 52, 25); Urt. v. 27.03.1968 (BGHZ 50, 39); Urt. v. 30.06.1964 (BGHZ 42, 333).

278 Urt. v. 24.09.1997 (BGHZ 136, 357).

279 Urt. v. 05.07.2000 (BGH NZM 2000, 907); Urt. v. 29.09.1999 (BGH NJW 2000, 3524); Urt. v. 30.06.1999 (BGHZ 142, 158); Urt. v. 21.01.1999 (BGH NJW 1999, 1104).

280 Siehe hierfür auch *Hertel*, in: Staudinger, § 126 Rn. 112.

281 Vergleiche folgende nach dem Jahr 2000 ergangene Entscheidungen: Urt. v. 29.04.2009 (BGH NZM 2009, 515); Urt. v. 17.12.2008 (BGH NZM 2009, 198); Urt. v. 02.05.2007

ein Überblick über die nach heutiger Rechtslage bestehenden Anforderungen, welche eine einheitliche Vertragsurkunde aufzuweisen hat, gegeben.

b) Einheitlichkeit der Urkunde

Betrachtet man die Anforderungen an die äußere Beschaffenheit der Vertragsurkunde, ist zwischen drei Konstellationen zu unterscheiden. Wie soeben auf Seite 81 ausgeführt, besteht ein Mietvertrag regelmäßig aus einer Haupturkunde (Vertragstext), die bei Vertragsschluss mit weiteren Urkunden (Anlagen mit ausgelagerten Vertragsbestandteilen) verbunden wird und später im Rahmen von Nachtrags- und Ergänzungsvereinbarungen (Nachträge) abgeändert wird. Entsprechend dieser Dreiteilung stellt der Bundesgerichtshof an die jeweiligen Konstellationen unterschiedlich strenge Anforderungen. Denn es besteht ein Unterschied zwischen der Verbindung einzelner Blätter eines Schriftstücks, das bereits selbst sämtliche Vertragsabreden enthält, und der Verbindung einer derartigen Urkunde mit weiteren Urkunden, aus denen sich der Gesamtinhalt des Vertrages ergibt.[282] Beiden gemein ist allerdings, dass es sich um Urkunden handelt, die bereits zum Zeitpunkt des Vertragsschlusses existierten. Hiervon ist wiederum die Verbindung der Urkunde mit erst später errichteten Nachträgen zu unterscheiden, durch welche der Inhalt der Haupturkunde im Nachhinein abgeändert wird.

aa) Haupturkunde

Die aus mehreren Blättern bestehende Haupturkunde, in welcher der Vertragstext niedergelegt ist, bedarf zur Wahrung der Schriftformanforderungen des § 550 BGB keiner körperlichen Verbindung der einzelnen Blätter.[283] Ausreichend ist vielmehr, dass sich die Einheit der Urkunde aus anderen Merkmalen ergibt. Namentlich ist dies etwa der Fall bei „fortlaufender Paginierung, fortlaufender Nummerierung der einzelnen Bestimmungen, einheitlicher graphischer Gestaltung, inhaltlichem Zusammenhang des Textes oder vergleichbaren Merkmalen“[284].

(BGH NJW 2007, 3273); Urt. v. 29.09.2004 (BGH NZM 2005, 61); Urt. v. 14.07.2004 (BGHZ 160, 97); Urt. v. 18.12.2002 (BGH NJW 2003, 1248); Urt. v. 25.10.2000 (BGH NZM 2001, 43).

282 BGHZ 136, 357 (360); *Siering*, Die Auswirkungen des § 550 BGB auf die Gestaltungspraxis von Immobilientransaktionen, S. 83.

283 BGHZ 136, 357 (357), Leitsatz a).

284 BGHZ 136, 357 (357, 369 f.), Leitsatz a).

bb) Anlagen

Strengere Anforderungen bestehen nach dem Bundesgerichtshof hingegen für den Fall, dass sich der gesamte Vertragsinhalt erst aus dem Zusammenspiel von Haupturkunde und weiteren darin in Bezug genommenen Anlagen ergibt. Eine bloß gedankliche Verbindung dieser Urkunden war nach früherer Rechtsprechung jedenfalls nicht ausreichend. Vielmehr forderte der Bundesgerichtshof in seinem viel zitierten Urteil vom 13. November 1963[285] – von dem er im Rahmen seiner späteren Auflockerungsrechtsprechung nach und nach Abstand nahm – ursprünglich sogar die körperliche Beifügung der Anlagen zur Haupturkunde. Hierfür verlangte er seinerzeit, dass die Anlagen etwa durch Heften mit Faden, Anleimen oder Heftmaschinen dem Vertrag angefügt werden. Denn eine der Schriftform genügende körperliche Verbindung der einzelnen Urkunden sah er nur dann als gegeben an, wenn deren Auflösung immer mit einer Substanzverletzung oder Gewaltanwendung einhergeht. Allerdings wies er bereits in diesem Urteil daraufhin, dass in besonders gelagerten Fällen geringere Anforderungen an die Erfüllung der Schriftform zu stellen sein könnten.[286] Von dieser Ausnahmemöglichkeit machte er im Fortgang seiner Rechtsprechung allerdings nicht nur im Einzelfall für besondere Fallgestaltungen, sondern ganz allgemein Gebrauch. Sein wesentliches Argument hierfür war, dass ein zu strenger Maßstab für die Vertragsparteien nicht nachvollziehbar wäre, sofern die Zusammengehörigkeit der Urkunde bereits anhand der Erfüllung geringerer Merkmale sichergestellt sei und die Wahrung weitergehender Anforderungen insofern eine reine „Förmelei“ darstellen würde.[287]

Nach heutiger Rechtslage ist eine körperliche Verbindung der Haupturkunde mit den ihr beigefügten Anlagen zur Wahrung der Schriftform nicht mehr erforderlich. Voraussetzung ist nach ständiger Rechtsprechung[288] nunmehr allein die eindeutige Bezugnahme auf die beigefügten Anlagen, durch welche die Zusammengehörigkeit der Urkunden zweifelsfrei kenntlich gemacht wird. Maßgeblich ist also eine konkrete Bezugnahme der Haupturkunde auf die jeweilige Anlage. Zu erläutern ist in diesem Zusammenhang allerdings im Folgenden, welche Anforderungen an eine derartige der Schriftform genügende Verweisung zu stellen sind.

---

285 BGHZ 40, 255 (255, 263).

286 BGHZ 40, 255 (255, 264).

287 BGHZ 52, 25 (30).

288 BGH NZM 2008, 482 (483); BGH NJW 2003, 1248 (1248 f.); BGH NZM 2002, 20 (20); BGH NJW 1999, 1104 (1105).

Zunächst bedürfen – wie auch die Regelungen des Mietvertrages selbst – nur diejenigen Anlagen der Einhaltung der Schriftform, welche wesentliche Vertragsbestimmungen[289] zum Gegenstand haben und nicht nur von nebensächlicher Bedeutung sind.[290] Nicht der Schriftform bedürfen hiernach deshalb auch solche zwar prinzipiell wesentliche Vertragsbestimmungen, die aber im Vertragstext selbst bereits hinlänglich beschrieben sind. Soll die Mietvertragsurkunde durch die Anlage also nicht modifiziert, sondern lediglich erläutert oder veranschaulicht werden, kann hieraus kein Schriftformproblem erwachsen. Dies ist etwa der Fall, wenn sich die vermieteten Flächen trotz des in der Anlage beigefügten Lageplans bereits aus dem Mietvertrag selbst hinreichend ergeben. Der Bundesgerichtshof spricht insofern von einem bloßen „Anschauungsobjekt“ oder „Orientierungsbehelf“.[291]

Für die übrigen Anlagen gilt Folgendes: Erstens muss die Haupturkunde auf die Anlage verweisen und diese muss zweitens so genau bezeichnet sein, dass eine zweifelsfreie Identifizierung möglich ist. Dabei wies der Bundesgerichtshof angesichts der zahlreichen denkbaren Gestaltungsmöglichkeiten darauf hin, dass sich hinsichtlich der erforderlichen Bezugnahme letztlich keine abschließenden Mindestvoraussetzungen aufstellen ließen.[292] Eine derart zweifelsfreie Zuordnung ist – wie bei der aus mehreren Blättern bestehenden Haupturkunde[293] – aber jedenfalls dann gegeben, wenn die Gesamturkunde fortlaufende Seitenzahlen, eine fortlaufende Nummerierung der einzelnen Vertragsbestandteile, eine einheitliche grafische Gestaltung oder einen inhaltlichen Zusammenhang des Textes aufweist.[294] Ebenso geeignet, aber nicht erforderlich ist eine durchgehende Paraphierung der einzelnen Blätter[295] oder eine Unterzeichnung[296] der Anlage. Grundsätzlich ist es zur Einhaltung der Schriftform des § 126 Abs. 2 BGB zwar erforderlich, dass sich die Unterschriften unterhalb der

289 Zur Abgrenzung von wesentlichen und unwesentlichen Vertragsbestimmungen ausführlich sogleich unter B.

290 BGHZ 142, 158 (161).

291 BGH NZM 2001, 43 (43 f.); BGHZ 142, 158 (161).

292 BGH NJW 2003, 1248 (1248 f.).

293 Siehe hierzu oben unter aa).

294 BGH NJW 2003, 1248 (1248 f.); BGH NJW 1999, 1104 (1105).

295 BGH NJW 2003, 1248 (1248 f.); BGH NZM 2000, 907 (908).

296 BGH NZM 2005, 61 (62); BGH NZM 2000, 36 (38 f.); siehe hierzu auch folgende Entscheidungen des Bundesgerichtshofes, bei denen das Vorliegen einer einheitlichen Urkunde wegen der unterzeichneten Anlage bejaht wurde: BGH NZM 2001, 43 (44); BGH NJW 1999, 1104 (1105); BGHZ 142, 158 (161).

Urkunde befinden, sodass sie den gesamten Vertragsinhalt decken und den Vertragstext damit räumlich abschließen.[297] Eine Anlage, welche sich erst nachfolgend an die Haupturkunde anschließt, muss von den Vertragsparteien dennoch nicht erneut unterzeichnet werden. Denn aufgrund der in der Haupturkunde enthaltenen Bezugnahme auf die sich anschließende Anlage ist erkennbar, dass deren Inhalt zu dem über den Unterschriften stehenden Vertragsinhalt gehört und somit durch diese Unterschriften gedeckt ist.[298]

Darüber hinaus bedarf es innerhalb der in Bezug genommenen Anlage keiner Rückverweisung[299] auf die Haupturkunde. Lässt die Anlage selbst also nicht erkennen, welchen Vertrag sie ergänzt, ist dies insofern unschädlich, als dass ein späterer Grundstückserwerber, welchem primär der Schutzzweck des § 550 BGB zugutekommt, bereits durch die in der Haupturkunde enthaltenen Verweisung hinreichend auf die Existenz einer solchen Anlage hingewiesen wird.[300]

Ebenfalls entbehrlich ist eine übereinstimmende Bezeichnung der Anlage in den unterschiedlichen Urkunden. Demnach ist es unschädlich, wenn die Anlage selbst nicht mit derselben Bezeichnung versehen ist, unter der in der Haupturkunde auf sie Bezug genommen wird, sofern sich der Zusammenhang zwischen der im Hauptvertrag verwendeten Bezeichnung und dem Inhalt der zugehörigen Anlage auf andere Weise zweifelsfrei ergibt.[301]

cc) Nachträge

Ein langfristig geschlossener Gewerbemietvertag unterliegt im Laufe der Zeit regelmäßigen Änderungen. Sofern hiervon wesentliche Vertragsbestimmungen[302] betroffen sind, müssen auch diese in einer schriftformkonformen Nachtragsvereinbarung festgehalten werden. Denn ein der Schriftform nicht

---

297 BGH NJW-RR 1990, 518 (519); mit Verweis auf RGZ 52, 277 (280); OLG Düsseldorf BeckRS 2011, 25215, 1. Leitsatz.

298 BGH NJW-RR 1990, 518 (518 f.).

299 BGH NJW 2003, 1248 (1249); BGH NJW 2000, 354 (357).

300 BGH NJW 2000, 354 (357).

301 Der Bundesgerichtshof bejahte die Zusammengehörigkeit zwischen einer in der Haupturkunde als „Vermieterbaubeschreibung (Anlage 1)“ bezeichneten Anlage und einer als „Baubeschreibung – Bauteil E“ bezeichneten Anlage, da sich aus dem Inhalt der entsprechenden Anlage ergebe, dass es sich um eine „Vermieterbaubeschreibung“ handele, BGH NZM 2000, 907 (908).

302 Zur Abgrenzung wesentlicher von unwesentlichen Vertragsbestimmungen ausführlich sogleich unter B.

genügender Nachtrag führt grundsätzlich[303] zur Formwidrigkeit des gesamten Mietvertrages.[304] Allerdings vermag auch eine formgerechte Nachtragsvereinbarung einen ursprünglich formwidrigen Mietvertrag zu heilen, wodurch wiederum die Möglichkeit zur ordentlichen Kündigung nachträglich entfallen kann.[305]

Die Gründe für eine Nachtragsvereinbarung sind also vielfältig: beispielsweise die Behebung eines bei Abschluss der Haupturkunde oder vorangehender Nachträge verursachten Formmangels oder die schriftformkonforme Niederlegung einer im Nachgang konkludent getroffenen Vereinbarung wegen eingetretener Änderungen oder notwendiger Ergänzungen des Vertragsinhaltes.

Da der vollständige Vertragsinhalt in einer zusammengehörigen Urkunde niedergelegt sein muss, hat auch eine Nachtragsurkunde gewisse Kriterien zu erfüllen, um dem Grundsatz der Einheitlichkeit gerecht zu werden. Wie bei der zuvor unter bb) dargestellten Verbindung einzelner zum Zeitpunkt des Vertragsabschlusses bestehenden Urkunden, genügt nach ständiger Rechtsprechung[306] auch bei Verbindung dieser Ursprungsurkunde mit einer später errichteten Nachtragsurkunde eine gedankliche Zusammengehörigkeit. Eine körperlich feste Verbindung ist für eine einheitliche Urkunde nicht erforderlich. Während für die Zusammengehörigkeit mehrerer Urkunden eine zweifelsfreie Bezugnahme in der Haupturkunde auf die Anlagen erforderlich ist, bedarf es im Rahmen einer später errichteten Nachtragsurkunde einer entsprechend hinreichenden Bezugnahme auf die früheren Urkunden.

Dabei ist es zur Wahrung der Schriftform nicht erforderlich, dass die Nachtragsurkunde selbst nochmals alle wesentlichen Bestandteile des Mietvertrages enthält.[307] Ausreichend ist vielmehr, dass sich der wesentliche Gesamtinhalt der mietvertraglichen Vereinbarung, welcher der Schriftform unterliegt, aus dem

---

303 Im Rahmen seiner Auflockerungsrechtsprechung entwickelte der Bundesgerichtshof zwei Ausnahmen, bei denen die Rechtsfolge der ordentlichen Kündbarkeit auf die jeweilige Nachtragsvereinbarung begrenzt wurde. Der Gedanke der unteilbaren Einheit der Urkunden treffe nämlich nicht zu, sofern der Nachtrag lediglich eine reine Vertragsverlängerung (BGHZ 50, 39 (43 f.)) oder den Beitritt eines weiteren Mieters (BGHZ 65, 49 (54 f.)) zum Gegenstand hat, wodurch der sonstige Inhalt des Mietvertrages in keiner Weise berührt werde.

304 BGH NJW-RR 1992, 654 (655); BGHZ 50, 39 (40 ff.); BGHZ 99, 54 (60).

305 BGH NJW-RR 1988, 201 (201).

306 BGH NJW 2013, 1083 (10); BGH NZM 2008, 482 (483); BGHZ 160, 97 (101 f.); NJW-RR 1992, 654 (655); BGH NJW-RR 1988, 201 (202); BGHZ 42, 333 (333).

307 Anders noch die frühere Rechtsprechung des Bundesgerichtshofes zu Beginn der Auflockerungsrechtsprechung: BGH NJW 1968, 1229 (1229); BGHZ 42, 333 (333).

Zusammenspiel der einzelnen Urkunden ergibt.[308] Im Wesentlichen lassen sich anhand der im Rahmen der Auflockerungsrechtsprechung ergangenen Entscheidungen des Bundesgerichtshofes vier Kriterien ableiten, die eine schriftformkonforme Nachtragsvereinbarung zu erfüllen hat.

Die Nachtragsurkunde muss erstens hinreichend deutlich auf den Ausgangsvertrag und alle ergänzenden Urkunden Bezug nehmen, mit denen der gesamte der Schriftform unterliegende Vertragsinhalt erfasst ist.[309] Hierfür sollten die Vertragsparteien, die Bezeichnungen der früheren Urkunden nebst Angabe des jeweiligen Datums sowie das Mietobjekt genannt werden.[310]

Zweitens muss sie die angepassten, geänderten oder ergänzten Regelungen schriftformkonform aufführen.[311] Dabei beschränkt sich der Inhalt der Nachtragsvereinbarung regelmäßig auf die beabsichtigte Änderung, sodass in der Nachtragsurkunde selbst nicht nochmals alle wesentlichen Vertragsbestimmungen enthalten sind.

In diesem Fall ist drittens ein Hinweis notwendig, dass es im Übrigen bei den Regelungen des Mietvertrages bleiben soll.[312]

Viertens ist die Nachtragsurkunde schließlich von den Vertragsparteien zu unterzeichnen.[313] Im Unterschied zu der zuvor unter bb) dargestellten Variante der Verbindung mehrerer zum Zeitpunkt des Vertragsschlusses bestehender Urkunden, fehlt es nämlich an einer entsprechenden in der Haupturkunde enthaltenen Verweisung auf die Nachtragsvereinbarung, sodass deren Inhalt nicht durch die Unterschriften der Haupturkunde gedeckt ist und damit eine erneute Unterzeichnung beider Vertragsparteien notwendig ist.[314] Bei einem Wechsel der Vertragsparteien ist es unschädlich, wenn die Haupturkunde und der Nachtrag

---

308 BGH NJW 2013, 1083 (1085); BGH NZM 2008, 482 (483); BGHZ 160, 97 (101 f.); NJW-RR 1992, 654 (655).

309 Erforderlich ist nach dem Bundesgerichtshof eine sogenannte „lückenlose Bezugnahme“ auf alle Schriftstücke, aus denen sich die wesentlichen Vertragsbestimmungen ergeben: BGH NJW 2008, 2181 (2183); BGHZ 176, 301 (307).

310 Vergleiche die Formulierungsbeispiele in: *Baumgarten/Engel*, MietRB 2011, 189 (192 f.); *Lindner-Figura*, NJW 2009, 1861 (1862); *Eggert/Kiermeier Haselier Grosse*, in: BeckOF Vertrag, Form. 15.7.3, Anm. 1–5 Rn. 2.

311 BGH NJW 2013, 1083 (1085); BGH NZM 2008, 482 (483); BGHZ 160, 97 (101 f.); NJW-RR 1992, 654 (655).

312 BGH NJW 2013, 1083 (1085); BGH NZM 2008, 482 (483); BGHZ 160, 97 (101 f.); NJW-RR 1992, 654 (655).

313 BGH 1992, 2283 (2284); BGHZ 42, 333 (333).

314 BGH NJW-RR 1990, 518 (518 f.).

nicht von denselben Parteien unterzeichnet werden.[315] Enthält die anlässlich des Parteiwechsels vereinbarte Nachtragsurkunde eine hinreichende Bezugnahme auf den ursprünglichen Mietvertrag, ist es ausreichend, wenn lediglich die Parteien den Nachtrag unterzeichnen, die den Nachtrag abschließen.[316] Eine Vertragsübernahme ist zwar ein einheitliches Rechtsgeschäft, das der Zustimmung aller Beteiligter bedarf.[317] Allerdings muss die Vertragsübernahme nicht zwingend im Wege eines dreiseitigen Vertrages zwischen den bisherigen Parteien und der eintretenden Partei geschlossen werden. Ausreichend ist ein zweiseitiger Vertrag zwischen zwei der drei Parteien, sofern die dritte Partei hierfür ihre Genehmigung erteilt.[318] Bedarf die (zweiseitige) Nachtragsvereinbarung über den Parteiwechsel zwingend der Einhaltung der Schriftform, kann hingegen die bloße Zustimmung der am Nachtrag nicht beteiligten Partei formfrei erfolgen.[319] Ausreichend ist demnach eine durch schlüssiges Verhalten konkludent erteilte Zustimmung, die bei einem Vermieterwechsel etwa in der Bezahlung der Miete an den neuen Vermieter gesehen werden kann.

c) Zwischenergebnis

Zusammenfassend ergeben sich folgende Anforderungen, die an die Mietvertragsurkunde zu stellen sind: Wesentliches Kriterium ist das Vorliegen einer einheitlichen Urkunde. Eine körperliche Verbindung der einzelnen Vertragsbestandteile ist hierfür nicht erforderlich. Ausreichend ist eine gedankliche Zusammengehörigkeit. Die Einheit einer aus mehreren Blättern bestehenden Haupturkunde kann sich daher auch aus anderen Merkmalen, wie etwa einer fortlaufenden Nummerierung oder fortlaufender Seitenzahlen, ergeben. Sofern der Haupturkunde eine Anlage beigefügt wird, ist es zudem erforderlich, die Zusammengehörigkeit dieser Urkunden kenntlich zu machen. Notwendig ist eine zweifelsfreie Bezugnahme der Haupturkunde auf die Anlage. Wird diese

---

315 BGH NJW 2003, 1248 (1249).

316 BGH NJW 2013, 1083 (1084 f); BGH NJW 1998, 62 (62); BGH NJW 2003, 1248 (1249).

317 BGH NJW 2013, 1083 (1084); BGH NZM 2005, 584 (585); BGH NJW 2003, 2158 (2160); BGHZ 95, 88 (95).

318 Zur Vereinbarung zwischen dem ausscheidenden und dem neuen Mieter siehe BGH NJW 2013, 1083 (1084); Zur Vereinbarung zwischen dem Vermieter und dem ausscheidenden Mieter siehe BGH NZM 2005, 584 (585); Zur Vereinbarung zwischen dem ausscheidenden und dem neuen Vermieter siehe BGH NJW 2003, 2158 (2160).

319 Zur formfreien Zustimmung des Vermieters siehe BGH NJW 2013, 1083 (1084); Zur formfreien Zustimmung des Mieters siehe BGH NJW 2003, 2158 (2160).

Gesamturkunde später durch einen Nachtrag ergänzt, bedarf es einer hinreichend deutlichen Bezugnahme der Nachtragsurkunde auf den Ausgangsvertrag und alle ergänzenden Urkunden. Enthält der Nachtrag lediglich die geänderte oder zu ergänzende Vertragsvereinbarung, ist außerdem ein Hinweis erforderlich, dass es im Übrigen bei den Regelungen des Mietvertrages bleiben soll. Schließlich ist die Nachtragsvereinbarung von beiden Parteien zu unterzeichnen.

Der Bundesgerichtshof hat die ursprünglich überhöhten Anforderungen an die äußere Beschaffenheit der Mietvertragsurkunde zwar zu Recht gelockert. Denn eine körperliche Verbindung aller Vertragsbestandteile wäre mit der gängigen Vertragspraxis insbesondere in der Gewerberaummiete nicht vereinbar und würde den allgemeinen Geschäftsverkehr behindern. Gleichwohl können die zahlreichen, vom Bundesgerichthof entwickelten Vorgaben von einem juristisch nicht geschulten Laien im Einzelfall oftmals nicht nachvollzogen werden. Für ein besseres Verständnis des Rechtsverkehrs empfiehlt sich, zwar weiterhin an einer praxisfreundlichen Auslegung des Formgebots festzuhalten. Dies allerdings unter Besinnung auf die wesentlichen Kernvorgaben, die eine Mietvertragsurkunde erfüllen muss, ohne weiter detailreiche und konkretisierende Einzelvorgaben aufzustellen.

2. *Anforderungen an die Unterzeichnung*

Eine die äußere Form wahrende Urkunde erfordert deren eigenhändige Unterzeichnung. Hierbei ist zunächst auf die allgemeinen Anforderungen einzugehen, die an eine schriftformkonforme Unterschrift zu stellen sind, bevor sodann die in diesem Zusammenhang bedeutende Vertreterproblematik dargestellt wird.

a) Allgemeines zur Unterschrift

Ein schriftformkonformer Mietvertrag ist gemäß §§ 550 i. V. m. 126 Abs. 2 S. 1 BGB von beiden Vertragsparteien auf derselben Urkunde zu unterzeichnen. Dies erfolgt durch Unterschrift mit dem Namenszeichen der unterzeichnenden Person als Aussteller der Urkunde.[320] Sofern an dem Vertrag mehrere Personen beteiligt sind, ist eine Unterschrift von allen Mietern und Vermietern notwendig.[321] Werden über den Vertrag mehrere gleichlautende Urkunden aufgenommen, genügt es gemäß § 126 Abs. 2 S. 2 BGB, wenn jede Partei die für die andere Partei bestimmte Urkunde unterzeichnet. Die Unterschrift dient vorrangig der

320 Motive I, S. 184; *Lammel*, in: Schmidt-Futterer, § 550 BGB Rn. 26; *Dittert*, in: BeckOGK-BGB, § 550 Rn. 35.

321 BGH NJW 2003, 3053 (3054); BGH NZM 2002, 950 (952).

Dokumentation des Vertragsinhaltes, auf den sich die Parteien geeinigt haben.[322] In Abgrenzung zu einem bloßen Vertragsentwurf wird durch die Unterschrift das Zustandekommen des Vertrages mit dem in der Urkunde niedergelegten Vertragsinhalt bezeugt. Die Unterschriften decken demnach den gesamten Vertragsinhalt, weshalb sie sich unterhalb der Urkunde befinden und den Vertragstext räumlich abschließen müssen.[323] Ihnen kommt eine Abschluss- und Dokumentationsfunktion zu.[324]

Ausreichend ist, wie bereits ausführlich unter I. dargestellt, eine der äußeren Form genügende Urkunde, da hierdurch der primäre Zweck des § 550 BGB, einen späteren Grundstückserwerber über den Inhalt der Vertragsurkunde zu informieren, erfüllt wird. Ob der Vertrag durch die mit Unterschrift in der Urkunde verkörperten Willenserklärungen oder auf andere Weise wirksam zustande kommt, ist für die Schriftform ohne Belang. Aus diesem Grund ist auch eine Gegenzeichnung eines bereits unterschriebenen Angebotes durch die andere Partei ausreichend, weil sich die erforderlichen Unterschriften insofern auf ein- und derselben Urkunde befinden.[325] Eine erneute Unterzeichnung durch die anbietende Partei, deren Unterschrift zunächst nur den Vertragsentwurf deckte, ist nicht erforderlich.[326] Der Schriftform genügt allerdings nicht ein Vertragsschluss durch Briefwechsel.[327] Befinden sich die Unterschriften bei Übersendung des Angebots und Rücksendung der Annahmeerklärung nämlich auf unterschiedlichen Schriftstücken, ergeben sich die übereinstimmenden Willenserklärungen nicht – wie erforderlich – aus einer einheitlichen Urkunde.[328]

Da es im Rahmen des § 126 BGB im Wesentlichen auf die äußere Beschaffenheit der Urkunde, nicht aber auf die zeitliche Reihenfolge der Niederschrift der einzelnen Bestandteile ankommt, ist es auch ohne Belang, ob der Vertragstext vor oder nach Unterzeichnung der Urkunde abgefasst wird.[329] Möglich ist also

---

322 BGH NZM 2002, 950 (952); *Lammel*, in: Schmidt-Futterer, § 550 BGB Rn. 25.

323 BGH NJW-RR 1990, 518 (519); mit Verweis auf RGZ 52, 277 (580); 1. Leitsatz OLG Düsseldorf BeckRS 2011, 25215.

324 *Hertel*, in: Staudinger, § 126 Rn. 126.

325 BGHZ 160, 97 (102–105).

326 So noch die Ansicht des Reichsgerichts in RGZ 105, 60 (62), da die anbietende Partei lediglich einen Vertragsentwurf, nicht aber den Vertrag auf den sich beide Parteien einigten, unterzeichnet habe.

327 BGH NJW 2001, 221 (223).

328 BGHZ 160, 97 (102).

329 BGH NJW 2016, 311 (312); BGH NZM 2009, 515 (517); BGH NJW 1994, 2300 (2300), 1. Leitsatz.

eine sogenannte „Blanco-Unterschrift" der Vertragsparteien[330], sofern der zeitlich später abgefasste Vertragstext dem tatsächlich übereinstimmenden Willen der Vertragsparteien entspricht und räumlich oberhalb der Unterschrift eingefügt wird. Folglich ist es auch möglich, dass die Vertragsparteien den Vertragstext zu einem späteren Zeitpunkt übereinstimmend abändern oder ergänzen. Sofern die nachträglichen Änderungen oberhalb der Unterschriften hinzugefügt werden, sind auch sie von den Unterschriften erfasst, ohne dass es einer erneuten Unterzeichnung der Urkunde bedarf.[331]

b) Vertreterproblematik

Wird die Mietvertragsurkunde von einer der Parteien nicht selbst, sondern durch einen Vertreter unterzeichnet, ergeben sich im Hinblick auf die hierbei einzuhaltenden Schriftformanforderungen eine Reihe von Fragen. Aussteller der Urkunde[332] ist dann nicht der Vertretene, sondern der bevollmächtigte Vertreter, welcher eine eigene Willenserklärung abgibt und den Mietvertrag daher eigenhändig mit seinem Namenszeichen zu unterschreiben hat. Eine die Form wahrende Urkunde liegt aber nur dann vor, wenn die Vertretereigenschaft des Unterzeichnenden erkennbar aus ihr hervorgeht.[333]

Eine materiell wirksame Stellvertretung erfordert gemäß § 164 Abs. 1 BGB das Vorliegen dreier Tatbestandsvoraussetzungen: Dem Vertretenen kann eine fremde Erklärung grundsätzlich nur dann zugerechnet werden, wenn der Vertreter erstens eine eigene Willenserklärung abgibt, dies zweitens im Namen des Vertretenen erfolgt und ihm drittens die hierfür notwendige Vertretungsmacht eingeräumt wurde. Im Rahmen der Schriftform kommt es allerdings nur auf die ersten beiden Tatbestandsmerkmale – eigene Willenserklärung im Namen des Vertretenen – an. Ob der Vertreter bei Unterzeichnung der Urkunde tatsächlich vertretungsberechtigt war, ist, wie zuvor bereits ausführlich unter II. 1. a) dargestellt, ausschließlich bei der Frage nach dem Vorliegen eines materiell wirksamen Vertragsschlusses im Rahmen der sogenannten inneren Form zu berücksichtigen. Denn Sinn und Zweck der in §§ 550, 126 BGB angeordneten Schriftform besteht lediglich in der Dokumentation des Vertragsinhaltes, auf

---

330 *Emmerich*, in: Staudinger, § 550 Rn. 11.

331 BGH NJW 1994, 2300 (2301); Zum Erfordernis einer erneuten Unterzeichnung bei den Unterschriften räumlich nachfolgenden Änderungen: BGH NJW-RR 1990, 518 (518).

332 *Kuckein*, NZM 2010, 148 (150); *Lammel*, in: Schmidt-Futterer, § 550 BGB Rn. 26; *Dittert*, in: BeckOGK-BGB, § 550 Rn. 35.

333 BGHZ 176, 301 (305, 307).

den sich die Parteien geeinigt haben, nicht aber darin, dem Erwerber Gewissheit über die Wirksamkeit des Vertrages zu verschaffen.[334] Beim Vertreterhandeln ist daher folgende Differenzierung vorzunehmen: Durch die Unterschriften soll zwar das Zustandekommen des Vertrages bezeugt werden (äußere Form), nicht aber eine Aussage über die materielle Wirksamkeit des Vertrages (innere Form) getroffen werden.[335] Entscheidend, aber auch ausreichend ist daher, dass die Urkunde nach ihrer äußeren Beschaffenheit eine der Schriftform genügende Unterzeichnung aufweist. Dies hat zur Folge, dass die Schriftform selbst dann gewahrt ist, wenn ein formwirksamer Vertrag durch einen Vertreter ohne Vertretungsmacht abgeschlossen wurde.[336] Ob der Mietvertrag bereits durch diese Unterzeichnung oder erst durch die spätere Genehmigung des zunächst schwebend unwirksamen Vertrages zustande kommt, ist für die Wahrung der Schriftform ohne Belang. Im Rahmen der Urkunde ist demnach weder der Nachweis der Vertretungsmacht noch die Kenntlichmachung der Art des Vertretungsverhältnisses erforderlich.[337]

Im Wesentlichen ergeben sich für die Stellvertretung daher zwei Schriftformanforderungen: Die in der Urkunde verkörperte Willenserklärung muss zum einen erkennen lassen, dass sie nicht (nur) im eigenen Namen abgegeben wurde und zum anderen, in wessen Namen der Vertreter gehandelt hat.[338] Allerdings war jedoch lange Zeit unklar, ob und wie die Stellvertretung in der Urkunde gekennzeichnet werden muss, um diesen Anforderungen gerecht zu werden. Im Mittelpunkt stand und steht dabei regelmäßig die Frage, unter welchen Umständen der Unterschrift des Vertreters zusätzlich ein die Vertretung ausdrücklich kennzeichnender Zusatz[339] beigefügt werden muss. Nach zutreffender Ansicht des Bundesgerichtshofes[340] ist ein derartiger Vertretungszusatz nicht in jedem Fall erforderlich. Vielmehr ist es eine im Wege der Auslegung im Sinne der §§ 133, 157 BGB zu klärende Frage, ob die Vertretung hinreichend deutlich in der Urkunde verlautbart wurde.[341] Denn gemäß § 164 Abs. 1 S. 2 BGB ist es nicht

---

334 BGH NZM 2002, 950 (952); *Lammel*, in: Schmidt-Futterer, § 550 BGB Rn. 25.

335 Vergleiche hierzu die zutreffende Differenzierung zwischen den Formulierungen „Zustandekommen des Vertrages“ für die äußere Form und „Wirksamkeit des Vertrages“ für die innere Form in *Kuckein*, NZM 2010, 148 (150).

336 BGH NZM 2008, 483 (483).

337 BGH NZM 2007, 837 (838); anders offenbar *Kraemer*, NZM 2002, 465 (471).

338 *Kuckein*, NZM 2010, 148 (151).

339 BGH NZM 2005, 502 (502); BGH NJW 2002, 3389 (3391).

340 BGHZ 176, 301 (305, 307).

341 BGHZ 125, 175 (180).

erforderlich, dass der Vertreter ausdrücklich im Namen des Vertretenen handelt. Ausreichend ist insoweit, dass sich das Vertretungsverhältnis aus den Umständen ergibt. Dabei dürfen zur Auslegung zwar grundsätzlich auch außerhalb der Urkunde liegende Umstände herangezogen werden.[342] Wegen des Schriftformerfordernisses müssen sich diese allerdings aus der Urkunde selbst ergeben und in ihr daher zumindest angedeutet sein.[343] Nach herrschender Meinung[344] muss also anhand der Urkunde hinreichend bestimmbar sein, für wen als Vertragspartei die verkörperte Erklärung abgegeben wurde.

Unter welchen Umständen für die Bestimmbarkeit ein entsprechender Vertretungszusatz erforderlich ist, wurde vor allem im Rahmen der jüngeren Rechtsprechung[345] und Literatur[346] kontrovers diskutiert. Unklar scheint diese Thematik insbesondere deshalb, weil sie keiner einheitlichen Definition zugänglich ist. Vielmehr ist bei der Frage nach der Notwendigkeit eines Vertretungszusatzes danach zu differenzieren, wer als Vertragspartei auftritt. Je nachdem, ob es sich um eine natürliche Person oder eine Personenmehrheit handelt, ergeben sich unterschiedliche Anforderungen, wobei innerhalb letztgenannter Fallgruppe wiederum zwischen den einzelnen Gesellschaftsformen zu unterscheiden ist. Verstärkt wird diese Problematik durch die vielen unterschiedlichen Kriterien, die bei der Beurteilung einer Fallkonstellation zu berücksichtigen und in Relation zu setzen sind. Letztlich basiert jede der zahlreichen hierzu ergangenen Entscheidungen des Bundesgerichtshofes auf einer Gesamtschau folgender, sich im Einzelfall aus der Urkunde ergebenden Kriterien: Bezeichnung der vertretenen Vertragspartei im Rubrum, im Vertragstext und in der Unterschriftenzeile auf

---

342 BGH NZM 2002, 950 (952).

343 Zur sogenannten Andeutungstheorie siehe die Ausführungen bei: *Einsele*, in: MüKo-BGB, § 126 Rn. *Lindner-Figura*, in: Geschäftsraummiete, Kap. 6 Rn. 34; *Emmerich*, in: Staudinger, § 550 Rn. 12, 27; *Kuckein*, NZM 2010, 148 (151).

344 BGHZ 176, 301 (307 f.); *Lindner-Figura*, in: Geschäftsraummiete, Kap. 6 Rn. 34; *Jacoby*, NZM 2011, 1 (3).

345 Zur AG: Urt. v. 22.04.2015 (BGHZ 205, 99), Urt. v. 04.11.2009 (BGHZ 183, 67); Zur GmbH: Urt. v. 19.09.2007 (BGH NZM 2007, 837), Urt. v. 06.04.2005 (BGH NJW 2005, 2225); Zur GbR: Urt. v. 07.05.2008 (BGHZ 176, 301); Urt. v. 05.11.2003 (BGH, NJW 2004, 1103), Urt. v. 16.07.2003 (BGH NJW 2003, 3053); Zur Erbengemeinschaft: Urt. v. 11.09.2002 (BGH NZM 2002, 950); Eheleute: Urt. v. 22.02.1994 (BGHZ 125, 175); Zur (Rechtsanwalts-)Partnerschaft: Urt. v. 07.05.2008 (BGH NJW 2008, 2178).

346 *Birnbach*/Gassert, MDR 2010, 727 (727 ff.); *Dittert*, in: BeckOGK-BGB, § 550 Rn. 35–54; *Emmerich*, in: Staudinger, § 550 Rn. 11–13e; Jacoby, NZM 2011, 1 (1 ff.); *Kuckein*, NZM 2010, 148 (148 ff); *Schraufl*, NZM 2005, 443 (443 ff.).

der einen Seite und die Unterschrift des Vertreters auf der anderen Seite. Nicht zuletzt lässt sich die bestehende Unsicherheit des Rechtsverkehrs auf die vielen denkbaren Grenzfälle zurückführen. Allgemeine Grundsätze lassen sich anhand der jeweiligen Einzelfallentscheidungen nur schwer erfassen. Vielmehr bedarf es hierfür einer vergleichenden Betrachtung der sich voneinander abgrenzenden Urteile. Im Folgenden soll daher eine systematische Darstellung der zwar konsequenten und überzeugenden, aber teils unübersichtlichen Rechtsprechung des Bundesgerichtshofes erarbeitet werden.

aa) Eine natürliche Person als Vertreter

Tritt als Vertragspartei eine natürliche Person auf, wird der Vertrag aber durch eine andere Person unterschrieben, ist ein Vertretungszusatz nicht erforderlich. Denn sofern der Unterzeichnende bei der als „Mieter" oder „Vermieter" bezeichneten Unterschriftenzeile unterschreibt, selbst aber nicht als Partei aufgeführt ist, kann dies nur bedeuten, dass die in der Urkunde aufgeführte Vertragspartei durch ihn vertreten werden soll.[347] Gleiches gilt, wenn eine natürliche Person für eine als Vertragspartei auftretende juristische Person unterzeichnet. Da sie als rechtliches Gebilde selbst nicht handlungsfähig ist, ist auch in diesem Fall – ohne entsprechende Kennzeichnung der Vertretung – offensichtlich, dass die Unterschrift für die juristische Person abgegeben werden soll.[348]

bb) Personenmehrheiten

Probleme ergeben sich insbesondere bei Personenmehrheiten. Hier müssen zwei Punkte berücksichtigt werden: Treten auf einer Vertragsseite mehrere Personen auf, stellt sich zum einen die Frage nach der ordnungsgemäßen Bezeichnung der Vertragspartei, da sich diese als eine der wesentlichen Vertragsbestimmungen hinreichend bestimmbar aus der Urkunde ergeben muss. Zum anderen ist zu klären, unter welchen Umständen eine Vertretung im Rahmen der Unterschriftenzeile kenntlich gemacht werden muss.[349] Die Schriftform kann nur dann als gewahrt gelten, wenn eine Kongruenz zwischen den Angaben zur Vertragspartei und der Unterschrift besteht.[350]

---

347 BGHZ 176, 301 (308).

348 BGH NZM 2007, 837 (838), 1. Leitsatz; BGHZ 176, 301 (309); *Dittert*, in: BeckOGK-BGB, § 550 Rn. 51.

349 *Emmerich*, in: Staudinger, § 550 Rn. 13.

350 *Birnbach/Gassert*, MDR 2010, 727 (728).

Bei auftretenden Personenmehrheiten gibt es häufig das Problem, dass eine Urkunde, welche lediglich die Unterschrift eines von mehreren Beteiligten enthält, ohne entsprechenden Vertretungszusatz oftmals unvollständig erscheint. Unterschreibt nur einer von mehreren Vermietern oder Mietern bzw. einer von mehreren Gesellschaftern, ist häufig nicht ersichtlich, ob der Unterzeichnende lediglich in eigenem Namen oder auch zugleich als Vertreter handeln möchte. So ist ungewiss, ob der Vertrag bereits im Wege des Vertreterhandelns zustande gekommen ist oder ob hierfür noch die Unterzeichnung der weiteren Beteiligten erforderlich ist.[351]

Bei einer Gesellschaft ist im Rahmen der Auslegung daher streng zu unterscheiden, ob die unterzeichnende Person für die Gesellschaft oder als Vertreter der einzelnen Gesellschafter handelt. Denn nur in letztgenanntem Fall können sich Zweifel an der Vollständigkeit der Urkunde ergeben: Sofern die Urkunde einen Hinweis auf Gesamtvertretung enthält, bedarf die Unterschrift eines der vertretungsberechtigten Mitglieder zwingend der Angabe eines Vertretungszusatzes, da seine Erklärung andernfalls lediglich als Teilerklärung verstanden werden kann.[352] Erfolgt die Unterschrift für die Gesellschaft, ist grundsätzlich von einer Einzelvertretung auszugehen, sodass ein Vertretungszusatz nicht erforderlich ist.

Welche konkreten Merkmale ein Vertretungszusatz aufweisen muss, ließ der Bundesgerichtshof im Ergebnis allerdings offen. Er verdeutlicht jedoch, dass hieran keine allzu hohen Anforderungen zu stellen sind. Erforderlich, aber auch ausreichend sei der neben der Unterschrift angebrachte Vermerk „i. V.".[353] Ein ausreichender Vertretungszusatz sei sogar dann gegeben, wenn neben der Unterschrift eines Gesellschafters der Betriebsstempel beigefügt ist, durch welchen hinreichend zum Ausdruck kommt, dass die Unterschriftenleistung zugleich im Namen der übrigen Gesellschafter erfolge.[354]

Nachdem die Notwendigkeit eines Vertretungszusatzes in Zusammenhang mit den Vertretungsregelungen steht, ergeben sich für die einzelnen Gesellschaftsformen folgende Regel-Ausnahme-Verhältnisse: Erforderlich ist ein Vertretungsvermerk grundsätzlich bei der GbR und bei Personenmehrheiten ohne eigene Rechtspersönlichkeit. Bei der Vertretung juristischer Personen und Handelsgesellschaften bedarf es hingegen grundsätzlich keiner Kenntlichmachung

---

351 BGH NZM 2008, 482 (483); BGH NJW 2007, 3346 (3347).

352 *Jacoby*, NZM 2011, 1 (3).

353 BGHZ 183, 67 (72).

354 BGH NJW 2013, 1082 (1082 f.); kritisch dagegen *Schraufl*, NZM 2005, 443 (443).

der Vertretung. Anders ist der Sachverhalt nur dann zu beurteilen, wenn in der Urkunde ein Hinweis auf Gesamtvertretung enthalten ist, weil die Vertretungsregelungen etwa explizit benannt sind.

(1) Erbengemeinschaft

Treten auf einer Vertragsseite mehrere Erben als Personenmehrheit auf, stellt sich zunächst die Frage, wer als Vertragspartei zu bezeichnen ist. Die Erbengemeinschaft stellt kein eigenständiges Rechtssubjekt dar, sondern eine gesamthänderisch gebundene Personenmehrheit, sodass der Mietvertrag nur im Namen der Miterben geschlossen werden kann.[355] Demnach reicht die bloß allgemeine Bezeichnung als „Erbengemeinschaft" in der Kopfzeile nicht aus, sofern die einzelnen Mitglieder nicht zusätzlich benannt sind.[356]

Neben der korrekten Bezeichnung der Vertragsparteien ist bei einer auftretenden Personenmehrheit für die Wahrung der Schriftform auch die Unterzeichnung sämtlicher Vertragsparteien notwendig. Nicht ausreichend ist daher die Unterschrift lediglich eines Miterben ohne entsprechenden Vertretungszusatz.[357] Ohne ihn lässt sich der Erklärung nämlich nicht entnehmen, dass sie darüber hinaus auch mit Vertretungswillen erfolgt. Enthält die Urkunde keinen entsprechenden Hinweis, lässt sie daher nicht den Schluss zu, dass die übrigen Beteiligten ordnungsgemäß vertreten wurden. Sie erweckt vielmehr den Eindruck, dass es für das Zustandekommen des Vertrages noch deren Unterschrift bedarf, die Urkunde also (noch) unvollständig ist. Diese Grundsätze sind entsprechend bei sonstigen Personenmehrheiten ohne eigene Rechtspersönlichkeit anzuwenden, insbesondere bei Ehegatten.[358]

Noch nicht in der Rechtsprechung geklärt ist bislang der Fall, in dem anstatt eines Beteiligten der Personenmehrheit ein Dritter den Vertrag unterschreibt. Da die Unterschrift eines am Vertrag nicht beteiligten Dritten keinen eigenen Erklärungswert enthält, der Dritte also denknotwendig als Vertreter auftritt, ist wohl davon auszugehen, dass seine Unterschrift – auch ohne entsprechenden Vertretungszusatz – im Namen aller Beteiligter abgegeben wurde.[359]

---

355 BGH NJW 2006, 3175 (3175); BGH NZM 2002, 950 (951); *Emmerich*, in: Staudinger, § 550 Rn. 13e.

356 BGH NZM 2006, 699 (699); BGH NZM 2002, 950 (952).

357 BGH NZM 2006, 699 (699); BGH NZM 2002, 950 (952); dem zustimmend *Jacoby*, NZM 2011, 1 (3); anders offenbar *Emmerich*, in: Staudinger, § 550 Rn. 13b, 13e.

358 BGHZ 125, 175, 178 f.

359 *Jacoby*, NZM 2011, 1 (3).

(2) Gesellschaft bürgerlichen Rechts

Ähnlich strenge Grundsätze stellte der Bundesgerichtshof für die BGB-Gesellschaft auf. Im Unterschied zur Erbengemeinschaft handelt es sich bei ihr um ein eigenständiges Rechtssubjekt, das selbst rechtsfähig ist[360] und daher Vertragspartei sein kann. Für die ordnungsgemäße Bezeichnung der Vertragspartei müssen die einzelnen Gesellschafter daher nicht aufgeführt werden. Ausreichend ist die Angabe des Namens, unter dem die Gesellschaft im Rechtsverkehr auftritt.

Auch bei der GbR fordert der Bundesgerichtshof grundsätzlich einen die Vertretung kennzeichnenden Zusatz, sofern der Vertrag nur durch einen Gesellschafter unterzeichnet wird, in der Urkunde aber mehrere Gesellschafter angegeben sind.[361] Grund hierfür ist die gesetzliche Anordnung der Gesamtvertretung, §§ 709 Abs. 1, 714 BGB.[362] Ihretwegen ist im Regelfall davon auszugehen, dass die einzelnen Gesellschafter, die bei einer GbR regelmäßig im Rubrum aufgeführt sind, in Gesamtvertretung handeln. Dabei spielt es keine Rolle, ob sie explizit als Vertreter benannt werden, wie etwa bei der Bezeichnung „GbR XY, bestehend aus den Gesellschaftern A und B“[363] oder ob sie im Namen der GbR mit aufgeführt werden, wie dies beispielsweise bei der Bezeichnung „A & B GbR“[364] der Fall ist. Unterschreibt nur einer dieser Gesellschafter, lässt sich der Urkunde ohne entsprechenden Vertretungsvermerk nicht entnehmen, ob sie bereits vollständig ist.[365]. Etwas Anderes kann nur dann gelten, wenn die Urkunde einen ausdrücklichen Hinweis auf eine etwaige Einzelvertretungsberechtigung der unterzeichnenden Partei enthält.[366]

Hiervon ist allerdings der Fall zu unterscheiden, dass ein Gesellschafter nicht lediglich in Vertretung für einen anderen gesamtvertretungsberechtigten Gesellschafter, sondern als Einzelvertreter für die Gesellschaft unterzeichnet. In diesem Fall wird auch ohne entsprechenden Vertretungshinweis deutlich, dass die Unterschrift mit rechtsgeschäftlichem Vertretungswillen für die im Rubrum

360 BGH NJW 2001, 1056 (1056).

361 BGHZ 176, 301 (308); BGH NJW 2004, 1103 (1103); BGH NJW 2003, 3053 (3054).

362 Kritisch dagegen *Jacoby*, NZM 2011, 1 (4), der dem bloßen gesetzlichen Regelfall angesichts der etwaig abweichenden satzungsmäßigen Vertretungsregelungen keine Indizwirkung entnehmen möchte, weshalb ein Gesellschafter der GbR grundsätzlich als Einzelvertreter auftrete.

363 *Jacoby*, NZM 2011, 1 (4).

364 *Jacoby*, NZM 2011, 1 (5).

365 BGHZ 205, 99 (103); BGHZ 176, 301 (308).

366 Umkehrschluss aus BGH NZM 2003, 3053 (3054).

aufgeführte Gesellschaft erfolgen soll.[367] Im Rahmen der Auslegung kann allerdings nur dann von einer derartigen Einzelvertretung ausgegangen werden, wenn die Urkunde keine Angaben über die einzelnen Gesellschafter der GbR enthält, weil sich in diesem Fall anhand der Urkunde keine Zweifel an der Vollständigkeit der Unterschriftenleistung ergeben können. Denkbar wäre dies nur für den seltenen Fall, dass diese lediglich mit einem Fantasienamen bezeichnet wird.[368] Nachdem die GbR aber weder in das Handelsregister noch in andere öffentliche Register einzutragen ist, entspricht es der Regel, dass ihre Gesellschafter im Namen derselben mitaufgeführt werden. Folglich bedarf es bei der Vertretung der GbR grundsätzlich der expliziten Kenntlichmachung der Vertretung.

(3) Juristische Personen

Weniger strenge Anforderungen stellt der Bundesgerichtshof bei der GmbH und der AG. Als Vertragspartei tritt hier nicht eine Personenmehrheit, sondern eine juristische Person auf, die durch einen oder mehrere Gesellschaftervertreten wird. Bezeichnet wird sie daher unter Angabe der Firma im Sinne des § 17 Abs. 1 HGB, unter der die Gesellschaft im Handelsregister eingetragen ist.[369] Daher werden die einzelnen Gesellschafter – im Unterschied zur GbR – im Rubrum grundsätzlich nicht aufgeführt. Die Unterzeichnung lediglich eines Gesellschafters bedarf in der Regel keines Vertretungszusatzes, da offensichtlich ist, dass dieser die Gesellschaft vertritt.[370] Etwas Anderes gilt jedoch bei einem in der Urkunde enthaltenen Gesamtvertretungshinweis.

Ist Vertragspartei eine GmbH oder AG, ist danach zu differenzieren, ob im Rubrum oder innerhalb des Vertragstextes der Urkunde Angaben zur Vertretungsregelung enthalten sind.[371] Findet sich innerhalb der Vertragsurkunde kein

---

367 Diese Fallkonstellation wurde vom Bundesgerichtshof für die GbR zwar bislang nicht entschieden, allerdings sind die in der Entscheidung zur GmbH aufgestellten Grundsätze in BGH NZM 2007, 837 (838) entsprechend bei der GbR heranzuziehen; siehe hierzu ebenso die Ausführungen bei *Jacoby*, NZM 2011, 1 (5) und *Dittert*, in: BeckOGK-BGB, § 550 Rn. 51; kritisch hingegen *Kuckein*, NZM 2010, 148 (151), der die Unterzeichnung lediglich eines Dritten dem Fall gleichsetzt, dass nur ein Gesellschafter die Urkunde unterzeichnet hat.

368 *Jacoby*, NZM 2011, 1 (5).

369 *Emmerich*, in: Staudinger, § 550 Rn. 13a.

370 Zur GmbH: BGH NZM 2007, 837 (838); BGH NZM 2005, 2225 (2226); Zur AG: BGHZ 205, 99 (105).

371 Siehe hierzu die ausdrückliche vom Bundesgerichtshof vorgenommene Unterscheidung in BGHZ 205, 99 (104); *Dittert*, in: BeckOGK-BGB, § 550 Rn. 48 fordert eine Unterscheidung im Hinblick auf die Angaben im Rubrum, allerdings nur für die AG.

Hinweis auf eine Gesamtvertretung der Geschäftsführer einer GmbH bzw. der Vorstände einer AG, ist davon auszugehen, dass eine unterzeichnende Person als Einzelvertreter für die juristische Person auftritt. Grundsätzlich kann also der alleinige Geschäftsführer einer GmbH oder das alleinige Vorstandsmitglied einer AG ohne entsprechenden Vertretungsvermerk unterzeichnen. Dieser ist entbehrlich, da keine Zweifel an der Vollständigkeit der Unterschriftenleistung entstehen können. Grundsätzlich ist zwar sowohl für die GmbH (§ 35 Abs. 2 S. 1 GmbHG) wie für die AG (§ 78 Abs. 2 S. 1 AktG) die Gesamtvertretung mehrerer Geschäftsführer bzw. Vorstände vorgesehen. Allerdings kann der Vorstand einer AG gemäß § 76 Abs. 2 AktG auch nur aus einer Person bestehen.[372] Entsprechendes gilt gemäß § 6 Abs. 1 GmbHG für die GmbH. Ist im Rubrum also lediglich die Gesellschaft als Vertragspartei aufgeführt, ohne vertretungsberechtigte Gesellschafter zu benennen, kann die Unterschrift auf der mit „Mieter" oder „Vermieter" gekennzeichneten Unterschriftenzeile nur bedeuten, dass die unterzeichnende Person die im Rubrum als „Mieter" oder „Vermieter" aufgeführte Gesellschaft allein vertreten möchte und es insofern nicht der Unterschrift weiterer Personen bedarf.[373] Dies gilt selbst dann, wenn die durch Auslegung ermittelte Einzelvertretung nicht mit der aus dem Handelsregister ersichtlichen Vertretungsregelung übereinstimmt, da es im Rahmen der Schriftform auf die tatsächlichen Vertretungsregelungen gerade nicht ankommt.[374] Zu einem anderen Ergebnis würde man nur dann kommen, wenn die Mietvertragsurkunde wiederum selbst auf das Handelsregister Bezug nimmt. Denn dann ergäbe sich der Mangel der Vertretungsberechtigung aufgrund der bestehenden Inkongruenz wiederum unmittelbar aus der Urkunde selbst, sodass ein Schriftformverstoß zu bejahen wäre.[375]

Anders gestaltet sich der Sachverhalt, wenn die Urkunde einen Gesamtvertretungshinweis enthält. Dies ist dann der Fall, wenn die im Rubrum aufgeführte Bezeichnung der Gesellschaft etwa durch folgende Angabe über die Vertretungsregelung ergänzt wird: „AG X, vertreten durch die Vorstände Y und Z".[376] Der Unterzeichnende unterschreibt dann offensichtlich nicht mehr als Einzelvertreter für die Gesellschaft, sondern als einer der beiden genannten

372 BGHZ 205, 99 (104 f.).
373 BGHZ 205, 99 (105).
374 BGHZ 205, 99 (105).
375 *Jacoby*, NZM 2011, 1 (3).
376 BGHZ 183, 67 (67).

gesamtvertretungsberechtigten Beteiligten, sodass die Urkunde ohne entsprechenden Vertretungszusatz nicht vollständig wäre.[377]

Hiervon abzugrenzen ist aber wiederum der Fall, dass trotz der Nennung zweier vertretungsberechtigter Personen im Rubrum ein Dritter die Urkunde unterzeichnet. Setzt er seine Unterschrift nämlich in der mit „Mieter" oder „Vermieter" gekennzeichneten Unterschriftenzeile, die also auf die Gesellschaft und nicht etwa auf die im Rubrum zusätzlich bezeichneten Personen verweist, ist es nach Ansicht des Bundesgerichtshofes[378] auch in diesem Fall offensichtlich, dass der Dritte, der selbst weder als Vertragspartei noch als Gesamtvertreter in der Urkunde genannt ist, als Vertreter der Gesellschaft handeln möchte. Die Frage, ob er die Unterschrift nur für sich oder zugleich in Vertretung leistet, stellt sich hier nicht.

Die in diesem Abschnitt enthaltenen Ausführungen sind gleichermaßen auch für die OHG und KG heranzuziehen.[379] Ein entsprechender Gesamtvertretungshinweis ist in diesem Fall bereits deshalb nicht notwendig, weil die Einzelvertretungsmacht, im Unterschied zu den zuvor genannten Kapitalgesellschaften, bei den Personengesellschaften gemäß § 125 HGB ohnehin die gesetzliche Regel darstellt.[380]

3. *Zwischenergebnis*

Eine die äußere Form wahrende Urkunde erfordert die eigenhändige Unterzeichnung aller Mieter und Vermieter. Tritt auf einer Vertragsseite ein Vertreter auf, lassen sich die Anforderungen im Wesentlichen wie folgt zusammenfassen: Erstens ist der Vertreter Aussteller der Urkunde und muss sie daher eigenhändig unterzeichnen (eigene Willenserklärung). Zweitens muss die Vertretung einer Vertragspartei erkennbar aus der Urkunde hervorgehen (im fremden Namen). Ob der Vertreter drittens, wie es eine materiell wirksame Vertretung nach § 164 Abs. 1 S. 1 BGB üblicherweise erfordert, vertretungsberechtigt ist, ist im Rahmen der Schriftform hingegen ohne Belang. Notwendig ist weder der Nachweis

---

377 BGHZ 183, 67 (71 f.); kritisch dagegen *Emmerich*, in: Staudinger, § 550 Rn. 13b, der einen Vertretungszusatz grundsätzlich für entbehrlich hält.

378 BGH NZM 2007, 837 (838); kritisch dagegen *Kuckein*, NZM 2010, 148 (151 f.), nachdem zu berücksichtigen sei, dass die Unterschrift des Dritten ebenso nur als Vertreter eines der in der Urkunde aufgeführten Geschäftsführers erfolgt haben könne und die Urkunde insofern unvollständig zu sein drohe.

379 *Emmerich*, in: Staudinger, § 550 Rn. 13b, *Lindner-Figura*, in: Geschäftsraummiete, Kap. 6 Rn. 26a.

380 *Jacoby*, NZM 2011, 1 (5).

der Vertretungsmacht noch die Kenntlichmachung der Art des Vertretungsverhältnisses. Auch ein vollmachtloser Vertreter kann damit eine formgerechte Vertragsurkunde erstellen.

Es muss also anhand der Urkunde hinreichend bestimmbar sein, für welche Vertragspartei die verkörperte Willenserklärung abgegeben wurde. Dabei dürfen zur Auslegung auch außerhalb der Urkunde liegende Umstände herangezogen werden, sofern sie in der Urkunde selbst angedeutet sind (sogenannte Andeutungstheorie). Bei auf einer Vertragsseite auftretenden Personenmehrheiten müssen insofern zwei Kriterien beachtet werden. Die ordnungsgemäße Bezeichnung der Vertragspartei und die Frage nach der Notwendigkeit eines die Vertretung kennzeichnenden Zusatzes. Ein derartiger Vertretungszusatz ist immer dann erforderlich, wenn die Urkunde einen Hinweis auf eine bestehende Gesamtvertretung enthält, da sich andernfalls Zweifel an der Vollständigkeit ergeben. Bei Personenmehrheiten ohne eigene Rechtspersönlichkeit müssen im Rubrum immer die einzelnen Mitglieder aufgeführt sein, mit denen der Mietvertrag zustande kommt. Bei einer GbR oder einer Handelsgesellschaft ist hingegen die Angabe des Namens bzw. der Firma ausreichend, da diese selbst Vertragsparteien sein können. Ein Vertretungszusatz ist regelmäßig aber sowohl bei Personenmehrheiten ohne eigene Rechtspersönlichkeit als auch bei der GbR notwendig. Im Gegensatz hierzu bedürfen juristische Personen und Handelsgesellschaften grundsätzlich keiner Kenntlichmachung der Vertretung.

Wie bereits zuvor erwähnt, kann zwar eine Auslegung des Formgebots, die seinen Missbrauch zur Vertragsreue eindämmt, im Ergebnis kaum Bedenken begegnen. Ein Blick in die Praxis zeigt jedoch, dass die zahlreichen Erleichterungen und detailreichen Einzelvorgaben des Bundesgerichtshofes nicht zu einem besseren Verständnis des Rechtsverkehrs geführt haben. Vielmehr scheint sich hierdurch eine derart praxisfeindliche Komplexität entwickelt zu haben, dass die Beurteilung der einzelnen Formvorgaben selbst dem juristisch geschulten Rechtsverkehr häufig Schwierigkeiten bereitet. Die bestehende Einzelfallrechtsprechung sollte insofern nicht weiter ausgeformt, sondern künftig wieder auf die wesentlichen Schriftformvorgaben zurückgeführt werden.

B. Wesentlicher Vertragsinhalt

Eine die äußere Form wahrende Urkunde erfordert nicht nur die Unterzeichnung einer einheitlichen Urkunde. Sie muss darüber hinaus auch den gesamten wesentlichen Vertragsinhalt umfassen. Fehlt es an der schriftlichen Niederlegung einer wesentlichen Vertragsabrede, führt dies gemäß § 550 S. 1 BGB zum Wegfall der Befristung. Im Folgenden wird daher aufgezeigt, welche inhaltlichen

Schriftformanforderungen an einen Mietvertrag zu stellen sind. Die Abgrenzung des formbedürftigen Vertragsinhalts bereitet dem Rechtsverkehr erhebliche Schwierigkeiten. Es ist deshalb notwendig, im Folgenden zunächst die zur Bestimmung des formbedürftigen Vertragsinhalts entwickelten allgemeinen Kriterien darzustellen, damit hierauf beruhend sodann ein Überblick über die einzelnen Vertragsbestimmungen verschafft werden kann.

I. Umfang des formbedürftigen Vertragsinhaltes

Für den Umfang des formbedürftigen Vertragsinhaltes kommt es maßgeblich auf die Essentialia und die wesentlichen Nebenabreden des Vertrages an, die hinreichend bestimmbar sein müssen.

1. Essentialia und wesentliche Nebenabreden

Grundsätzlich erstreckt sich das Schriftformerfordernis des § 126 BGB auf das gesamte Rechtsgeschäft. Das bedeutet, dass nicht nur diejenigen Bestimmungen der Schriftform unterliegen, deren Vorliegen für einen wirksamen Vertragsschluss zwingend sind, sondern darüber hinaus auch sämtliche Nebenabreden, aus denen sich der Mietvertrag nach dem Willen der Parteien insgesamt zusammensetzen soll.[381] Diese sehr weit gefasste Regelung wird mitunter von der Rechtsprechung dahingehend eingeschränkt, dass das Formerfordernis nur insoweit zur Anwendung kommt, wie es der ihr zugrunde liegende Zweck erfordert.[382] In diesem Zusammenhang wird insbesondere der Erwerberschutz relevant. Es ist im Hinblick auf das Schriftformerfordernis des § 550 BGB deshalb vor allem danach zu fragen, welche Vertragsbestimmungen in der Urkunde niedergelegt sein müssen, um dem Informationsinteresse eines späteren Grundstückserwerbers entsprechen zu können.[383] Denn Sinn und Zweck dieser Norm besteht vorrangig darin, dass für einen potentiellen Erwerber die Bedingungen aus der Mietvertragsurkunde ersichtlich sein müssen, in welche er gemäß § 566 BGB kraft Gesetzes eintritt. Allerdings erschöpft sich der Schutzzweck der Norm – wie im zweiten Kapitel unter D. II. 4.[384] dargestellt – nicht allein im Informationsinteresse des Erwerbers, sondern bezweckt auch den Schutz der Mietvertragsparteien. Obwohl die Beweis- und die Warnfunktion als sekundäre

381 Motive I, S. 183; *Hertel*, in: Staudinger, § 126 Rn. 82 f.

382 *Hertel*, in: Staudinger, § 126 Rn. 84 f.

383 BGH NZM 2018, 515 (517); BGH NZM 2016, 98 (99); BGH NZM 2007, 443 (444); *Lammel*, in: Schmidt-Futterer, § 550 Rn. 35.

384 Siehe hierzu die Ausführungen auf S. 69–70.

Zwecke in den Hintergrund rücken, sind sie dennoch im Rahmen der Auslegung – wenn auch nicht primär – zu berücksichtigen.[385] Daraus folgt, dass sich die Formbedürftigkeit nicht ausschließlich nach dem Interesse eines Grundstückserwerbers richtet, sondern auch dann formbedürftig sein kann, wenn ein Erwerber hierdurch nicht unmittelbar tangiert wird.[386]

Nach ständiger Rechtsprechung des Bundesgerichtshofes[387] ist für die Wahrung der Schriftform des § 550 BGB erforderlich, dass der wesentliche Vertragsinhalt in der Urkunde niedergelegt ist. Maßgeblich ist also das Merkmal der Wesentlichkeit: Vom Schriftformerfordernis umfasst sind daher in jedem Fall die Essentialia des Vertrages, das heißt die Mietparteien, der Mietgegenstand, die Mietdauer und die Miete. Darüber hinaus gilt dies aber auch für die Nebenabreden, die den Vertragsinhalt gestalten und nach dem Willen der Parteien wesentliche Bedeutung haben sollen.[388] Ebenfalls bedarf auch eine spätere Änderung oder Ergänzung dieser wesentlichen Vertragsbestimmungen der Einhaltung der Schriftform.[389] Von der Schriftform ausgenommen sind nur solche Vertragsbestimmungen, die lediglich von „nebensächlicher Bedeutung"[390] sind. Wann eine Vertragsbestimmung als wesentlich anzusehen ist, wird dabei anhand objektiver Kriterien bewertet. Auf die rechtliche Beurteilung der Parteien kommt es indes nicht an, da die Schriftformanforderungen nicht zu deren Disposition stehen.[391]

---

385 *Emmerich*, in: Staudinger, § 550 Rn. 3a; *Lammel*, in: Schmidt-Futterer, § 550 Rn. 4.

386 Nach zutreffender Ansicht des OLG Braunschweig in NZM 2016, 197 (197) spielt es demnach keine Rolle, wenn eine wesentliche Vertragsänderung dem Vermieter (und damit auch einem potenziellen Erwerber) keine weitergehenden mietvertraglichen Verpflichtungen auferlegt. Ein anderer Maßstab ergibt sich hingegen bei den Anhängern der strengeren Ansicht, welche die Beweis- und die Warnfunktion nicht als Schutzzweck des § 550 BGB, sondern als bloße Wirkung verstehen. Demnach sollen sich die Ursprungsparteien nur dann auf einen Formmangel berufen können, wenn der Mietvertrag nicht eine dem Schutz des potentiellen Grundstückserwerbers geeignete Form wahrt, siehe etwa: *Reingardt*, Das Schriftformerfordernis nach § 550 BGB, S. 71, 83. Hierdurch würde der Anwendungsbereich der Formvorschrift allerdings in erheblichem Maße eingeschränkt, ohne dass für die Parteien eine klare und nachvollziehbare Grenze bestünde, sodass diese Ansicht zur Einschränkung der Rechtsklarheit und damit Rechtssicherheit führen würde.

387 BGH NJW 2016, 311 (311); BGH NJW 2010, 1518 (1518); BGH NZM 2008, 482 (483); BGH NJW 2000, 1105 (1106); BGHZ 142, 158 (161).

388 BGH NJW 2016, 311 (313).

389 BGH NJW 2016, 311 (311).

390 BGH NZM 2008, 482 (483).

391 BGHZ 142, 158 (165 f.).

Während diese vom Bundesgerichtshof vorgenommene Einschränkung im Schrifttum zwar prinzipiell befürwortet wird, sieht sie sich dennoch häufig insoweit Kritik ausgesetzt, dass die aufgestellte Definition sehr abstrakt gehalten und die Grenze der Wesentlichkeit nicht klar konturiert sei, woraus eine erhebliche Rechtsunsicherheit resultiere.[392] Bei näherer Betrachtung solcher Entscheidungen, in denen Vertragsbestimmungen als „unwesentlich" und damit formfrei eingestuft wurden, zeigt sich allerdings, dass hierin stets nur solche Vereinbarungen behandelt wurden, die dogmatisch eindeutig nicht vom Anwendungsbereich des § 550 BGB erfasst sind. Insofern scheint eine klare Differenzierung – entgegen der vorgenannten Bedenken – möglich.[393] So sieht der Bundesgerichtshof die Einhaltung der Schriftform etwa immer dann als entbehrlich an[394], wenn es sich um lediglich kurzfristige (mit einer Geltungsdauer von unter einem Jahr), widerrufliche oder durch Zeitablauf bereits erledigte Vereinbarungen handelt. Entsprechendes gilt für erläuternde Vereinbarungen, die keinen eigenständigen Erklärungswert enthalten und insofern nicht als Vertragsvereinbarung zu werten sind. Gemein ist all diesen Fällen, dass im Hinblick auf die Schriftform weder ein Schutzbedürfnis für einen potentiellen Erwerber noch für die Ursprungsparteien selbst besteht. Es ist daher nur konsequent, diese Vereinbarungen als unwesentlich und damit mangels Schutzbedürftigkeit formfrei anzusehen. Hiervon zu unterscheiden ist allerdings die Frage, ob jene Vertragsbestimmungen, die vom Anwendungsbereich des § 550 BGB erfasst sind, auf ihre Wesentlichkeit hin überprüft werden können. Denkbar wäre es, eine lediglich geringfügige Änderung der Miete oder Fläche des Mietobjekts als unwesentlich und damit formfrei einzustufen. Allerdings würde eine derartige Abgrenzung innerhalb des Kernbereichs der Formvorschrift die Festlegung abstrakter Wesentlichkeitsgrenzen erfordern und insofern zu erheblichen Unsicherheiten im Rechtsverkehr führen.[395] Zu Recht verneint deshalb der Bundesgerichtshof[396] die Anerkennung

---

392 *Baumgarten/Engel*, MietRB 2011, 189 (189); *Günter*, NZM 2019, 561 (562); *Huneke*, NZM 2015, 478 (479); der Abgrenzung zwischen wesentlichen und unwesentlichen Vereinbarungen generell widersprechend: *Lammel*, in: Schmidt-Futterer, § 550 Rn. 33, nach dessen Meinung der formpflichtige Inhalt analog den Anforderungen zu § 311b BGB zu bestimmen sei.

393 *Huneke*, NZM 2015, 478 (481).

394 Zu den einzelnen Fallgruppen der unwesentlichen Vertragsbestimmungen sogleich ausführlich unter III.

395 *Huneke*, NZM 2015, 478 (480 f.).

396 BGH NJW 2016, 311 (312).

einer quantitativen Wesentlichkeitsgrenze und bejaht die absolute Geltung des Formerfordernisses.

2. *Bestimmbarkeit*

Nach ständiger Rechtsprechung[397] muss aber der wesentliche Vertragsinhalt in der Urkunde selbst nicht vollständig bestimmt sein. Ausreichend ist, wenn er zum Zeitpunkt des Vertragsschlusses durch Auslegung gemäß §§ 133, 157 BGB bestimmbar ist, sofern nur die notwendige Einigung in der Urkunde enthalten ist. Insoweit dürfen auch außerhalb der Urkunde liegende Umstände herangezogen werden, wenn sich der einschlägige Wille der Vertragsparteien in der Urkunde zumindest andeutungsweise[398] erkennen lässt. So kann die exakte Lage des Mietgegenstandes innerhalb eines Gebäudes mit mehreren Mieteinheiten etwa anhand der örtlichen Verhältnisse bestimmt werden, sofern die Fläche im Mietvertrag hinlänglich beschrieben ist.[399]

II. Wesentliche Vertragsbestimmungen

Zu den wesentlichen Vertragsbestimmungen gehören insbesondere die Essentialia des Vertrages – Mietparteien, Mietgegenstand, Mietdauer und Miete – wie auch die wesentlichen Nebenabreden.

1. *Mietparteien*

Die Parteien des Mietvertrages müssen während der gesamten Laufzeit – auch im Falle eines Wechsels – ordnungsgemäß in der Urkunde niedergelegt sein.

a) *Korrekte Bezeichnung*

Als notwendiger Bestandteil des Mietvertrages müssen die Mietvertragsparteien korrekt bezeichnet sein. Im vorherigen Abschnitt findet sich unter A. III. 2. bb) bereits eine ausführliche Darstellung zur Problematik, wie auf Seiten einer Vertragspartei auftretende Personenmehrheiten korrekt zu bezeichnen sind, sodass an dieser Stelle hierauf nicht erneut eingegangen wird. Die Bezeichnung einer Handelsgesellschaft erfolgt durch Angabe der Firma, mit der sie im Handelsregister eingetragen ist. Ebenso erfolgt die Bezeichnung einer GbR durch Angabe ihres Namens, unter dem die Gesellschaft im Rechtsverkehr auftritt.

---

397 BGH NZM 2008, 482 (483); BGH NJW 2006, 139 (140); BGH NZM 1999, 761 (762).
398 Zur sogenannten Andeutungstheorie siehe *Hertel*, in: Staudinger, § 126 Rn. 87.
399 BGH NZM 2001, 43 (44).

Bei Erbengemeinschaften oder sonstigen Personengesellschaften ohne eigene Rechtspersönlichkeit sind auf Seiten der Vertragspartei hingegen die einzelnen Personen zu benennen.

Eine namentliche Nennung der Vertragspartei kann allerdings dann entbehrlich sein, sofern sie anhand der Angaben in der Urkunde identifizierbar ist. Die Bestimmbarkeit der Vertragspartei erfordert allerdings eine so präzise Beschreibung, dass die betreffende Person zweifelsfrei festgestellt werden kann. Als ausreichend betrachtete der Bundesgerichtshof[400] insoweit etwa die abstrakte Beschreibung, dass Vermieter diejenigen Personen sein sollten, die das Grundstück vom Eigentümer erwerben. Anhand dieser Angaben kann nämlich der Vermieter zweifelsfrei ermittelt werden.

b) Änderung der Mietparteien

Wird der Mietvertrag auf eine andere Vertragspartei überschrieben oder tritt ein neuer Mieter in den Vertrag ein, stellt dies eine wesentliche Änderung dar und ist in einem schriftformkonformen Nachtrag festzuhalten. Wie bereits ausführlich unter A. II. 1. a) dargestellt ist hierfür allerdings ein zweiseitiger Vertrag ausreichend, wobei die erforderliche Zustimmung des Dritten formfrei erfolgen kann. Ein bloßer Namenswechsel oder eine Änderung des Gesellschafterbestands stellt allerdings keinen Wechsel der Vertragspartei dar und ist demnach nicht schriftformbedürftig.[401]

2. Mietgegenstand

Zu den wesentlichen Vertragsbestimmungen des Mietgegenstandes gehören insbesondere Angaben zu Lage und Beschaffenheit des Grundstücks sowie zu Änderungen in der Bauausführung.

a) Lage und Beschaffenheit

Aus der Mietvertragsurkunde muss sich konkret ergeben, was vermietet wird. Dies erfordert einerseits die genaue Bezeichnung der Lage[402] und andererseits die genaue Bezeichnung der Beschaffenheit[403] des Mietgegenstandes. Die Lage des Mietobjekts ergibt sich durch die Angabe der Anschrift oder der grundbruchmäßigen Bezeichnung der Immobilie sowie der genauen Angabe der

---

400 BGH NJW 2006, 140 (140 f.).
401 OLG Frankfurt a. M. BeckRS 2015, 7628; OLG Brandenburg BeckRS 2011, 07496.
402 BGH NJW 1999, 3257 (3259).
403 BGH NZM 1999, 761 (763).

vermieteten Flächen.[404] Hierzu gehören regelmäßig auch die angemieteten Kellerräume[405], Lagerflächen und Stellplätze[406]. Ausgenommen sind lediglich diejenigen Flächen, welche dem Mieter nicht exklusiv zur Verfügung stehen, sondern Gegenstand eines Mitbenutzungsrechtes sind, letztlich also alle Gemeinschaftsflächen.[407] Die Beschaffenheit des Mietobjekts meint die bauliche Ausgestaltung und Ausstattung der Räumlichkeiten.[408]

Ausreichend ist allerdings auch hier, dass der Mietgegenstand in der Urkunde hinreichend bestimmbar bezeichnet ist, sodass er im Wege der Auslegung zweifelsfrei ermittelt werden kann.[409] Dies ist dann der Fall, wenn sich die vermieteten Flächen anhand der Angaben im Mietvertrag oder durch die in Bezug genommenen Anlagen unter Berücksichtigung der örtlichen Verhältnisse feststellen lassen.[410] Es muss also jedem Dritten möglich sein, das Mietobjekt und dessen Umfang an Ort und Stelle identifizieren zu können.[411] Unproblematisch ist dies regelmäßig bei einer Einzelnutzung des Gebäudes, da insofern das gesamte Gebäude vermietet wird.[412] Auslegungsprobleme ergeben sich aber vor allem dann, wenn von mehreren Mietparteien jeweils nur bestimmte Teile des gesamten Mietobjekts angemietet werden. Die Bestimmbarkeit kann in diesen Fällen insbesondere die Angabe des Gebäudes, der Geschosszahl, der Lage, einer Größenangabe in Quadratmeter oder die Beifügung eines Grundrissplans mit einer darin eingezeichneten Umrandung erfordern. Entsprechendes gilt bei einer Änderung der Mietfläche. Wird eine Mietfläche nachträglich erweitert

404 *Dittert*, in: BeckOGK-BGB, § 550 Rn. 86; *Lindner-Figura*, NZM 2007, 705 (707).

405 Im Wohnraummietrecht stellt ein außerhalb der Wohnung gelegener Kellerraum, der nicht zu Wohnzwecken dient, nach Ansicht des Bundesgerichtshofes einen bloßen Neben- und Zubehörraum dar, sodass eine formlose Einigung über dessen Lage und Größe möglich sei: BGH NJW 2008, 1661 (1662). Für das Gewerberaummietrecht entschied hingegen das OLG Frankfurt a. M., dass die Nutzung eines Kellerraumes grundsätzlich mit der gewerblichen Nutzung der Mieträume zusammen hänge und somit einen wesentlichen Umstand darstelle, welcher der Schriftform unterliege: OLG Frankfurt a. M. NJOZ 2017, 93 (93); ebenso *Lindner-Figura*, in: Geschäftsraummiete, Kap. 6 Rn. 28.

406 LG Köln ZMR 1998, 432 (432); *Lindner-Figura*, NZM 2007, 705 (707).

407 Zur Mitbenutzung von Stellplätzen: BGH BeckRS 2007, 65112; zur Mitbenutzung einer Freifläche: BGH NZM 2001, 43 (43).

408 *Dittert*, in: BeckOGK-BGB, § 550 Rn. 86; *Lindner-Figura*, NZM 2007, 705 (707).

409 BGH NZM 2001, 43 (44); BGHZ 142, 158 (164).

410 BGH NZM 2001, 43 (44).

411 BGH NZM 2006, 104 (105); BGH NZM 2000, 36 (39).

412 BGH NZM 2007, 445 (445).

oder reduziert, so muss sich anhand eines schriftformkonformen Nachtrages eindeutig ergeben, welche neu hinzugenommene Fläche oder Teilfläche der bisherigen Gesamtfläche von der Vertragsänderung erfasst ist.[413] Bei Auslegung der Beschaffenheit des Gebäudes ist insbesondere auf die Baubeschreibung abzustellen, sofern dem Mietvertrag eine solche beigefügt ist.

Bei der Vermietung einer sich noch in der Planungs- und Errichtungsphase befindlichen Mietfläche, der sogenannten „Vermietung vom Reißbrett", gilt allerdings ein besonders strenger Maßstab. Denn in diesem Fall kann die tatsächliche Ausgestaltung der Räume zur Auslegung nicht herangezogen werden, sodass sich die notwendigen Angaben zum Mietobjekt bereits vollständig aus der Urkunde bestimmen lassen müssen.[414] Die Mietflächen sind deshalb besonders genau zu bezeichnen.[415] Im Unterschied wiederum hierzu ist ein weniger strenger Maßstab dann anzusetzen, wenn der Mieter das Mietobjekt bei Abschluss des Vertrages bereits nutzt, da in diesem Fall der Umfang der bisherigen Nutzung im Rahmen der Auslegung herangezogen werden kann.[416]

b) Änderungen in der Bauausführung

Schriftformprobleme ergeben sich in der Praxis insbesondere dann, wenn es bei schon in der Planungs- und Errichtungsphase vermieteten Objekten zu Änderungen in der Bauausführung kommt. Denn sofern die Beschaffenheit, also die bauliche Ausgestaltung des Mietobjektes und damit ein wesentlicher Vertragsbestandteil geändert wird, müssen auch diese Änderungen wiederum in einem schriftformkonformen Nachtrag festgehalten werden. Gleichermaßen zu Problemen kommt es darüber hinaus in der Praxis aber auch dann, wenn nach der Fertigstellung des Mietobjekts noch Um- und Ausbauarbeiten vorgenommen werden.[417]

Allerdings unterfallen nicht alle Änderungsmaßnahmen am Mietobjekt der Schriftform, sondern nur solche, denen nach dem Parteiwillen eine vertragswesentliche Bedeutung zukommt.[418] Eine Abgrenzung kann sich im Einzelfall aber als schwierig gestalten, zumal es im Rahmen der wissenschaftlichen Auseinandersetzung bislang nicht gelungen ist, einheitliche Kriterien festzulegen, anhand

---

413 BGH NZM 1999, 763 (763).
414 *Niederstetter*, NZM 2017, 550 (550).
415 BGH NZM 2006, 104 (105).
416 BGH NZM 2000, 36 (39); BGH NJW 1999, 3257 (3259).
417 *Niederstetter*, NZM 2017, 550 (550).
418 BGH NJW 2000, 1105 (1106).

derer eindeutig ermittelt werden kann, wann eine Änderungsmaßnahme Schriftformrelevant hat. Entscheidend ist in diesem Zusammenhang stets die Frage danach, welche Bestandteile eines Gebäudes als wesentlich zu erachten sind, sodass eine Änderung derselben schriftlich niederzulegen ist. Einigkeit herrscht im Rahmen der oberlandesgerichtlichen Rechtsprechung weitgehend darüber, dass dies immer dann der Fall ist, wenn das Mietobjekt in seiner Lage und Substanz[419] geändert wird. Handelt es sich hingegen um bloße Detailausführungen[420] bzw. Konkretisierungen[421] der bereits im Mietvertrag getroffenen Regelungen, sind diese formfrei möglich. Unklar ist allerdings, wie weit der Begriff der Bausubstanz zu verstehen ist und welche konkreten Gebäudebestandteile hierunter zu subsumieren sind.

Von besonderer Bedeutung in der Praxis ist in diesem Zusammenhang vor allem die Frage, ob der Einbau oder das Versetzen von Fenstern, Türen, Treppen und Wänden für die Schriftform relevant ist.[422] Dies ist nach Ansicht des Bundesgerichtshofes[423] jedenfalls immer dann der Fall, wenn die Um- und Ausbaumaßnahmen zu einer Änderung der Flächengröße führen, wobei auch nur geringfügige Änderungen[424] als wesentlich anzusehen sind. Gleiches gilt für Vereinbarungen, in denen die Parteien festlegen, von wem und auf wessen Kosten Ausbaumaßnahmen durchzuführen sind.[425] Bislang offengelassen hat der Bundesgerichtshof zwar die Frage, unter welchen Umständen sonstige Änderungsmaßnahmen, die insbesondere nicht zu einer flächenverändernden Raumaufteilung führen, der Schriftform unterfallen. Gleichwohl hat er klargestellt,

419 KG Berlin NZM 2007, 731 (732); *Niederstetter*, NZM 2017, 550 (551).

420 KG Berlin NZM 2007, 731 (732); *Niederstetter*, NZM 2017, 550 (551).

421 OLG Frankfurt a. M. BeckRS 2015, 7628; *Niederstetter*, NZM 2017, 550 (551).

422 Während das KG Berlin in NZM 2007, 731 (732) die Verlegung und Streichung von Türen und Wänden noch als formfrei betrachtete, sah das OLG Braunschweig in NZM 2016, 197 (201) die Schriftform bereits aufgrund des Einbaus einer leistungsschwächeren Torluftschleieranlage als verletzt an. Mangels Sachverhaltsaufklärung ließ es der Bundesgerichtshof in NZM 2016, 98 (100 f.) letztlich offen, ob ein Deckendurchbruch und der Einbau einer Verbindungstreppe zwischen zwei Geschossen der Schriftform bedarf.

423 BGH NZM 2016, 98 (100 f.).

424 Eine quantitative Wesentlichkeitsgrenze verneint der Bundesgerichtshof in NZM 2016, 98 (99) insbesondere hinsichtlich der Miethöhe; siehe hierzu sogleich unter 4. b).

425 BGH NZM 2016, 98 (100 f.); *Niederstetter*, NZM 2017, 550 (552).

dass auch derartige Änderungen grundsätzlich von wesentlicher Bedeutung sein können.[426]

Dass die Parteien einem Umstand wesentliche Bedeutung beimessen, ist aber insbesondere immer dann anzunehmen, wenn sie bereits eine entsprechende Beschaffenheitsvereinbarung in den Mietvertrag mit aufgenommen haben.[427] Von großer Relevanz ist dies vor allem bei der „Vermietung vom Reißbrett". Denn die dem Mietvertrag beigefügte Baubeschreibung enthält Ausführungen über die Beschaffenheit der noch zu errichtenden Mieträumlichkeiten, welche für die Parteien regelmäßig von erheblicher und damit wesentlicher Bedeutung sind.[428] Dies hat zur Folge, dass jede Abweichung von einer in der Baubeschreibung enthaltenen wesentlichen Bestimmung eine schriftformkonforme Nachtragsvereinbarung erfordert.

3. *Mietdauer*

Zu den vertragswesentlichen Bestandteilen gehört auch die Mietdauer.

a) *Mietbeginn und Mietende*

Aus der schriftlichen Urkunde muss sich die Laufzeit des Vertrages, einschließlich Mietbeginn und Mietende, ergeben.[429] Die Angabe eines konkreten Datums ist nicht erforderlich, sofern der jeweilige Zeitpunkt anhand der abstrakten Angaben im Mietvertrag bestimmbar ist.[430] Von Bedeutung ist dies insbesondere bei der Vermietung von noch zu errichtender Mietobjekte, da regelmäßig der konkrete Mietbeginn in diesen Fällen naturgemäß kalendarisch nicht festgelegt werden kann. Zur Wahrung der Schriftform ist es insofern ausreichend, wenn die Parteien vereinbaren, dass das Mietverhältnis mit Übergabe der Mietsache beginnen soll.[431] Stimmt der tatsächlich vollzogene Mietbeginn sodann nicht mit den in der Mietvertragsurkunde enthaltenen Angaben überein, müssen die Abweichungen in einem schriftformkonformen Nachtrag festgehalten werden.[432]

---

426 BGH NZM 2016, 98 (100 f.): „Eine vertragswesentliche Nebenabrede zu Um- und Ausbauarbeiten kann nicht nur bei einer Flächenvergrößerung oder bei einem verlorenen Baukostenzuschuss vorliegen.".

427 BGH NZM 2016, 98 (100 f.); OLG Braunschweig NZM 2016, 197 (201).

428 BGHZ 142, 158 (167).

429 BGH NZM 2008, 406 (407).

430 Zur Bestimmbarkeit siehe die Ausführungen unter I. 2.

431 BGH NJW 2014, 1300 (1301); BGH NJW 2007, 3273 (3273, 3275).

432 *Baumgarten/Engel*, MietRB 2011, 189 (191).

b) Verlängerungsklauseln

Schließlich ist auch die Vereinbarung einer Verlängerungsklausel angesichts der erforderlichen Angabe des Mietendes schriftlich niederzulegen. Die Schriftform umfasst daher sowohl die Vereinbarung über die automatische Verlängerung der Laufzeit[433] als auch die Einräumung einer Verlängerungsoption[434], wodurch einer Mietvertragspartei das Recht eingeräumt wird, die Vertragslaufzeit durch einseitige Erklärung verlängern zu können. Hiervon zu unterscheiden ist die Ausübung eines Optionsrechtes, welche formfrei erfolgen kann. Denn aufgrund der aus der Urkunde ersichtlichen Einräumung der Verlängerungsoption wird ein Erwerber bereits ausreichend auf die Möglichkeit der Laufzeitverlängerung hingewiesen, sodass er sich über den konkreten Zeitpunkt des Mietendes Kenntnis verschaffen kann.[435]

4. Miete

Aus der Mietvertragsurkunde muss sich die Höhe der Miete ergeben. Neben der Grundmiete sind hiervon auch die Nebenkosten umfasst.[436] Zur Wahrung der Schriftform ist also die Bezifferung der Miete, einschließlich der Nebenkostenvorauszahlung bzw. Nebenkostenpauschale erforderlich. Von Bedeutung sind in diesem Zusammenhang insbesondere später auftretende Mietänderungen, sei es aufgrund einer in der Urkunde vereinbarten Mietanpassungsklausel, sei es wegen einer erst später getroffenen Vereinbarung. Darüber hinaus sind auch Fälligkeitsvereinbarungen von Relevanz.

a) Mietanpassungsklauseln

Bei Mietanpassungsklauseln ist, wie auch bei einer Verlängerungsoption, zwischen der (formbedürftigen) Vereinbarung einerseits und der (formfreien) Ausübung andererseits zu differenzieren. Im Rahmen derartiger Klauseln treffen die Parteien bereits bei Abschluss des Mietvertrages eine Vereinbarung über die

---

433 *Baumgarten/Engel*, MietRB 2011, 189 (191).

434 BGH NZM 2007, 443 (444).

435 BGH NZM 2007, 443 (444).

436 Dies ergibt sich aus einem Umkehrschluss der BGH-Rechtsprechung in NJW 2014, 1300 (1301), bei welcher lediglich die einseitige Anpassung der Nebenkostenvorauszahlungen als formfrei erachtet wurde (nicht aber die Umlage der Nebenkosten selbst); *Lindner-Figura*, in: Geschäftsraummiete, Kap. 6 Rn. 22; *Reingardt*, Das Schrifformerfordernis nach § 550 BGB, S. 45; *Schmid*, NZM 2002, 483 (483); *Schweitzer*, NZM 2016, 98 (101); anders offenbar nur das OLG Koblenz NZM 2002, 293 (293).

spätere Anpassung der Miethöhe und damit eine Vereinbarung von wesentlicher Bedeutung, die der Schriftform bedarf.[437] Die Ausübung des Anpassungsrechtes kann hingegen grundsätzlich formfrei erfolgen. Eine Wertsicherungsklausel hingegen, wonach sich die Miete entweder automatisch oder erst nach einem Aufforderungsschreiben des Vermieters erhöht, bedarf allerdings der Schriftform. Führt eine sogenannte Indexklausel sodann zur Anpassung der Miethöhe, ist die hierauf basierende Mietänderung formfrei möglich.[438] Dies gilt auch für den Fall, dass sich die Miete erst aufgrund einer Mitteilung des Vermieters ändert. Denn insoweit besteht kein Schutzbedürfnis für einen potentiellen Erwerber, sofern lediglich von der vertraglich eingeräumten Möglichkeit Gebrauch gemacht wird, durch einseitige Willenserklärung eine bereits zwischen den Parteien schriftformkonform vereinbarte Vertragsänderung herbeizuführen.[439] Entsprechend ist auch die vertraglich gestattete einseitige Anpassung von Nebenkostenvorauszahlungen formfrei möglich.[440] Hiervon zu unterscheiden ist allerdings wiederum die Änderung der Miete durch eine solche Vertragsklausel, nach der eine Vertragspartei bei Vorliegen einer bestimmten Indexänderung eine Neufestsetzung verlangen darf.[441] Im Gegensatz zu einer Anpassungsautomatik oder der einseitigen Ausübung des Anpassungsrechtes bedarf es für die Neufestsetzung nämlich einer (erneuten) Einigung beider Vertragsparteien, sodass sich eine hierauf beruhende Vertragsänderung nicht bereits aus der Urkunde ergeben muss[442]

b) *Änderungen der Miethöhe*

Basiert eine Änderung der Miete nicht auf einer antizipierenden Änderungsklausel, sondern wird später eine Erhöhung oder Reduzierung der Miete vereinbart, handelt es sich um eine wesentliche Vertragsänderung, die in einem schriftformkonformen Nachtrag festzuhalten ist. Denn für Vertragsänderungen gilt nichts anderes als für den Ursprungsvertrag.[443] Die Höhe der Mietänderung spielt dabei keine Rolle. Insbesondere unterfallen auch geringfügige Änderungen der Schriftform. Die Anerkennung einer Erheblichkeitsgrenze, wonach eine wesentliche Vertragsänderung erst bei Übertreten eines prozentualen Schwellenwertes

---

437 OLG München BeckRS 2018, 31443 (Rn. 51).

438 BGH NZM 2018, 515 (517).

439 BGH NJW 2014, 1300 (1302) misst der einseitigen Mitteilung des Vermieters rein deklaratorischen Charakter bei.

440 BGH NJW 2014, 1300 (1300).

441 BGH NZM 2018, 515 (515), 1. Leitsatz.

442 BGH NZM 2018, 515 (517).

443 BGH NZM 2018, 515 (517); BGH NZM 2016, 98 (99).

gegeben ist, hat der Bundesgerichtshof zutreffend als unzulässig angesehen, da sich eine solche Grenze angesichts der Vielgestaltigkeit der Mietverhältnisse nicht pauschal festlegen lasse.[444] Vielmehr stelle eine Änderung der Miethöhe für einen potentiellen Erwerber per se einen wesentlichen Umstand dar. Dies gelte schon allein deshalb, weil sich derartige Änderungen unmittelbar auf den Zeitpunkt auswirken, an dem wegen Zahlungsverzug gemäß § 543 Abs. 2 S. 1 Nr. 3 BGB gekündigt werden kann.[445] Sofern es sich um einen wesentlichen Umstand handelt, der vom Anwendungsbereich des § 550 BGB erfasst ist, kommt der Formvorschrift also absolute Geltung zu.[446]

c) Änderung des Fälligkeitszeitpunktes

Auch eine individuelle Abweichung von den gesetzlich geregelten Bestimmungen zur Fälligkeit der Miete bedarf der Schriftform. Bestimmen die Parteien etwa eine Umstellung der quartalsweisen Mietzahlung auf eine monatliche Zahlung, stellt dies einen wesentlichen Umstand dar und bedarf der Schriftform, weil sich auch diese Änderung unmittelbar auf den Kündigungszeitpunkt wegen Zahlungsverzugs auswirkt, § 543 Abs. 2 S. 1 Nr. 3 BGB.[447]

5. Wesentliche Nebenabreden

Formbedürftig sind auch alle sonstigen Nebenabreden, die nicht bereits die Essentialia des Vertrages betreffen, nach der Vorstellung der Parteien aber von wesentlicher Bedeutung sind. Hierunter fallen beispielweise die Zusicherung von Eigenschaften des Mietobjekts sowie Vereinbarungen über den Umfang des Gebrauchsrechtes.[448] Der Schriftform bedarf demnach beispielsweise auch die generelle Erlaubnis bzw. das generelle Verbot der Untervermietung, wohingegen die im Einzelfall erforderliche Zustimmung formfrei erteilt werden kann.[449] Übergabeprotokolle stellen grundsätzlich zwar keinen wesentlichen Bestandteil dar.[450] Allerdings bedürfen sie dann der Schriftform, wenn sie – wie in der Praxis

444 BGH NZM 2016, 98 (99).

445 BGH NZM 2018, 515 (517); BGH NZM 2016, 98 (99).

446 Zur Abgrenzung zwischen der hier in Frage stehenden absoluten Geltung der wesentlichen Vertragsbestimmungen von den Fallgruppen der unwesentlichen Vertragsbestimmungen siehe sogleich unter III.

447 BGH NJW 2008, 365 (365 f.).

448 Für weitere Beispiele siehe *Lindner-Figura*, in: Geschäftsraummiete, Kap. 6 Rn. 32.

449 *Lindner-Figura*, NZM 2007, 705 (707).

450 KG Berlin BeckRS 2008, 00378.

häufig üblich – zugleich Einigungen über wesentliche Bestandteile enthalten.[451] Dies ist insbesondere dann der Fall, wenn hierdurch von dem schriftlich festgelegten Mietbeginn bzw. Mietende abgewichen wird oder mit ihnen umfangreiche bauliche Änderungen bei der „Vermietung vom Reißbrett" festgelegt werden sollen.

III. Unwesentliche Vertragsbestimmungen

Diejenigen Vertragsbestimmungen, welche von der Rechtsprechung als nur nebensächlich und damit als unwesentlich erachtet werden, umfassen, wie bereits zuvor unter I. 1.[452] erörtert, lediglich solche Vereinbarungen, die dem Anwendungsbereich des § 550 BGB dogmatisch nicht zugeordnet werden können. In diesen Fällen besteht nämlich weder ein Schutzbedürfnis für den potentiellen Grundstückserwerber noch für die Ursprungsparteien selbst. Zusammenfassend lassen sich die unwesentlichen Nebenbestimmungen folgenden Fallgruppen[453] zuordnen: kurzfristige bzw. widerrufliche Vereinbarungen; Vereinbarungen, die sich durch Zeitablauf erledigt haben; Abreden, durch die der Vertragsinhalt nicht modifiziert, sondern lediglich erläutert oder konkretisiert wird; formwirksame antizipierende Vereinbarungen sowie selbstständige Zusatzvereinbarungen.

1. *Kurzfristige bzw. widerrufliche Vereinbarungen*

Die Formvorschrift des § 550 S. 1 BGB dient dem Schutz vor langfristiger Bindung, weshalb nur diejenigen Verträge der Schriftform bedürfen, deren Laufzeit mehr als ein Jahr beträgt. Anderes muss für lediglich kurzfristige Vereinbarungen gelten, selbst wenn sie im Rahmen eines langfristigen und damit an sich formbedürftigen Vertrages geschlossen werden, da insofern kein Schutzbedürfnis besteht. Vereinbarungen, deren Geltungsdauer ein Jahr nicht überschreiten, sind daher in jedem Fall als unwesentlich zu erachten und damit formfrei möglich.[454] Nichts anderes gilt für Vereinbarungen, die zwar für eine Dauer von mehr als einem Jahr geschlossen worden sind, von den Parteien aber jederzeit

---

451 *Leo*, in: BeckOK MietR, § 550 Rn. 315.

452 Siehe oben S. 105.

453 Die Fallgruppen entstammen größtenteils einer Übersicht bei *Huneke*, NZM 2015, 478 (479–481).

454 BGH NZM 2018, 515 (517); BGH NZM 2016, 98 (99).

widerrufen werden können.[455] Denn in diesem Fall droht dem potentiellen Grundstückserwerber nicht die Gefahr einer längerfristigen künftigen Bindung.

2. *Zeitablauf*

Ähnlich gelagert sind die Fälle, in denen Vereinbarungen über an sich wesentliche Umstände zwar nur mündlich getroffen wurden, diese sich aber bereits durch Zeitablauf erledigt haben und insofern weder für die Ursprungsparteien noch für den Grundstückserwerber von Bedeutung sind.[456] Beispielsweise ist es für die Schriftform ohne Belang, wenn sich die Parteien mündlich auf die (schriftformbedürftige) Einräumung eines befristeten Optionsrechtes geeinigt haben und die Frist bereits abgelaufen ist, ohne dass die Parteien hiervon Gebrauch gemacht haben.[457]

3. *Erläuterungen und Konkretisierungen*

Ferner sind jene Abreden, durch die der Vertragsinhalt nicht modifiziert wird, vom Anwendungsbereich des § 550 BGB ausgenommen. Geht die entsprechende Vereinbarung bereits aus dem in der Urkunde niedergelegten Vertragstext hervor, bedarf sie nicht der (erneuten) Einhaltung der Schriftform. Dies gilt insbesondere für Anlagen, die der Vertragsurkunde lediglich aus erläuternden Gründen oder zur Veranschaulichung beigefügt sind.[458] Aus diesem Grund stuft der Bundesgerichtshof etwa die (bedeutungslose) Hausordnung[459], die Auflistung der Nebenkosten[460] oder den Lage- bzw. Grundrissplan[461] als nebensächlich ein.[462] Gleiches gilt für den Fall, dass in Anlagen lediglich die bestehende Gesetzeslage wiederholt wird und sie somit nur Beweiszwecken dienen, wie dies etwa bei der Aufnahme eines Inventarverzeichnisses im Rahmen eines Pachtvertrages der Fall ist.[463]

---

455 In BGHZ 163, 27 (32) erachtete der Bundesgerichtshof eine vom Vermieter jederzeit widerrufliche Herabsetzung der Miete für nicht formbedürftig.

456 *Blank/Börstinghaus*, in: Miete, § 550 Rn. 43.

457 *Lindner-Figura*, NZM 2007, 705 (707).

458 Hierzu ausführlich unter A. III. 1. b) bb) auf S. 85.

459 Etwas Anderes gilt, sofern die Hausordnung wesentliche Bestimmungen enthält: BGHZ 142, 158 (162 f.); *Hertel*, in: Staudinger, § 126 Rn. 85.

460 BGHZ 142, 158 (162).

461 BGH NZM 2001, 43 (43).

462 Anders offenbar *Hertel*, in: Staudinger, § 126 Rn. 85.

463 BGH NJW 2000, 354 (357).

4. *Formwirksame antizipierende Vereinbarungen*

Aufgrund ihres ähnlichen charakteristischen Merkmals können weiterhin alle die Fälle zusammengefasst werden, bei denen eine Vertragsabrede zwar erst später zustande kommt, diese aber auf eine bereits zuvor im Mietvertrag getroffene Vereinbarung zurückgeht. Haben sich die Parteien formwirksam über die Einräumung eines Optionsrechts oder über eine Mietanpassungsklausel geeinigt, so kann die einseitig gestattete Ausübung dieses Rechtes formfrei erfolgen.[464] Gleiches gilt für die Erlaubnis zur Untervermietung, sofern dem Mieter im Vertrag bereits ein Recht zur Untervermietung eingeräumt wurde.[465] Denn in diesen Fällen ist die später eintretende Vereinbarung in der schriftlichen Mietvertragsurkunde bereits formwirksam antizipiert.[466]

5. *Selbstständige Zusatzvereinbarungen*

Letztlich sind auch diejenigen Vereinbarungen, die eigenständige, vom Mietvertrag losgelöste Rechtsgeschäfte betreffen, nicht vom Anwendungsbereich des § 550 BGB erfasst. Insofern besteht nämlich deshalb kein Schutzbedürfnis, da diese auf einen Erwerber ohnehin nicht übergehen, § 566 BGB. Hierunter fällt etwa die Vereinbarung einer Gegenleistung für den Fall, dass sich die eine Partei der anderen gegenüber zum Vertragsabschluss bereit erklärt.[467] Nicht formbedürftig ist zudem die Aufhebung des Mietvertrages selbst.[468]

IV. Zwischenergebnis

Bei der Beurteilung, welcher Vertragsinhalt formbedürftig ist, gilt es die wesentlichen von den unwesentlichen Vertragsbestimmungen abzugrenzen. Als unwesentlich werden aber nur solche erachtet, die dem Anwendungsbereich des § 550 BGB dogmatisch nicht zugeordnet werden können. Hierbei handelt es sich insbesondere um die soeben unter I. 1.[469] aufgeführten Fallgruppen. Wesentliche Vertragsbestimmungen, zu denen die Essentialia des Vertrages und auch die wesentlichen Nebenabreden gehören, müssen zwar grundsätzlich der Form entsprechend getroffen werden, jedoch nicht vollständig bestimmt in der Urkunde

---

464 Hier sei auf die detaillierten Ausführungen unter II. 3. b) verwiesen.
465 Siehe hierzu unter II. 5.
466 *Huneke*, NZM 2015, 478 (480).
467 *Huneke*, NZM 2015, 478 (480).
468 BGHZ 65, 49 (55).
469 Siehe oben S. 105.

enthalten sein. Ausreichend ist, wenn sie anhand der Angaben im Mietvertrag bestimmbar sind. Wird eine wesentliche Vertragsbestimmung später geändert, ist sie in einem schriftformkonformen Nachtrag niederzulegen. Dies gilt auch bei geringfügigen Änderungen; die individuelle Vereinbarung einer Wesentlichkeitsgrenze ist nicht zulässig. Im Hinblick auf die einzelnen Vertragsbestimmungen ergeben sich somit im Wesentlichen folgende Kriterien:

Die Mietparteien müssen während der gesamten Vertragslaufzeit – auch im Falle eines Parteiwechsels – korrekt in der Urkunde bezeichnet sein. Erforderlich ist außerdem die genaue Bezeichnung der Lage und der Beschaffenheit des Mietgegenstandes. Bei späteren Änderungen in der Bauausführung ist regelmäßig die Errichtung einer entsprechenden Nachtragsvereinbarung erforderlich, sofern das Mietobjekt hierdurch in seiner Lage oder Substanz geändert wird. Von großer Relevanz ist dies insbesondere bei der „Vermietung vom Reißbrett". Ferner muss sich aus der Mietvertragsurkunde die Laufzeit des Vertrages, einschließlich des Mietbeginns und Mietendes ergeben. Weiterhin ist auch die Vereinbarung einer Verlängerungsklausel, nicht aber die Ausübung eines vereinbarten Optionsrechts schriftlich niederzulegen. Schließlich ist die Miete, einschließlich der Nebenkostenvorauszahlung bzw. Nebenkostenpauschale, zu beziffern. Auch hier ist die Vereinbarung von Mietanpassungsklauseln, nicht aber die Ausübung des jeweiligen Rechtes formbedürftig. Ebenso stellt die Einräumung des Rechtes zur Untervermietung, nicht aber die Ausübung des Rechtes selbst eine schriftformbedürftige Nebenabrede dar.

Viertes Kapitel: Die rechtliche Beurteilung der Schriftformklausel

Die Wirksamkeit der Schriftform- und der Schriftformheilungsklausel gehörte und gehört seit Jahrzehnten zu den wichtigen Streitfragen des gewerblichen Mietrechts schlechthin. Herrschte lange Zeit keine Klarheit über die Wirkung derartiger Klauseln, äußerte sich der Bundesgerichtshof insbesondere in den letzten Jahren zu deren Verwendung im Rahmen von Allgemeinen Geschäftsbedingungen weitestgehend kritisch. Dessen ungeachtet werden die Klauseln in Rechtsprechung und Schrifttum auch heute noch unterschiedlich bewertet. Ob und in welcher Form sie schließlich als wirksam erachtet werden können, ist zentrale Frage dieses Kapitels. Ziel der Untersuchung ist zu klären, welche kautelarjuristischen Möglichkeiten bestehen, derartige Klauseln wirksam vertraglich zu vereinbaren.

Wie zu Beginn dieser Arbeit bereits dargestellt[470], verfolgen sämtliche Schriftformklauseln in ihren unterschiedlichen Ausgestaltungen zwar dieselbe Zielrichtung, beinhalten aber je nach Klauseltyp unterschiedliche Regelungsgegenstände. Angesichts der unterschiedlichen Wirkungen, die sie entfalten, sind sie damit einer allgemeinen Bewertung nicht zugänglich, sondern müssen voneinander getrennt beurteilt werden. Enthält ein Vertrag sowohl eine Schriftform- als auch eine Schriftformheilungsklausel, stehen diese nicht im Widerspruch zueinander, da letztere nur in dem Fall Geltung entfaltet, dass trotz der vereinbarten Schriftformklausel einer formwidrig getroffenen Abrede Wirksamkeit zukommen soll.[471] In diesem Kapitel wird daher zunächst die einfache und doppelte Schriftformklausel auf ihre Wirksamkeit hin untersucht, bevor in einem weiteren Schritt die Wirksamkeit der Schriftformheilungsklausel analysiert wird.

A. Wirksamkeit formfreier Absprachen trotz vereinbarter Schriftformklausel

Nach dem dieser Arbeit zugrundeliegenden Begriffsverständnis[472] sind von der Bezeichnung „Schriftformklausel" insbesondere die einfache und die doppelte

470 Siehe die Ausführungen im ersten Kapitel unter A. II. und A. III. 1.

471 OLG Frankfurt a. M. BeckRS 2013, 8268.

472 Siehe hierzu im ersten Kapitel unter A. I. auf S. 27.

Schriftformklausel umfasst. Beide enthalten, wie bereits ausführlich im ersten Kapitel unter A. III. 2. a) und b) dargestellt, die Regelung, dass nachträgliche Änderungen und Ergänzungen nur insofern Geltung erlangen, als sie schriftlich vereinbart werden. Die doppelte Schriftformklausel enthält darüber hinaus den Zusatz, dass nicht nur sämtliche Vertragsvereinbarungen, sondern auch die Aufhebung des Schriftformerfordernisses selbst der Schriftform unterliegt. Es handelt sich bei beiden Klauseltypen um eine rechtsgeschäftliche Formbestimmung (§ 127 BGB), die nach dem Willen der Parteien eine konstitutive Wirkung entfalten soll. Eine nachträgliche formwidrige Vertragsabsprache wäre gemäß § 125 S. 2 BGB daher grundsätzlich nichtig. Allerdings kollidiert die angeordnete Nichtigkeitsfolge mit dem in § 305b BGB postulierten Grundsatz, dass individuell getroffene Änderungsvereinbarungen stets Vorrang vor entgegenstehenden Allgemeinen Geschäftsbedingungen haben. Weder die einfache noch die doppelte Schriftformklausel vermag daher nach überwiegender Ansicht in Rechtsprechung und Lehre, die Wirksamkeit einer mündlichen Abrede verhindern. Im Ergebnis ist die Schriftformklausel damit faktisch wirkungslos. Auf welche Gründe sich diese Annahme stützt und ob sie im Ergebnis überzeugend ist, soll nachfolgend im Einzelnen erörtert werden.

I. Stand der Diskussion

Nach dem Willen der Vertragsparteien steht bei Aufnahme einer Schriftformklausel nicht nur der Zweck, Klarheit über den Vertragsinhalt zu haben, im Vordergrund. Vielmehr beabsichtigen sie darüber hinaus, sich gegen Beeinträchtigungen durch spätere formlose Vertragsänderungen zu schützen. Im Hinblick auf § 550 BGB geht es ihnen insbesondere darum, die regelmäßig von beiden Vertragsparteien bei Abschluss des Vertrages beabsichtigte Bindung an die vereinbarte Festlaufzeit sicherzustellen. In diesem Zusammenhang ist also insbesondere zu klären, ob es den Parteien rechtlich möglich sein soll, sich durch die einfache bzw. doppelte Schriftformklausel an die zwingende Einhaltung einer gewillkürten Schriftform zu binden.

Im Mittelpunkt der Analyse soll dabei die ergangene höchstrichterliche Rechtsprechung stehen, da der Gesetzgeber die Beurteilung der Wirksamkeit von Schriftformklauseln schlussendlich der Rechtsprechung übertragen hat.[473] So wurde die Frage nach der Wirksamkeit von Schriftformklauseln zwar vom Gesetzgeber diskutiert, letztlich aber nicht ausdrücklich entschieden. Während der Regierungsentwurf des AGB-Gesetzes zunächst beabsichtigte, sämtliche

---

473 *Basedow*, in: MüKo-BGB, § 305b Rn. 13; *Teske*, Schriftformklauseln in AGB, S. 111.

Schriftformklauseln als unwirksam zu deklarieren, erklärte sie der CDU/CSU-Entwurf hingegen ausdrücklich für zulässig. Festzuhalten ist, dass sich für beide Seiten gleichermaßen überzeugende Aspekte finden lassen. Die Unzulässigkeit derartiger Klauseln wurde einerseits unter dem Hinweis abgelehnt, dass sie zur Klarheit im Rechtsverkehr und zur Erleichterung des Beweises beitragen können. Andererseits wurde ihre ausdrückliche Wirksamkeit wiederum aus Gründen der Rechtssicherheit abgelehnt, da die Sorge bestand, dass die Rechtsprechung einer missbräuchlichen Berufung hierauf ansonsten nicht wirksam entgegenwirken könne. Schließlich wurde deshalb von einer Regelung im Laufe des Gesetzgebungsverfahrens gänzlich abgesehen und die Bewertung der Schriftformklausel der Rechtsprechung zugewiesen.[474]

1. Die Rechtsprechung des Bundesgerichtshofes

Mit Beschluss vom 25. Januar 2017[475] hat der Bundesgerichtshof ausgesprochen, dass einer mündlichen Vertragsabrede, ungeachtet einer vertraglich vereinbarten einfachen oder doppelten Schriftformklausel, wegen des Vorrangs der Individualvereinbarung gemäß § 305b BGB stets Wirkung zukommt. Auch bei gewillkürter Schriftform haben formlose Vereinbarungen somit Vorrang vor Allgemeinen Geschäftsbedingungen. Eine formularvertraglich vereinbarte Schriftformklausel ist nach Ansicht des Bundesgerichtshofes in jedem Fall wirkungslos. Seine Argumentation stützt er dabei im Wesentlichen auf die den Vertragsparteien zustehende Privatautonomie, nach der es ihnen immer möglich sei müsse, auch formlos ihre frühere anderslautende Bindung an die Schriftform wieder aufzuheben.

Anders beurteilt er allerdings die Wirkung einer individuell vereinbarten Schriftformklausel. Hier differenziert der Bundesgerichtshof nicht nur zwischen den verschiedenen Klauseltypen, sondern unterscheidet im Rahmen der doppelten Schriftformklausel wiederum, ob sie zwischen Kaufleuten oder Nicht-Kaufleuten geschlossen wurde. Während eine individuell vereinbarte einfache Schriftformklausel wie auch eine formularmäßige Schriftformklausel stets hinter dem später Gewollten zurücktritt, kann unter Kaufleuten eine individualvertragliche doppelte Schriftformklausel nach Ansicht des Bundesgerichtshofes wirksam vereinbart werden. Dies gilt jedenfalls im Rahmen eines Gewerberaummietvertrages, da sich die Parteien als Kaufleute wirksam in ihrer Vertragsfreiheit beschränken können. Wie sich die höchstrichterliche Rechtsprechung

---

474 *Basedow*, in: MüKo-BGB, § 305b Rn. 13.
475 BGH NJW 2017, 1017 (1017).

im Einzelnen in dieser Hinsicht entwickelt hat und auf welche Argumentation sie sich stützt, wird im Folgenden dargestellt.

a) Einfache Schriftformklausel

Der Bundesgerichtshof ging und geht bereits seit Geltung des Bürgerlichen Gesetzbuches davon aus, dass mündliche Vertragsabsprachen trotz einer vereinbarten einfachen Schriftformklausel wirksam sind.[476] Eine formlose Vertragsänderung setzt zugleich die einfache Schriftformklausel immer außer Kraft: Einigen sich die Vertragsparteien (formlos) auf eine Änderung des Vertrages, ist es auch in ihrem Interesse, dass diese wirksam wird. Folglich sind sie sich – zumindest konkludent – darüber einig, dass der zuvor vereinbarte rechtsgeschäftliche Formzwang nicht weiter gelten soll. Dies gilt nach Ansicht des Bundesgerichtshofes unabhängig davon, ob die Klausel individualvertraglich[477] oder im Rahmen Allgemeiner Geschäftsbedingungen[478] vereinbart wurde.

Der Grund hierfür liegt in der gesetzlich garantierten Privatautonomie.[479] Denn so wie die Parteien einen rechtsgeschäftlichen Formzwang vereinbaren dürfen, muss es ihnen ebenso möglich sein, diesen Formzwang wieder aufzuheben.[480] Wären sie nämlich an eine zunächst getroffene Vereinbarung auch dann weiterhin gebunden, obwohl sie sich von dieser zu einem späteren Zeitpunkt lösen wollen, würde dies zu einer – unzulässigen – Beschränkung ihrer Privatautonomie führen.[481] Deshalb muss eine Schriftformklausel, nach der spätere Abreden nur bei schriftlicher Vereinbarungen wirksam sein sollen, nicht nur durch eine die Schriftform wahrende, sondern auch durch eine formlose Vereinbarung aufgehoben werden können. Das später Gewollte hat stets Vorrang, unabhängig davon, in welcher Form dies vereinbart wird. Handelt es sich bei der Schriftformklausel um eine Allgemeine Geschäftsbedingung, ergibt sich der Vorrang der Individualabrede insbesondere aus § 305b BGB. Denn Allgemeine Geschäftsbedingungen sind als generelle abstrakte Richtlinie für eine Vielzahl

---

476 *Pufal*, Schriftformklauseln im deutschen und südafrikanischen Recht, S. 19.

477 BGH NJW 2009, 433 (434); BGH NJW 1965, 293 (293); BGH NJW 1962, 1908 (1908).

478 BGH NJW 2017, 1017 (1018); BGHZ 164, 133 (133).

479 *Bloching/Ortolf*, NJW 2009, 3393 (3393); *Häsemeyer*, JuS 1980, 1 (9); *Michalski*, DStR 1998, 771 (773); *Pufal*, Schriftformklauseln im deutschen und südafrikanischen Recht, S. 19.

480 BGH NJW 1965, 293 (293).

481 *Michalski*, DStR 1998, 771 (773).

von Verträgen vorformuliert und daher von vornherein auf Ergänzung durch individuelle Vertragsabsprachen angelegt.[482]

Ausreichend ist nach Ansicht des Bundesgerichtshofes sowohl eine ausdrückliche wie auch eine stillschweigend getroffene Aufhebungsvereinbarung.[483] Folglich sei auch in einer mündlichen Vertragsänderung immer zugleich eine konkludente Aufhebung des Formzwangs zu sehen. Dies sei selbst dann der Fall, wenn die Parteien bei der Vertragsänderung nicht an die Schriftformklausel denken und deren Aufhebung damit nicht bewusst erwägen. Denn durch die neue bindende Einigung seien sämtliche Abreden, welche dieser entgegenstehen, überholt; auch die Vereinbarung der Schriftform.[484] Demnach komme es nicht darauf an, ob die Parteien eine Änderung der Schriftformklausel beabsichtigen oder sich der Kollision mit dieser bewusst sind.[485] Faktisch entfaltet die einfache Schriftformklausel damit keine Rechtswirkung.

b) Doppelte Schriftformklausel

Als Folge dessen entwickelte die Kautelarpraxis die doppelte Schriftformklausel, wonach eine konkludente Aufhebung des Schriftformerfordernisses nicht möglich ist, sondern zwingend der Schriftform bedarf. Im Unterschied zur einfachen Schriftformklausel bringen die Parteien durch diesen Zusatz unmissverständlich zum Ausdruck, dass die vereinbarte Schriftform in jedem Fall verbindlich sein und einer später formlos getroffenen Vertragsabrede vorgehen soll. Sie kann also gerade nicht durch Auslegung der später getroffenen Willenserklärungen überwunden werden, sondern führt zu einem unmittelbaren Widerspruch zwischen der rechtsgeschäftlichen Schriftform und der späteren Vertragsabrede. Eine mündliche Individualvereinbarung, der an sich nach § 305b BGB zwar Vorrang zukommen würde, kann nach der rechtsgeschäftlichen Regelung schon nicht getroffen werden, sodass der doppelten Schriftformklausel damit Vorzug zu gewähren ist.

Diesem Vorgehen tritt der Bundesgerichtshof jedoch entgegen, indem er der formularvertraglichen doppelten Schriftformklausel keine stärkere Wirkung zumisst als der einfachen Schriftformklausel. Durch Beschluss vom 25. Januar 2017[486] hat der Bundesgerichtshof unmissverständlich klargestellt,

---

482 BGHZ 164, 133 (137).

483 BGHZ 164, 133 (136 f); BGH NJW 1986, 1807 (1807).

484 BGH 1965, 293 (293).

485 BGHZ 164, 133 (136 f).

486 BGH NJW 2017, 1017 (1017).

dass der in § 305b BGB verankerte Vorrang der Individualabrede auch gegenüber einer doppelten Schriftformklausel wirkt. Selbst der Zusatz, dass das Schriftformerfordernis nur durch eine ausdrückliche Vereinbarung aufgehoben werden kann, vermag eine mündliche oder auch konkludente Änderung der Vertragsabreden nicht auszuschließen. Im Ergebnis legt der Bundesgerichtshof auch dieser Entscheidung die gleiche Argumentation zugrunde, die bereits seiner Rechtsprechung zur einfachen Schriftformklausel zugrunde lag: Das Interesse der Vertragsparteien, die langfristige Bindung an den Mietvertrag sicherzustellen, müsse gegenüber dem von den Parteien später übereinstimmend Gewollten zurücktreten. Dies gebiete Sinn und Zweck des § 305b BGB, wonach individuell getroffene Vereinbarungen zwischen den Parteien nicht durch abweichende Allgemeine Geschäftsbedingungen durchkreuzt, ausgehöhlt oder zunichtegemacht werden dürfen. Da Allgemeine Geschäftsbedingungen nach ihrem Charakter lediglich für eine Vielzahl von Verträgen abstrakt vorformuliert und daher von Anfang an auf Ergänzungen durch individuelle Vereinbarungen ausgelegt seien, könnten und sollten sie nur insoweit Geltung beanspruchen, als die individuell getroffene Vereinbarung dafür Raum lasse.[487] Ob eine solche Klausel darüber hinaus gegen § 307 BGB verstößt und auch deshalb unwirksam ist, ließ der Bundesgerichtshof allerdings mit der Begründung offen, dass sie schon wegen des Vorrangs der Individualabrede gemäß § 305b BGB wirkungslos sei.

Anders beurteilt der Bundesgerichtshof den Fall allerdings dann, wenn es sich um eine individuell vereinbarte doppelte Schriftformklausel handelt. Unter diesen Umständen fände der Vorrang der Individualvereinbarung nach § 305b BGB mit der Folge keine Anwendung, dass die Klausel erst schriftlich abgeändert werden müsse und insofern ein bewusstes Abweichen von ihr erforderlich sei.[488] Grund hierfür sei die Vertragsfreiheit der Parteien und die im Gegensatz zur einfachen Schriftformklausel insofern zulässige Beschränkung der Privatautonomie. Ob dies auch gegenüber Nicht-Kaufleuten gilt, wurde bislang vom Bundesgerichtshof nicht entschieden.[489] In dem von ihm bisher ausschließlich entschiedenen Fall bejahte er die Wirkung einer unter Kaufleuten getroffenen doppelten Schriftformklausel insbesondere deshalb, weil die Vertragsfreiheit es ihnen erlaube, ihre rechtsgeschäftlichen Beziehungen starr an bestimmte Formen zu binden. Das Gesetz gestehe ihnen im Hinblick auf § 350 HGB nämlich im stärkeren Maße Formfreiheit als anderen Teilnehmern am privaten

---

487 BGH NJW 2017, 1017 (1018).
488 BGH NJW 2017, 1017 (1018); BGHZ 164, 133 (138); BGHZ 66, 378 (381 f).
489 *Bloching/Ortolf*, NJW 2009, 3393 (3394).

Rechtsverkehr zu. Bei Kaufleuten stehe insbesondere die Sicherheit ihrer rechtsgeschäftlichen Beziehungen im Vordergrund, die durch die gewählte Formstrenge gewährleistet werden soll. In diesem Fall wiege der Vorteil, Klarheit über den Inhalt von Verträgen zu haben, den Nachteil einer geringeren Beweglichkeit im geschäftlichen Alltag auf, sodass die Vereinbarung von der Vertragsfreiheit gedeckt sei.[490]

2. Die Rechtsprechung der Instanzgerichte

Wurde die vom Bundesgerichtshof zur einfachen Schriftformklausel ergangene Rechtsprechung allgemein für richtig befunden, war die Wirksamkeit der doppelten Schriftformklausel in der instanzgerichtlichen Rechtsprechung zunächst hochumstritten. Bevor der Bundesgerichtshof auch der doppelten Schriftformklausel im Jahr 2017 faktisch jegliche Bedeutung absprach, wurde deren Wirksamkeit von den Instanzgerichten zumeist bejaht.[491] Ohne weitergehende Begründung wurden hierfür lediglich angeführt, dass keine Aspekte ersichtlich seien, die gegen die gesetzliche Auslegungsregel („im Zweifel") nach § 125 S. 2 BGB sprächen[492] und die doppelte Schriftformklausel andernfalls ihren Sinn verlöre[493]. Vereinzelt wurde aufgrund der Interessenlage in der Gewerberaummiete auch die Wirksamkeit einer zwischen Kaufleuten geschlossenen Klausel bejaht. In diesem Fall bestehe im Hinblick auf § 550 BGB auf Seiten beider Vertragsparteien ein anerkennenswertes Bedürfnis. Diese Ansicht geht davon aus, dass die Wirksamkeit einer späteren individuellen Vertragsabrede ausgeschlossen sei, weshalb sich die Frage des Vorrangs einer solchen Abrede nach § 305b BGB nicht stelle.[494]

Nach anderer Ansicht führe aber gerade der normierte Vorrang der Individualabrede gemäß § 305b BGB, trotz der vereinbarten Schriftform, zur Wirksamkeit der mündlichen Vereinbarung.[495] Zudem verstoße eine doppelte Schriftformklausel gegen § 307 BGB, weil sie intransparent sei und den Vertragspartner

---

490 BGHZ 66, 378 (381 f).

491 KG Berlin BeckRS 2014, 8804; OLG Frankfurt a. M. BeckRS 2013, 8268 in Bezug auf eine zwischen Kaufleuten vereinbarte Klausel; OLG Naumburg NZM 2012, 808 (808 f.); anders aber: OLG Rostock NJW 2009, 3376; OLG Düsseldorf BeckRS 2006, 7261.

492 OLG Naumburg NZM 2012, 808 (809).

493 KG Berlin BeckRS 2014, 8804.

494 OLG Frankfurt a. M. BeckRS 2013, 8268.

495 OLG Düsseldorf BeckRS 2006, 7261.

unangemessen benachteilige, da sie bei diesem den Eindruck erwecke, dass eine mündliche Abrede entgegen § 305b BGB unwirksam sei.[496]

3. *Das Schrifttum*

In der Literatur ist umstritten, ob trotz vertraglicher Schriftformklausel eine individuell vereinbarte mündliche oder konkludente Vertragsabrede Einfluss auf den Vertragsinhalt hat.

a) *Einfache Schriftformklausel*

Weitgehende Einigkeit herrschte und herrscht im Schrifttum darüber, dass der Ansicht des Bundesgerichtshofes zur einfachen Schriftformklausel zuzustimmen ist.[497] Nur vereinzelt sah sich die Rechtsprechung einer dahingehenden Kritik ausgesetzt, dass die Vereinbarung eines Formzwangs faktisch nicht möglich sei und § 125 S. 2 BGB insofern weitgehend sinnlos wäre. Aus diesem Grund kam unter anderem die Forderung auf, dass eine Aufhebung der Schriftformklausel nur dann möglich sein solle, wenn dies dem ausdrücklichen Willen der Parteien entspräche.[498]

Als Argument gegen die Notwendigkeit einer ausdrücklichen Aufhebungsvereinbarung wird vorgebracht, dass dies zu einer unzulässigen Einschränkung der Privatautonomie führe. Hierfür bestehe keine Rechtsgrundlage, zumal dies praktisch einen Ausschluss konkludenter Willenserklärungen bedeuten würde.[499] Zudem entspräche die Annahme einer konkludenten Aufhebungsvereinbarung im Ergebnis genau dem Willen der Vertragsparteien. Denn die rechtsgeschäftlich vereinbarte Schriftform sei nur deshalb obsolet, weil die Parteien

---

496 OLG Rostock NJW 2009, 3376 (3376).

497 *Bub/Bernhard*, FD-MietR 2008, 271080; *Blank/Börstinghaus*, in: Miete, § 550 Rn. 99; *Emmerich*, in: Staudinger, § 550 Rn. 45; *Grüneberg*, in: Palandt, § 305b Rn. 5; *Meyer*, Wirksamkeit mündlicher Abreden trotz vereinbarter konstitutiver Schriftform, S. 119 ff.; Flume, Allgemeiner Teil II, § 15 III 2; *Teske*, Schriftformklauseln in AGB, S. 312; *Lindner-Figura*, in: Geschäftsraummiete, Kap. 7 Rn. 76; Anders nur *Breitling*, nach dem individuelle Vertragsabreden nur insoweit Vorrang vor Allgemeinen Geschäftsbedingungen haben, wenn sie wirksam vereinbart sind, woran es bei Vorliegen einer Schriftformklausel wegen § 125 S. 2 BGB aber gerade fehle: Bedeutung und Wirkung von Schriftformklauseln, S. 247.

498 Böhm AcP 179, 425 (442); Eisner NJW 1969, 118 (120).

499 *Michalski*, DStR 1998, 771 (773).

selbst übereinstimmend von der Beachtung der gesetzlich nicht vorgeschriebenen Form, über die sie allein zu bestimmen haben, absehen.[500]

b) Doppelte Schriftformklausel

Ob eine doppelte Schriftformklausel die Wirksamkeit einer an sich vorrangigen mündlichen Individualabrede ausschließen vermag, beurteilt das Schrifttum hingegen kontrovers. Eine Auffassung bejaht dies unter dem Hinweis, dass die Berufung auf die Privatautonomie in solch einem Fall zurücktreten müsse, da ansonsten § 125 S. 2 BGB weitgehend sinnlos würde. Denn gerade durch die Verwendung der doppelten Schriftformklausel käme deutlich zum Ausdruck, dass die Vertragsparteien auf die Wirksamkeit der Schriftformklausel besonderen Wert legten.[501] Vorrangiges Ziel der doppelten Schriftformklausel ist im Hinblick auf § 550 BGB, die langfristige Bindung an den Mietvertrag sicherzustellen. Da die Einhaltung der doppelten Schriftform regelmäßig dem Interesse beider Vertragsparteien entspräche, sei für die Anwendung der §§ 307 ff. BGB bereits deshalb kein Raum, weil hierdurch nur die einseitige Interessenverfolgung eines Vertragspartners verhindert werden solle. Darüber hinaus handele es sich bei der doppelten Schriftformklausel nur um eine „deklaratorische" Klausel, die lediglich das wiedergäbe, namentlich die Einhaltung der gesetzlich angeordneten Schriftform, was ohnehin der Rechtslage entspricht.[502]

Die überwiegende Ansicht des Schrifttums geht hingegen wie die Rechtsprechung davon aus, dass doppelte Schriftformklauseln keine Wirkung entfalten. Als wesentliches Argument wird auch hier, wie bei der einfachen Schriftformklausel, die gesetzlich garantierte Privatautonomie der Vertragsparteien angeführt. Denn eine definitive Selbstbeschränkung der Vertragsfreiheit sei ausgeschlossen.[503] Da es den Parteien nicht möglich sei, sich im Voraus ihrer Vertrags- und Dispositionsfreiheit zu berauben, stünde es ihnen weiterhin frei, nachträglich von ihrem Vertrag – auch formlos – wieder abzuweichen.[504] Während diese Meinung davon ausgeht, dass eine doppelte Schriftformklausel gänzlich unwirksam ist, spricht sich wiederum ein anderer Teil des Schrifttums dafür aus, dass wegen § 305b BGB nur eine formularvertragliche Bindung unzulässig sei; individualvertragliche Abreden könnten hingegen wirksam vereinbart werden.[505] Ein weitere

---

500 *Michalski*, DStR 1998, 771 (773).

501 Bieber, jurisPR-MietR 2/2013 Anm. 5; *Bub/Bernhard*, FD-MietR 2008, 271080.

502 Bieber, jurisPR-MietR 2/2013 Anm. 5.

503 Häsemeyer, JuS 1980, 1 (9).

504 *Emmerich*, in: Staudinger, § 550 Rn. 46.

505 *Lammel*, in: Schmidt-Futterer, § 550 Rn. 75.

Ansicht in der Literatur wendet § 307 BGB an, da die Klausel den Eindruck erwecke, dass individualvertraglich getroffene Änderungsvereinbarungen nur wirksam seien, wenn sie schriftlich getroffen werden.[506] Derartige Klauseln seien nämlich geeignet, den Vertragspartner von der Durchsetzung der ihm zustehenden Rechte abzuhalten.[507]

II. Stellungnahme

Eine eindeutige Antwort auf die eingangs gestellte Frage, ob es den Parteien rechtlich möglich ist, sich durch die einfache bzw. doppelte Schriftformklausel an die Einhaltung der gewillkürten Schriftform zu binden, lässt sich anhand der unterschiedlichen Ansichten in Rechtsprechung und Schrifttum nicht finden. Die Frage nach der Zulässigkeit der Schriftform gehört nach wie vor zu einer der Streitfragen des gewerblichen Mietrechts.

1. Formularvertragliche Schriftformklausel

Im Hinblick auf eine formularvertraglich vereinbarte Schriftformklausel sprechen die überzeugenderen Argumente gegen deren Wirksamkeit. Der gesetzlich in § 305b BGB normierte Vorrang der Individualabrede gilt sowohl gegenüber der einfachen wie auch gegenüber der doppelten Schriftformklausel. Nach dem Wortlaut der Norm beschränkt sich dieser nicht auf schriftlich getroffene Vereinbarungen, sondern gilt vielmehr umfassend, also auch gegenüber lediglich mündlich getroffenen Abreden. Auch nach Sinn und Zweck der Regelung können formlose Vereinbarungen nicht durch eine gegenläufige AGB-Klausel vom Anwendungsbereich ausgenommen werden. Denn durch § 305b BGB soll gerade das funktionelle Rangverhältnis zwischen Allgemeinen Geschäftsbedingungen einerseits und später getroffenen Individualvereinbarungen andererseits geregelt werden. Während Allgemeine Geschäftsbedingungen als generell abstrakte Regelungen von vornherein auf Ergänzung angelegt sind, werden Individualvereinbarungen für den konkreten Einzelfall getroffen und bringen damit den Parteiwillen – unabhängig von der Form – stärker zur Geltung. Das Gegenargument, wegen der doppelten Schriftformklausel bestehe gar keine Individualabrede, welche vorrangig zu berücksichtigen sei, greift daher nicht. Für die Anwendbarkeit einer AGB-Klausel kommt es auf die Reichweite der vorrangig zu berücksichtigenden Individualvereinbarung an und nicht umgekehrt. Die mit

---

506 *Blank/Börstinghaus*, in: Miete, § 550 Rn. 100; *Grüneberg*, in: Palandt, § 305b BGB Rn. 5.
507 *Basedow*, in: MüKo-BGB, § 305b Rn. 15.

§ 305b BGB unvereinbare Schriftformklausel ist zudem auch gemäß § 307 BGB unwirksam, da sie gegenüber den Vertragsparteien den unzulässigen Eindruck erweckt, dass mündliche Nebenabreden nicht getroffen werden können.

2. *Individualvertragliche Schriftformklausel*

Bei der Frage nach der Wirksamkeit einer individualvertraglichen Schriftformklausel ist zwischen den unterschiedlichen Klauseltypen zu differenzieren.

a) *Einfache Schriftformklausel*

Die einfache Schriftformklausel wird unabhängig davon, ob sie formularvertraglich oder individuell vereinbart wurde, zu Recht als wirkungslos erachtet. Den Vertragsparteien steht es jederzeit frei, eine zunächst schriftlich getroffene Vereinbarung später – auch konkludent – wieder aufzuheben bzw. abzuändern. Durch eine formlose Vertragsänderung wird die einfache Schriftformklausel immer zugleich außer Kraft gesetzt.

b) *Doppelte Schriftformklausel*

Schwieriger zu beurteilen ist hingegen die Frage nach der Wirksamkeit einer individuell vereinbarten doppelten Schriftformklausel. In diesem Fall besteht kein funktionales Rangverhältnis zwischen Allgemeiner Geschäftsbedingung und Individualvereinbarung nach § 305b BGB. Es stehen sich zwei Individualvereinbarungen, wenn auch eine abstrakt generell formulierte und eine konkret getroffene, gegenüber. Hier ist durchaus denkbar, dass die Wirksamkeit einer später formlos getroffenen Vertragsvereinbarung im Voraus ausgeschlossen werden kann oder, dass sich die Vertragsparteien hierdurch unzulässigerweise ihrer gesetzlich garantierten Privatautonomie berauben. So wie diese den Parteien die Möglichkeit eröffnet, eine gewillkürte Form zu vereinbaren, muss es ihnen auch möglich sein, einen einmal vereinbarten Formzwang wieder aufzuheben. Aus diesem Grund können sich die Parteien ihrer Vertragsfreiheit für die Zukunft grundsätzlich nicht selbst berauben. Die Wirksamkeit der individuell vereinbarten doppelten Schriftformklausel würde zu dem paradoxen Ergebnis führen, dass eine formlos getroffene Regelung, die bereits in Vollzug gesetzt wurde und eindeutig dem Willen beider Vertragsparteien entspricht, gleichwohl unwirksam wäre und sie keine Rechte aus ihr herleiten könnten. Eine derartige Klausel steht also regelmäßig im Widerspruch zu dem später tatsächlich Gewollten, weshalb die Annahme ihrer Wirksamkeit die Vertragsfreiheit der Parteien in unzulässiger Weise untergräbt.

Hiergegen spricht wiederum, dass es im Hinblick auf § 550 BGB durchaus dem Interesse der Vertragsparteien entspricht, dass nur schriftformkonforme Vereinbarungen ihre Wirkung entfalten. Die Erweiterung der mangelnden Rechtswirkung einer formlos getroffenen Abrede erscheint auch nicht schützenswert, da dies genau die Rechtsfolge darstellt, die ihrem Willen entspricht. Nichts anderes ergibt sich aus § 125 S. 2 BGB. Da es sich hierbei lediglich um eine Zweifelsregelung handelt, kann von den Parteien zwar etwas Anderes gewollt sein, allerdings setzt sich dies nur dann durch, wenn feststeht, dass die Parteien den Vorrang der mündlichen Vereinbarung übereinstimmend gewollt haben. Eine solche Annahme mag zwar bei der einfachen Schriftformklausel naheliegen, da es den Parteien jederzeit freisteht, eine einmal getroffene Regelung auch konkludent wieder abzuändern.[508] Bei der doppelten Schriftformklausel kann diese Argumentation aber nicht herangezogen werden. Denn der in der Klausel enthaltene Zusatz, dass der vereinbarte Formzwang nur schriftlich wieder aufgehoben werden kann, zeigt gerade, dass sie sich darüber einig waren, dass eine mündliche Abrede in keinem Fall Wirkung entfalten soll.

Die überzeugenderen Argumente sprechen also für die Wirksamkeit einer individuell vereinbarten doppelten Schriftformklausel. Und dies, im Übrigen sowohl bei ihrer Vereinbarung im Handelsrecht als auch unter Nichtkaufleuten.

B. Unwirksamkeit der Schriftformheilungsklausel

Die Schriftformheilungsklausel begründet, wie bereits zu Beginn dieser Arbeit dargestellt[509], nicht nur einen rechtsgeschäftlichen Formzwang, sondern eine darüberhinausgehende Mitwirkungspflicht der Parteien, etwaig bestehende Formmängel zu beheben. Anders als die sonstigen Klauseltypen erklärt sie eine formlos getroffene Nebenabrede nicht für schlechthin unwirksam, sondern verpflichtet die Vertragsparteien lediglich zur Behebung des bestehenden Formmangels. Obwohl eine formwidrige Vereinbarung Gültigkeit erlangt, führt sie im Ergebnis gleichwohl zu dem von den Parteien im Hinblick auf § 550 BGB gewollten Kündigungsverbot. Denn wer sich zur Heilung eines Formmangels verpflichtet und trotz dieser Verpflichtung wegen eines Formmangels kündigt, handelt widersprüchlich.

Die Frage, ob aber eine Schriftformheilungsklausel überhaupt die von ihr erzielte Wirkung entfalten kann, war und ist Gegentand vielzähliger juristischer

508 So die Argumentation des Bundesgerichtshofes in Bezug auf die einfache Schriftformklausel: NJW 1962, 1908 (1909).

509 Siehe die Ausführungen im ersten Kapitel unter A. III. 2. c) aa).

Untersuchungen. Die Auseinandersetzung mit dieser Problematik konzentriert sich dabei im Wesentlichen auf die zwei folgenden Problemschwerpunkte: Kann eine Schriftformheilungsklausel wirksam vereinbart werden (§ 307 BGB) und wenn ja, verstößt eine auf einen Formmangel gestützte Kündigung wegen der wirksam vereinbarten Heilungspflicht gegen Treu und Glauben (§ 242 BGB)? Eine fundierte Stellungnahme zu dieser, seit Jahrzehnten umstrittenen Thematik erfordert eine Erörterung der verschiedenen Lösungsmöglichkeiten. Hierzu sind im Folgenden zunächst die in Rechtsprechung und Schrifttum vertretenen Ansichten zu beleuchten.

I. Stand der Diskussion

In Rechtsprechung und Lehre werden zwar im Rahmen der Diskussion, ob die Schriftformheilungsklausel die von ihr erzielte Wirkung entfalten kann, unterschiedliche Aspekte in den Vordergrund gestellt. Im Kern lassen sich aber alle Beiträge auf dasselbe, maßgebliche Kriterium rückführen; nämlich darauf, ob die Schriftformheilungsklausel gegen zwingendes Recht verstößt und damit unzulässig ist. Die meisten Oberlandesgerichte und die herrschende Literatur erachteten die Klausel für lange Zeit sowohl für wirksam und auch geeignet, die langfristige Bindung an einen befristeten Mietvertrag sicherzustellen. Schließlich enthält sie kein unmittelbares Kündigungsverbot und führt damit nicht direkt zur Einschränkung des § 550 BGB. Im Gegensatz dazu vertritt der Bundesgerichtshof die Auffassung, dass die Klausel unwirksam ist. Denn ihr einziges Ziel bestehe darin, die nicht abdingbare Rechtsfolge des § 550 BGB – wenn auch nur mittelbar – zu umgehen und damit auszuhöhlen.

Um diese unterschiedlichen Bewertungen zutreffend einordnen zu können, muss zunächst die Schriftformheilungsklausel von der typischerweise unzulässigen Vorsorgeklausel abgegrenzt werden. Ein besseres Verständnis für die komplexen Zusammenhänge der verschiedenen Ansichten bietet zudem ein Blick auf den Prüfungsmaßstab bzw. das Zusammenspiel von § 307 BGB und § 242 BGB. Erst in einem weiteren Schritt kann ein Überblick über die verschiedenen Lösungsmöglichkeiten gegeben werden, bevor schließlich auf die jeweiligen Ansichten des Bundesgerichtshofes, der Instanzgerichte und des Schrifttums eingegangen wird.

Die angeführten Begründungen beziehen sich zumeist auf eine in Allgemeinen Geschäftsbedingungen vereinbarte Klausel. Allerdings ist dies insoweit ohne Bedeutung, da sich bei der Bewertung einer formular- und einer individualvertraglichen Klausel keine wesentlichen Unterschiede ergeben. Sofern als Argument herangezogen wird, dass die Klausel gegen zwingendes Recht verstoße, gilt dieses Umgehungsverbot nicht nur im Rahmen von Allgemeinen Geschäftsbedingungen gemäß § 307 Abs. 2 Nr. 1 BGB, sondern ganz allgemein auch für Individualvereinbarungen. Ferner ist es auch für die Anwendung von § 242 BGB unerheblich, ob es sich um eine AGB-Klausel oder eine Individualabrede handelt.

1. Abgrenzung zur sogenannten Vorsorgeklausel

Im Gegensatz zu der sogenannten Vorsorgeklausel[510], welche nach ihrem Wortlaut ein ausdrückliches Kündigungsverbot postuliert, lässt eine Schriftformheilungsklausel zunächst einmal nur eine Leistungspflicht zu.[511] Der beabsichtigte Kündigungsschutz folgt nur mittelbar aus der bestehenden Treuepflicht, es wird also nicht unmittelbar in den Regelungsgehalt des § 550 BGB eingegriffen. Dies gilt, wie im ersten Kapitel dieser Arbeit bereits dargestellt, auch dann, wenn die Klausel neben der Mitwirkungspflicht ihrem Wortlaut nach auf die – mittelbar – eintretende Folge des Kündigungsschutzes hinweist. Anders als eine reine Vorsorgeklausel enthält die herkömmliche Schriftformheilungsklausel also keinen unmittelbaren Kündigungsrechtsausschluss. An dieser Stelle wird der zwingende Charakter der Formvorschrift des § 550 BGB relevant. Während eine Vorsorgeklausel regelmäßig deshalb als unwirksam zu erachten ist[512], weil ihr einziger Regelungsgegenstand darin besteht, die nicht abdingbare gesetzliche Rechtsfolge der ordentlichen Kündbarkeit auszuschließen, gilt dies nicht für die Schriftformheilungsklausel. Im Unterschied zur Vorsorgeklausel enthält diese in der Verpflichtung zur Einhaltung der Schriftform ein Mehr. Diese Mitwirkungsverpflichtung muss deshalb einer eigenständigen rechtlichen Bewertung unterzogen werden. Eine Anlehnung an gegen die Vorsorgeklausel bestehende Bedenken verbietet sich.

2. Überblick über die verschiedenen Lösungsmöglichkeiten

Bevor die unterschiedlichen Ansichten und deren Begründung in Rechtsprechung und Schrifttum dargestellt werden, wird für ein besseres Verständnis zunächst ein Überblick über die verschiedenen Lösungsansätze, die sich auf allen Ebenen etabliert haben, aufgezeigt:

---

510 Siehe die Definition im ersten Kapitel unter A. III. 2. c) bb).
511 *Streyl*, NZM 2009, 261 (262).
512 *Streyl*, NZM 2009, 261 (262).

Nach einer Ansicht ist die Schriftformklausel generell wirksam, das heißt sie entfaltet ihre Wirkung sowohl gegenüber einem potentiellen Grundstückserwerber wie auch gegenüber den ursprünglichen Vertragsparteien. Eine vermittelnde Ansicht geht davon aus, dass die Schriftformheilungsklausel zwar wirksam, eine ordentliche Kündigung aber nur dann treuwidrig ist, wenn kein erfolgloser Versuch zur Heilung des Formmangels unternommen wurde.

Nach einer weiteren differenzierenden Ansicht ist die Schriftformheilungsklausel nur zwischen den Ursprungsparteien wirksam, nicht aber gegenüber einem später eintretenden Grundstückserwerber. Innerhalb dieser Meinung finden sich wiederum unterschiedliche Ansätze. Teilweise wird vertreten, dass die Klausel zwischen den Ursprungsparteien nur dann wirksam sei, sofern ein Erwerber nach ihrem Wortlaut ausdrücklich vom Anwendungsbereich ausgenommen ist, da ansonsten eine Gesamtunwirksamkeit eintrete. Die Gegenansicht betrachtet die Klausel im Hinblick auf die Ursprungsparteien dagegen in ihrer herkömmlichen Form als wirksam, allerdings nur bis zum Eintritt eines Erwerbers. Eine weniger strenge Ansicht hält die Schriftformheilungsklausel auch zwischen einem Erwerber und dem Mieter für wirksam, nimmt aber in Bezug auf die eintretende Bindung des Erwerbers eine zeitliche Differenzierung vor. Danach entfaltet die Klausel ihre Wirkung nur hinsichtlich solcher Vereinbarungen, die nach Veräußerung vom Erwerber selbst mit dem Mieter geschlossen werden. Insofern ist der Erwerber nicht an zwischen dem Mieter und dem Voreigentümer getroffene Vereinbarungen gebunden.

Nach einer weiteren Ansicht ist die Schriftformheilungsklausel generell unwirksam, das heißt durch sie werden weder die Ursprungsparteien noch der Erwerber gebunden.

3. Zusammenspiel von § 307 BGB und § 242 BGB

In Rechtsprechung und Schrifttum entwickelten sich im Zuge der langjährigen, kontrovers geführten Diskussion zur Wirksamkeit der Schriftformheilungsklausel zahlreiche unterschiedliche Meinungen. Diese nahmen oftmals entweder nur § 307 BGB oder § 242 BGB in den Blick, ohne sich jeweils mit der anderen Vorschrift zu beschäftigen. Das ist damit zu erklären, dass die jeweiligen Ansichten das Vorliegen oder Nichtvorliegen der nicht behandelten Vorschrift häufig unausgesprochen voraussetzen oder sich eine entsprechende Prüfung dieser Vorschrift wegen des von ihnen vertretenen Ergebnisses erübrigt. Letztlich sind beide Normen vom Prüfungsmaßstab umfasst, wobei aber auf eine Differenzierung jedenfalls auch deshalb verzichtet werden kann, da zumeist beiden

Normen ein für die Bewertung von formularvertraglichen Schriftformklauseln identischer Prüfungsmaßstab innewohnt.

Maßgeblich ist auf den Gesetzeszweck des § 550 BGB abzustellen, der durch die Schriftformheilungsklausel nicht umgangen werden darf. Gemäß § 307 Abs. 1 BGB sind Bestimmungen in Allgemeinen Geschäftsbedingungen immer dann unwirksam, wenn sie den Vertragspartner entgegen den Geboten von Treu und Glauben unangemessen benachteiligen. Eine unangemessene Benachteiligung ist im Zweifel immer dann anzunehmen, wenn eine Bestimmung mit den wesentlichen Grundgedanken der gesetzlichen Regelung, von der abgewichen wird, nicht zu vereinbaren ist (§ 307 Abs. 2 Nr. 1 BGB) oder wesentliche Rechte oder Pflichten, die sich aus der Natur des Vertrags ergeben, so einschränkt, dass die Erreichung des Vertragszwecks gefährdet ist (§ 307 Abs. 2 Nr. 2 BGB).

Der Schuldner ist nach § 242 BGB verpflichtet, die Leistung so zu bewirken, wie Treu und Glauben mit Rücksicht auf die Verkehrssitte es erfordert. § 242 BGB enthält seinem Wortlaut nach eine sehr allgemeine Regelung zur Art und Weise der Leistungserbringung des Schuldners.[513] Daher wird die Norm von Rechtsprechung und Literatur nicht im Wege der Subsumtion, sondern anhand einer im Einzelfall durchzuführenden Interessenabwägung angewendet.[514] Eine Treuwidrigkeit kann nur aufgrund einer wertenden Gesamtbetrachtung der jeweiligen Interessen der Vertragsparteien angenommen werden.[515] Allein hierdurch kann die notwendige Einzelfallgerechtigkeit gewährleistet werden. Nach ständiger Rechtsprechung[516] ist die vorzeitige Beendigung eines befristeten Mietvertrages deshalb nur dann rechtsmissbräuchlich, wenn sie zu einem „schlechthin untragbaren Ergebnis“ führen würde. Diese Formel ist anhand zahlreicher ergangener Einzelfallentscheidungen konkretisiert worden. Treuwidriges Verhalten kann insoweit immer nur bei Vorliegen einer der so entwickelten und inzwischen allgemein anerkannten Fallgruppen bejaht werden: Namentlich handelt es sich um die Existenzgefährdung und die Fälle der besonders schweren Treuepflichtverletzung. Eine ordentliche Kündigung des langfristigen Mietvertrages kann also nur dann rechtsmissbräuchlich sein, wenn einer der Vertragspartner den anderen schuldhaft von der Einhaltung der Form abgehalten hat (Arglist) oder sich sonst einer besonders schweren Treuepflichtverletzung schuldig gemacht hat

---

513 *Schubert*, in: MüKo-BGB, § 242 Rn. 7.

514 BGH, NJW 1968, 549 (550); *Einsele*, in: MüKo-BGB, § 125 Rn. 56 ff; *Plassmann*, Treuwidriges Verhalten bei Formverstößen, S. 245 ff.

515 BGH, NJW 1996, 1960 (1960).

516 BGH, NJW 1980, 117 (118); BGHZ 29, 6 (10); BGHZ 23, 249 (255f.).

oder wenn bei Formwidrigkeit die Existenz der anderen Vertragspartei bedroht wäre.[517] Für diese Arbeit stellt sich damit die Frage, ob die in der Schriftformheilungsklausel vereinbarte Mitwirkungsverpflichtung per se zu einer besonders schweren Treuepflichtverletzung führen kann.

Um die unterschiedlichen Beurteilungen dieser Normen besser einordnen und im Gesamtzusammenhang bewerten zu können, ist es notwendig, deren Verhältnis zueinander herauszuarbeiten: Die Schriftformheilungsklausel kann nur im Zusammenspiel von § 307 BGB und § 242 BGB ihre volle Wirkung entfalten. Voraussetzung hierfür ist zum einen ihre Wirksamkeit (§ 307 BGB) und zum anderen die Treuwidrigkeit der auf einen Formverstoß gestützten ordentlichen Kündigung (§ 242 BGB). Nur dann kann durch sie die langfristige Bindung an einen Mietvertrag sichergestellt werden. Denn die wirksame Schriftformheilungsklausel führt alleine noch nicht zu dem erwünschten Kündigungsschutz. Eine formlos getroffene Abrede ist trotz der Klausel zunächst als wirksam anzusehen[518] und stellt damit einen an sich relevanten Formmangel im Sinne des § 550 BGB dar. Erst die vereinbarte Heilungspflicht kann die Berufung auf diesen Formmangel treuwidrig erscheinen lassen.

Ohne Bedeutung ist damit die Klausel also in den Fällen, in denen sie entweder bereits unwirksam ist oder die ordentliche Kündigung unter keinen Umständen als treuwidrig erachtet werden kann. Ein Vergleich der unterschiedlichen Auffassungen in Rechtsprechung und Literatur hat gezeigt, dass – wie bereits erwähnt – in aller Regel ein Gleichlauf zwischen der Bewertung des § 307 BGB und des § 242 BGB angenommen werden kann. Die Meinungen, die von der Wirksamkeit (bzw. Unwirksamkeit) der Klausel ausgehen, bejahen (bzw. verneinen) überwiegend zugleich einen Verstoß gegen Treu und Glauben. Es gibt aber auch differenzierende Ansichten, welche die Klausel zwar generell für wirksam halten, aber eine ordentliche Kündigung nur unter speziellen Voraussetzungen als nicht treuwidrig erachten. In diesen Fällen ist keine gleichlaufende, sondern eine inkongruente Bewertung von § 307 BGB und § 242 BGB gegeben. Dies führt dazu, dass insoweit die Klausel zwar grundsätzlich rechtswirksam, aber gleichwohl wirkungslos ist.

517 BGHZ 216, 68 (74).

518 Anders offenbar nur *Streyl*, der von der Unwirksamkeit einer formwidrigen Regelung ausgeht und die Schriftformheilungsklausel daher als „sinnlos“ erachtet: NZM 2015, 28 (29).

4. Die Rechtsprechung des Bundesgerichtshofes

Seit dem Urteil des Bundesgerichtshofes vom 27. September 2017[519] steht fest, dass er von der generellen Unwirksamkeit der Schriftformheilungsklausel ausgeht. Im Vorfeld dieser Entscheidung konnte seiner Rechtsprechung jedoch lange Zeit nicht eindeutig entnommen werden, ob er die Klausel grundsätzlich als wirkungslos ansieht. Denn obwohl sich der Bundesgerichtshof seit Inkrafttreten des AGB-Gesetzes im Jahre 1977 häufig mit der Schriftformproblematik des § 550 BGB auseinandersetzen musste, hat er die Frage nach der Wirksamkeit der Schriftformheilungsklausel lange Zeit offengelassen. Noch im Jahr 2014 urteilte zurückhaltend, dass jedenfalls ein Grundstückserwerber nicht durch eine derartige Klausel gebunden sein dürfe. Erst mit der Entscheidung aus dem Jahr 2017 stellte er dann unmissverständlich klar, dass dies auch im Hinblick auf die Ursprungsparteien gelte. Zur Begründung wies der Bundesgerichtshof seither stets auf den Schutzzweck des § 550 BGB hin.

a) Keine Bindung eines Grundstückserwerbers

In seinem Urteil vom 22. Januar 2014[520] entschied der Bundesgerichtshof erstmals, dass eine wegen eines Formmangels erklärte ordentliche Kündigung eines später eingetretenen Grundstückserwerbers trotz einer im Vertrag enthaltenen Schriftformheilungsklausel nicht treuwidrig sei. In dem seinerzeit zugrundeliegenden Sachverhalt bestand seit dem Jahr 2005 zwischen der Beklagten als Mieter und dem Rechtsvorgänger der Klägerin als Vermieter ein Mietverhältnis über Räume, in denen der Mieter eine Apotheke betrieb. Der Mieter investierte umfangreich in das Mietobjekt. Der Mietvertrag enthielt eine Schriftformheilungsklausel, die besagte, dass auch nachträgliche Änderungen bzw. Ergänzungen der Schriftform bedürfen und die Parteien im Falle eines Formmangels zur Heilung verpflichtet sind, weshalb eine auf den Formmangel gestützte, vorzeitige Kündigung unzulässig sei. Später einigten sich die ursprünglichen Parteien jedoch auf Vertragsergänzungen, ohne diese schriftlich niederzulegen. Nachdem die Klägerin das Grundstück erworben hatte und im Jahr 2008 als neuer Vermieter in das Mietverhältnis eintrat, erklärte sie gegenüber dem Mieter die ordentliche Kündigung wegen Nichteinhaltes der Form im Sinne des § 550 BGB. Trotz der vereinbarten Schriftformheilungsklausel befand der Bundesgerichtshof in diesem Fall, dass ein derartiges Verhalten des Erwerbers nicht treuwidrig

519 BGHZ 216, 68 (68 ff.).
520 BGHZ 200, 98 (98 ff.).

sei. Dem Mieter stehe gegenüber dem späteren Erwerber kein Anspruch auf Nachholung der Beurkundung formwidriger Vertragsänderungen zu. Die Frage, ob eine Schriftformheilungsklausel generell unwirksam ist, ließ der Bundesgerichtshof bei dieser Entscheidung aber noch ausdrücklich offen.[521]

In seiner Begründung verwies der Bundesgerichtshof darauf, dass § 242 BGB nur ausnahmsweise zur Anwendung kommen dürfe, wenn die vorzeitige Beendigung des Vertrags zu einem schlechthin untragbaren Ergebnis führe. Dies sei aber nicht deshalb der Fall, weil im Mietvertrag eine Schriftformheilungsklausel enthalten sei, da seitens des Erwerbers eine Pflicht zur Nachholung der Schriftform nicht bestehe.[522] Denn der primäre Zweck des § 550 BGB bestehe darin, einen Grundstückserwerber, der kraft Gesetzes auf Seiten des Vermieters in ein für mehr als ein Jahr abgeschlossenes Mietverhältnis eintrete, über die Bedingungen aus dem schriftlichen Mietvertrag zu informieren sei. Folglich müsse er die Bedingungen, zu denen er eintrete, aus dem Mietvertrag ersehen können. Diese Möglichkeit würde ihm aber genommen, wenn er aufgrund der im Mietvertrag enthaltenen Schriftformheilungsklausel verpflichtet wäre, den langfristigen Bestand des Mietverhältnisses sicherzustellen. Insofern würde der Schutzzweck des § 550 verfehlt. Da die Vorschrift aber zwingendes Recht darstelle, sei eine den Erwerber verpflichtende Schriftformheilungsklausel, unabhängig davon, ob sie individuell oder im Rahmen von Allgemeinen Geschäftsbedingungen vereinbart werde, mit § 550 BGB unvereinbar.[523] Nach Ansicht des Bundesgerichtshofes ist auch eine Verweisung auf Schadensersatzansprüche nicht ausreichend. Denn zwingende Rechtsfolge eines Formmangels sei nach der gesetzlichen Konzeption ein ordentliches Kündigungsrecht und nicht ein bloßer Schadensersatzanspruch.[524] Darüber hinaus spiele es grundsätzlich auch keine Rolle, ob der Erwerber vor Eintritt in den Mietvertrag Kenntnis von der Formunwirksamkeit hatte.[525] Auch die umfangreichen vom Mieter getätigten Investitionen, die sich fortan nicht weiter amortisieren können, sondern nutzlos geworden sind, ließ der Bundesgerichtshof nicht für die Annahme der Treuwidrigkeit ausreichen. Ein rechtsmissbräuchliches Verhalten könne nach den allgemein anerkannten Fallgruppen nur dann bejaht werden, wenn eine Existenzgefährdung vorläge.[526]

---

521 BGHZ 200, 98 (98 ff.).
522 BGHZ 200, 98 (103).
523 BGHZ 200, 98 (107 f.).
524 BGHZ 200, 98 (106 f.).
525 BGHZ 200, 98 (108).
526 BGHZ 200, 98 (109 f.).

In einer sich anschließenden Entscheidung vom 30. April 2014[527] bestätigte der Bundesgerichtshof seine Rechtsprechung und verneinte erneut die fehlende Bindung eines später eintretenden Grundstückserwerbers an eine im Mietvertrag enthaltene Schriftformheilungsklausel.

b) Keine Bindung der Ursprungsparteien

In dem Urteil vom 27. September 2017[528] erweiterte der Bundesgerichtshof schließlich die soeben beschriebene, restriktive Rechtsprechung auf die Ursprungsparteien. Demnach sei eine Kündigung nicht nur mit Treu und Glauben vereinbar, sondern die Schriftformheilungsklausel generell unwirksam. Im Leitsatz dieser Entscheidung formuliert er wie folgt:

> *„So genannte Schriftformheilungsklauseln sind mit der nicht abdingbaren Vorschrift des BGB § 550 BGB unvereinbar und daher unwirksam. Sie können deshalb für sich genommen eine Vertragspartei nicht daran hindern, einen Mietvertrag unter Berufung auf einen Schriftformmangel ordentlich zu kündigen."*

Dieser Entscheidung lag dabei folgender Sachverhalt zugrunde: Die Parteien verband ein Mietverhältnis über Ladenräume aus dem Jahr 1998, welches noch bis Ende Mai 2020 laufen sollte. Zur Sicherung der vereinbarten Festlaufzeit war im Mietvertrag eine Schriftformheilungsklausel vereinbart. Der schriftliche Mietvertrag enthielt außerdem eine Wertsicherungsklausel, wonach die Miete bei Veränderung des Verbraucherpreisindex um 10 Punkte verhältnismäßig anzupassen ist. Im Jahr 2011 bat der Vermieter den Mieter in einem Schreiben, die Wertsicherungsklausel dahingehend abzuändern, dass eine entsprechende Anpassung der Miete bereits bei Veränderung des Verbraucherpreisindex um 5 % erfolgt. Hierauf vermerkte der Mieter handschriftlich „6 % einverstanden" und gab das von ihm unterzeichnete Schreiben an den Vermieter zurück. Anschließend erhöhte der Vermieter die Miete, da der der Schwellenwert von 6 % erreicht war, welche der Mieter fortan auch entrichtete. Da die Änderung der Wertsicherungsklausel nicht schriftformkonform war, erklärte der Vermieter im Jahr 2014 die ordentliche Kündigung im Sinne des § 550 BGB.[529] Diese

---

527 In BGH NZM 2014, 471 (471 ff.) erwarb die Klägerin das Grundstück zwar nicht durch Veräußerung im Sinne des § 566 BGB, sondern durch Einräumung eines Nießbrauchs gemäß § 1030 BGB. Allerdings steht sie als Nießbrauchsberechtigte gemäß § 567 Abs. 1 BGB einem rechtsgeschäftlichen Erwerber gleich, so dass sie in den Schutzbereich des § 550 BGB einzubeziehen ist.

528 BGHZ 216, 68 (68 ff.).

529 BGHZ 216, 68 (69).

Kündigung befand der Bundesgerichtshof für unzulässig. Dabei stellte er aber nicht auf die Schriftformheilungsklausel ab, sondern beurteilte die Berufung auf den Formmangel aus anderen Gründen als treuwidrig. Denn eine Partei handle immer dann widersprüchlich und damit treuwidrig, wenn sie durch eine formwidrige Vertragsänderung begünstigt werde und sich später zugleich auf den bestehenden Formmangel berufe.[530] Insoweit ist es umso bemerkenswerter, dass der Bundesgerichtshof gleichwohl die Entscheidung zum Anlass nahm, die generelle Unzulässigkeit der Schriftformheilungsklausel herauszuarbeiten, obwohl es für den zu beurteilenden Sachverhalt hierauf nicht ankam.

Als Kernargument führt er, wie auch bei der vorangegangenen Entscheidung aus dem Jahr 2014, den mit § 550 BGB verfolgten Schutzzweck an, welcher durch die Schriftformheilungsklausel in unzulässiger Weise umgangen würde. Denn § 550 BGB diene nicht nur dem Schutz eines potentiellen Grundstückserwerbers, sondern „ebenfalls dazu, die Beweisbarkeit langfristiger Abreden auch zwischen den ursprünglichen Vertragsparteien zu gewährleisten und diese vor der unbedachten Eingehung langfristiger Bindungen zu schützen“[531]. Aus diesem Grund sei eine Schriftformheilungsklausel auch in Bezug auf die Ursprungsparteien mit dem nicht abdingbaren § 550 BGB unvereinbar. Ansonsten würde „der mit der Vorschrift jedenfalls auch beabsichtigte Übereilungsschutz ausgehöhlt und die wichtige Warnfunktion der Bestimmung weitgehend leerlaufen“.[532] Diese Annahme sieht er insbesondere deshalb bestätigt, weil der Reformgesetzgeber die frühere Vorschrift des § 566 BGB trotz Kenntnis der ständigen Rechtsprechung nur redaktionell, nicht aber inhaltlich geändert habe. Andernfalls hätte es nach seiner Ansicht nahegelegen, die Möglichkeit der ordentlichen Kündigung auf den Erwerber zu beschränken.[533]

Dem lasse sich nach Ansicht des Bundesgerichtshofes auch nicht der Grundsatz „pacta sunt servanda“ entgegenhalten, wonach einmal geschlossene Verträge einzuhalten sind. Denn der Gesetzgeber habe mit § 550 BGB die Vertragsfreiheit bewusst dahingehend eingeschränkt, dass langfristige Mietverträge der Schriftform bedürfen. Fehlt es an dieser, bestünde eben als gesetzlich angeordnete Folge kein langfristiger Mietvertrag mehr, den es zu bewahren gälte.[534]

530 BGHZ 216, 68 (82).
531 BGHZ 216, 68 (79).
532 BGHZ 216, 68 (80).
533 BGHZ 216, 68 (80).
534 BGHZ 216, 68 (80).

Auch der Umstand, dass die Schriftformheilungsklausel die Rechtsfolge der ordentlichen Kündbarkeit nicht unmittelbar ausschließe, sondern nur mittelbar einschränke, führt nach Ansicht des Bundesgerichtshofes nicht zur Wirksamkeit der Klausel. Denn über § 242 BGB führe sie schließlich de facto regelmäßig zum Ausschluss der Kündbarkeit und damit zur Umgehung des unabdingbaren § 550 BGB.[535]

Mit Entscheidung vom 11. April 2018[536] bestätigte der Bundesgerichtshof nochmals seine bisher ergangene Rechtsprechung und sprach der Schriftformheilungsklausel erneut die Wirksamkeit ab. Weniger einheitlich stellt sich jedoch die Rechtsprechung der Instanzgerichte zur Wirksamkeit der Schriftformheilungsklausel dar.

5. Die Rechtsprechung der Instanzgerichte

In der Rechtsprechung der Instanzgerichte bestand keine Einigkeit hinsichtlich der Frage, ob die Parteien eines langfristigen Mietvertrages an die Schriftformheilungsklausel gebunden sind. Analysiert man die ergangenen Entscheidungen, lassen sich insbesondere vier unterschiedliche Auffassungen der Gerichte herausarbeiten. Einige Gerichte gingen von der generellen Wirksamkeit der Schriftformheilungsklausel aus. Diese Auffassung vertraten vor der hierzu ergangenen höchstrichterlichen Rechtsprechung insbesondere das Oberlandesgericht Köln[537], Naumburg[538] und Hamm[539] sowie das Kammergericht Berlin[540]. Im Einklang mit der Rechtsprechung des Bundesgerichtshofes aus dem Jahr 2014 vertrat insbesondere das Oberlandesgericht Düsseldorf[541] und Rostock[542] die Ansicht, dass zumindest ein Erwerber nicht an eine Schriftformheilungsklausel gebunden ist. Fehle eine entsprechende Differenzierung nach dem Wortlaut der Klausel, führe dies aber zur Gesamtunwirksamkeit, sodass die Klausel ihre Wirkung auch zwischen den Ursprungsparteien verliere. Die meisten Oberlandesgerichte waren hingegen der Auffassung, dass die Klausel trotz der fehlenden Bindung des Erwerbers jedenfalls zwischen den Ursprungsparteien wirksam

---

535 BGHZ 216, 68 (81).
536 BGHZR Nr. 50115.
537 OLG Köln NJOZ 2006, 325 (325).
538 OLG Naumburg NJW 2012, 3587 (3587).
539 OLG Hamm NZM 2013, 760 (760).
540 KG NZM 2007, 402 (402).
541 OLG Düsseldorf BeckRS 2012, 25365; OLG Düsseldorf BeckRS 2017, 108304.
542 OLG Rostock NZM 2008, 646 (646).

ist. Dieser Ansicht waren vor allem die Oberlandesgerichte Frankfurt[543], Braunschweig[544] und Dresden[545] sowie das Kammergericht Berlin[546], das insofern seine frühere Entscheidung korrigierte. Zur vierten und letzten Gruppe zählten nur sehr wenige Instanzgerichte, die die Schriftformheilungsklausel als generell unwirksam ansahen. Im Einklang mit der aktuellen höchstrichterlichen Rechtsprechung urteilte nur das Landgericht Krefeld[547]. Wenngleich sich innerhalb dieser verschiedenen Kategorien übereinstimmende Lösungsansätze finden lassen, so wurden von den Gerichten doch unterschiedliche Begründungen herangezogen. Auf welche Argumentation sich die Gerichte im Wesentlichen stützen, soll im Folgenden dargestellt werden.

a) Generelle Wirksamkeit

Diejenigen Gerichte, die eine Schriftformheilungsklausel als generell wirksam erachteten, hielten den Treuwidrigkeitseinwand des § 242 BGB für einschlägig. Haben die Parteien für den Fall eines Formmangels die Nachholung der Form vereinbart, erwachse hieraus für jede Partei ein Recht auf Abschluss eines schriftformkonformen Vertrages, der gerichtlich einklagbar ist. Insofern stünde einer ordentlichen Kündigung die „dolo agit"-Einrede entgegen. Denn treuwidrig handle derjenige, der sich auf einen Formmangel berufe und damit etwas verlange, was er sofort wieder herausgeben müsse.[548]

Entsprechend der höchstrichterlichen Rechtsprechung zum Vorvertrag könne eine Schriftformheilungsklausel nicht zur Umgehung des zwingenden Charakters des § 550 BGB führen. Denn auch hier sei trotz des doppelten Schutzzwecks des § 550 BGB anerkannt, dass die Parteien sich wirksam zum Abschluss eines schriftlichen Mietvertrages verpflichten könnten. Wenn sie sich aber schon durch einen mündlichen Vorvertrag an die Einhaltung der Schriftform binden können, sei nicht ersichtlich, warum sich die Parteien eines bereits weitgehend schriftlich niedergelegten Vertrages nicht verpflichten können sollen, etwaige Schriftformmängel zu heilen. Durch die Schriftformheilungsklausel könne – trotz des

543 OLG Frankfurt BeckRS 2015, 7628.
544 OLG Braunschweig NZM 2016, 197 (197).
545 OLG Dresden NJOZ 2017, 1511 (1511).
546 KG Berlin NJOZ 2016, 1278 (1278).
547 LG Krefeld BeckRS 2016, 10654.
548 OLG Hamm NZM 2013, 760 (764); OLG Köln NJOZ 2006, 325 (327 f.); OLG Naumburg NJW 2012, 3587 (3587).

zwingenden Charakters – folglich auch in diesem Fall ein wirksamer Anspruch auf Abschluss eines formwirksamen Mietvertrages vereinbart werden.[549]

b) Unwirksamkeit gegenüber einem Grundstückserwerber

Im Gegensatz zu dieser sehr weit gehenden Ansicht, erachteten die meisten Oberlandesgerichte die Schriftformheilungsklausel zumindest gegenüber einem Erwerber für unwirksam. Denn sie verstoße insofern gegen den primären Schutzzweck des § 550 BGB und sei somit gemäß § 307 Abs. 2 Nr. 1 BGB unwirksam. Das Schriftformgebot ziele vorrangig darauf ab, den Erwerber über die auf ihn übergehenden Bindungen zu informieren. Dieses Ziel könne aber nicht durch die bloße Kenntnisnahme der im Mietvertrag enthaltenen Schriftformheilungsklausel erreicht werden, da ihm durch die Klausel selbst, keine Kenntnis vom Formmangel verschafft werde. Ist die Klausel unwirksam, könne aber die auf einen Formmangel gestützte ordentliche Kündigung auch nicht treuwidrig sein.[550]

Zudem müsse das Korrektiv des § 242 BGB auf krasse Ausnahmefälle beschränkt bleiben. Würde eine ordentliche Kündigung aufgrund der vereinbarten Heilungsverpflichtung generell als treuwidrig erachtet, hätte dies eine weitgehende Aushöhlung der Formvorschrift des § 550 BGB zur Folge.[551] Nach Ansicht des Oberlandesgerichts Rostock[552] ist die Anwendung von Treu und Glauben zudem bereits deshalb zu verneinen, da der gekündigten Vertragspartei gegenüber dem Kündigenden ein Schadensersatzanspruch wegen Verletzung einer Vertragspflicht aus §§ 280 ff. BGB zustünde.

Eine Schriftformheilungsklausel könne insbesondere nicht dahingehend verstanden werden, „dass sie quasi wie ein Vorvertrag zum Abschluss eines neuen Mietvertrags zu den alten Bedingungen verpflichtet“[553]. Eine derartige Auslegung gäbe die Klausel schlichtweg nicht her, da sie – anders als ein Vorvertrag – einen bestehenden Mietvertrag voraussetze.

Im Ergebnis führt die unzulässige Umgehung des primären Schutzzwecks zur Unwirksamkeit der Klausel insgesamt, also auch im Verhältnis zwischen den Ursprungsparteien. Denn sofern es sich nicht um eine zwischen den

---

549 OLG Hamm NZM 2013, 760 (764); so auch *Piepers/Robles y Zepf*, NZM 2014, 152 (154).

550 OLG Düsseldorf BeckRS 2012, 25365; OLG Düsseldorf BeckRS 2017, 108304.

551 OLG Rostock NZM 2008, 646 (647).

552 OLG Rostock NZM 2008, 646 (647).

553 OLG Rostock NZM 2008, 646 (647).

ursprünglichen Parteien und dem Erwerber differenzierende Klausel handle, sei eine geltungserhaltende Reduktion ausgeschlossen.[554]

c) Wirksamkeit zwischen den Ursprungsparteien

Im Unterschied zu dieser eher strengen Ansicht, ging aber der überwiegende Teil der oberlandesgerichtlichen Rechtsprechung davon aus, dass die Schriftformheilungsklausel – ungeachtet der fehlenden Bindung des Grundstückserwerbers – zwischen den Ursprungsparteien wirksam ist. Nach überwiegender Meinung[555] liege keine unangemessene Benachteiligung der Vertragsparteien im Sinne des § 307 Abs. 1 Nr. 1 BGB vor. Dies sei insbesondere darauf zurückzuführen, dass die Regelung dem Interesse beider Vertragsparteien diene. Es bestehe gleichermaßen sowohl seitens des Mieters wie auch des Vermieters ein berechtigtes Bedürfnis, die Einhaltung der gesetzlichen Schriftform und damit die vereinbarte Festlaufzeit sicherzustellen. Auch der unabdingbare Schutzzweck eines Grundstückserwerbers erfordere nicht die Annahme einer Gesamtunwirksamkeit der Klausel. Denn zur Erreichung dieses Schutzzwecks sei es ausreichend, dass nur dieser – unabhängig von der Wirksamkeit der Klausel – gemäß § 242 BGB nicht daran gehindert werde, den Vertrag unter Berufung auf einen Formmangel ordentlich zu kündigen.[556]

Diese Bewertung stelle auch keine unzulässige geltungserhaltende Reduktion dar.[557] Denn letztlich gehe es nicht darum, eine zu weit gefasste Klausel auf einen zulässigen Kern zurückzuführen. Vielmehr gehe es um die Beurteilung der Reichweite des Treuwidrigkeitseinwands gemäß § 242.[558] Insoweit differenziert diese Ansicht in ihrer Bewertung zwischen § 307 und § 242 BGB, da sie die Klausel zwar im Hinblick auf § 307 BGB als wirksam ansieht, gleichzeitig jedoch dem Mieter den Treuwidrigkeitseinwand gegenüber dem Erwerber verwehrt.

Obwohl die meisten Oberlandesgerichte die Schriftformheilungsklausel also wie dargestellt grundsätzlich für wirksam hielten, bestand allerdings innerhalb dieser Rechtsprechung keine Einigkeit darüber, ob und wann der Treuwidrigkeitseinwand zu Geltung kommt. Nicht klar war, ob und wann die Parteien eines Mietvertrages an die Schriftformheilungsklausel gebunden sind. Eine

---

554 OLG Düsseldorf BeckRS 2012, 25365; OLG Düsseldorf BeckRS 2017, 108304.

555 OLG Dresden NJOZ 2017, 1511 (1513); KG Berlin NJOZ 2016, 1278 (1279); OLG Braunschweig NZM 2016, 197 (200); OLG Frankfurt a. M. BeckRS 2015, 07628.

556 OLG Braunschweig NZM 2016, 197 (200).

557 OLG Dresden NJOZ 2017, 1511 (1513); KG Berlin NJOZ 2016, 1278 (1279); OLG Braunschweig NZM 2016, 197 (200); OLG Frankfurt a. M. BeckRS 2015, 07628.

558 OLG Braunschweig NZM 2016, 197 (200).

vermittelnde Ansicht[559] bewertete dabei die ordentliche Kündigung nur dann als treuwidrig, soweit die kündigende Vertragspartei nicht ernsthaft versuche, die andere Partei zur Heilung des Formmangels zu veranlassen.

Wenn man hingegen der weitesten Auffassung[560] folgt, führt der Treuwidrigkeitseinwand des § 242 BGB nur dazu, dass ein Erwerber nicht verpflichtet ist, die vom Voreigentümer getroffenen Vereinbarungen zu heilen. Die Schriftformheilungsklausel binde ihn aber sehr wohl an die Abreden, die er selbst mit dem Mieter getroffen hat. Dem Erwerber stünde nach dieser Ansicht sogar ein Heilungsanspruch wegen eines vor Veräußerung entstandenen Formmangels zu, obwohl er selbst nicht an die zwischen dem Mieter und dem Voreigentümer formlos getroffene Vereinbarung gebunden ist.

d) Generelle Unwirksamkeit

Trotz der zuvor dargestellten Disparitäten innerhalb der instanzgerichtlichen Rechtsprechung ist ihr jedoch gemein, dass nahezu alle Gerichte nicht mit der heutigen Rechtsprechung des Bundesgerichtshofes zur generellen Unwirksamkeit der Schriftformheilungsklausel übereinstimmten. Ihre Bewertung stützten sie – wenn auch unter Annahme unterschiedlicher Lösungsansätze – jeweils auf den primären Schutzzweck des § 550 BGB. Der sekundäre Schutzzweck der Norm, der nach ständiger Rechtsprechung des Bundesgerichtshofes eine Beweis- und Warnfunktion zugunsten der Ursprungsparteien verfolge, fand im Rahmen der aufgeführten oberlandesgerichtlichen Rechtsprechung keine Berücksichtigung. Gerade hierauf stützt aber der Bundesgerichtshof maßgeblich seine Begründung zur generellen Unwirksamkeit von Schriftformheilungsklauseln.

Nur die Entscheidung des Landgerichts Krefeld[561] vom 25. Mai 2016 entspricht im Ergebnis der späteren höchstrichterlichen Rechtsprechung. So führte es aus, dass eine Schriftformheilungsklausel wegen des in ihr enthaltenen Kündigungsverzichts als nichtig angesehen werden müsse, sodass sie zwingend auch zwischen den ursprünglichen Vertragsparteien keine Wirkung entfalten könne. Anstatt auf § 307 BGB stützte es seine Entscheidung jedoch auf das Verbotsgesetz nach § 134 BGB und stellte dabei – wie auch der Bundesgerichtshof – darauf

---

559 OLG Dresden NJOZ 2017, 1511 (1511); OLG Düsseldorf BeckRS 2017, 108304; KG Berlin NJOZ 2016, 1278 (1278); OLG Düsseldorf NZM 2005, 147 (148).

560 OLG Frankfurt a. M. BeckRS 2015, 07628.

561 LG Krefeld BeckRS 2016, 10654.

ab, dass § 550 BGB zwingendes, für die Parteien nicht disponibles Recht darstelle. Durch die Schriftformheilungsklausel würde aber das Recht zur ordentlichen Kündigung vollständig ausgeschlossen, obwohl diese Rechtsfolge von den Parteien nicht abbedungen werden könne, da andernfalls der Zweck des § 550 BGB leerliefe. Anders als der Bundesgerichtshof zog das Landgericht Krefeld für seine Begründung aber nicht den zugunsten der Ursprungsparteien bestehenden sekundären Schutzzweck heran, sondern berief sich allein auf den Hauptzweck der Norm, den später eintretenden Grundstückserwerber über sämtliche auf ihn übergehende Bedingungen zu informieren. Dieser Schutz könne nur dann gewährleistet werden, wenn das Schriftformgebot auch bereits zwischen den Ursprungsparteien – also schon vor der Veräußerung – gelte. Sichergestellt werden könne dies nur durch die gesetzlich angeordnete Rechtsfolge der ordentlichen Kündbarkeit aller Vertragsparteien. Nicht ausreichend sei hingegen die in der Klausel angeordnete Heilungsverpflichtung, da die Verletzung der Schriftform im Ergebnis ansonsten ohne Folgen bliebe, sodass sie keine hinreichende „Ersatzfolge" darstelle. Durch eine Schriftformheilungsklausel könne das Schriftformgebot und der damit beabsichtigte Schutz des Erwerbers nicht effektiv umgesetzt werden.

6. *Das Schrifttum*

Im Schrifttum divergieren die zur Wirksamkeit der Schriftformheilungsklausel vertretenen Ansichten. Allerdings lässt sich innerhalb der Literatur weder eine eindeutige Tendenz für, noch gegen die Wirkung einer solchen Klausel erkennen. Vielmehr wird diese Problematik unter sehr verschiedenen Aspekten diskutiert, wobei sich für jede der unterschiedlichen Lösungsalternativen Befürworter finden lassen. Die im Schrifttum gewählten Begründungsansätze unterscheiden sich jedoch maßgeblich von dem Lösungsansatz der Instanzgerichte. Während die Rechtsprechung ihre Argumentation durchweg auf den Hauptzweck des § 550 BGB stützt, beziehen sich fast alle Autoren im Schrifttum bei der Bewertung der Klausel – ebenso wie der Bundesgerichtshof – zusätzlich auf den sekundären Schutzzweck zugunsten der Ursprungsparteien. Zu welchen Unterschieden dies im Rahmen der rechtlichen Beurteilung führt, wird wie folgt dargestellt.

a) Generelle Wirksamkeit

Für generell wirksam halten die Klausel unter anderem *Lindner-Figura*[562], *Bieber*[563], *Kreikenbohm und Niederstetter*[564]. Hiernach entfaltet sie ihre Wirkung sowohl zwischen den ursprünglichen Parteien des Mietvertrages wie auch gegenüber einem später eintretenden Grundstückserwerber. Zur Begründung verweisen diese Autoren insbesondere auf den jeweiligen Schutzzweck der Norm: Weder würde die zugunsten der Ursprungsparteien bestehende Warn- und Beweisfunktion umgangen, noch würde hierdurch das Informationsinteresse des Erwerbers beeinträchtigt.

Am weitesten geht die Auffassung von *Bieber*[565], der die Annahme eines zugunsten der Ursprungsparteien bestehenden Schutzzwecks gänzlich abstreitet. Aus den Gesetzesmaterialien ergäbe sich, dass der historische Gesetzgeber in keiner Weise von einer dem § 550 BGB innewohnenden Beweis- oder gar Warnfunktion ausgegangen sei. Demnach könne die Schriftformheilungsklausel gar nicht zu einer Beeinträchtigung der ursprünglichen Mietvertragsparteien führen. Ist sie aber zwischen den Ursprungsparteien wirksam, müsse sie wegen § 566 BGB auch den in den Mietvertrag eintretenden Erwerber binden, da das ursprüngliche Mietverhältnis nach dieser Norm uneingeschränkt fortbestehe.

Alle übrigen Autoren[566] sind dagegen in ihren Argumentationen etwas zurückhaltender und sehen die bestehende Warn- und Beweisfunktion zugunsten der Ursprungsparteien zwar als gegeben, aber nicht als durch die Klausel beeinträchtigt an. Vielmehr gehen sie davon aus, dass dieser Schutzzweck gerade wegen der in der Klausel vereinbarten Verpflichtung zur Einhaltung der Schriftform erfüllt werde. Da eine solche Verpflichtung insbesondere dem beiderseitigen Interesse der Vertragsparteien entspräche, sei sie im Hinblick auf die Beweisbarkeit des Vertragsinhaltes eher förderlich als abkömmlich. Auch die Warnfunktion würde hierdurch nicht umgangen, da die Parteien einen Mietvertrag nicht etwa deshalb unbedacht eingingen, weil in diesem eine Schriftformheilungsklausel enthalten sei. Mangels Beeinträchtigung der durch § 550 BGG bezweckten Warn- und Beweisfunktion erlange die Klausel zwischen den Ursprungsparteien absolute

562 *Lindner-Figura*, in: Geschäftsraummiete, Kap. 6 Rn. 103, 107; *Lindner-Figura/Schnieders*, in: 10 Jahre Mietrechtsreform, 436 (436 ff.).

563 *Bieber*, in: MüKo-BGB, § 550 Rn. 22.

564 *Kreikenbohm/Niederstetter*, NJW 2009, 406 (406 ff.).

565 *Bieber*, in: MüKo-BGB, § 550 Rn. 22.

566 *Lindner-Figura*, in: Geschäftsraummiete, Kap. 6 Rn. 103, 107; *Lindner-Figura/Schnieders*, in: 10 Jahre Mietrechtsreform, 436 (438–440); *Kreikenbohm/Niederstetter*, NJW 2009, 406 (408).

Geltung. Daneben sei aber auch der Hauptzweck des § 550 BGB sichergestellt. Denn das Informationsinteresse eines Grundstückserwerbers würde bereits durch die Schriftformheilungsklausel selbst hinreichend erfüllt. Hierdurch biete sich ihm die im Hinblick auf § 566 BGB ausreichende Möglichkeit, sich über etwaig formlos getroffene Vereinbarungen zu informieren. Zudem sei die Schriftformheilungsklausel wegen der inzwischen unübersichtlichen Rechtsprechung hinsichtlich der zu wahrenden Schriftformanforderungen aus Gründen der Rechtssicherheit notwendig. Nur so könne dem Grundsatz „pacta sunt servanda" zur Geltung verholfen werden.[567]

b) Unwirksamkeit gegenüber einem Grundstückserwerber

Die meisten Autoren sind jedoch – im Einklang mit der Rechtsprechung des Bundesgerichtshofes aus dem Jahr 2014 – der Meinung, dass die Schriftformheilungsklausel jedenfalls gegenüber dem Erwerber keine Wirkung entfalten dürfe. Allerdings wird hieraus nur vereinzelt gefolgert, dass die Klausel deshalb aber auch im Verhältnis der Ursprungsparteien als unwirksam anzusehen sei. So ist *Streyl*[568] der Ansicht, eine Klausel, die gegenüber dem Erwerber nicht zur Anwendung komme, sei ohne entsprechende Einschränkung intransparent im Sinne von § 307 Abs. 1 S. 2 BGB und damit generell unwirksam. *Leo*[569] argumentiert ebenfalls in diese Richtung, da nach ihm die Annahme der Wirksamkeit gegenüber den ursprünglichen Vertragsparteien eine unzulässige geltungserhaltende Reduktion darstelle.

Nach *Klimke*[570] komme allerdings das Verbot einer unzulässigen geltungserhaltenden Reduktion nur in Bezug auf einen Erwerber, nicht aber hinsichtlich der Ursprungsparteien zur Anwendung. Denn die hieraus resultierende Unwirksamkeit einer Klausel diene der Abschreckung des Verwenders (ursprünglicher Mieter oder Vermieter), der nicht risikolos zum Nachteil des Erwerbers die Grenze des gerade noch Zulässigen ausreizen dürfe. Da sich die Schriftformheilungsklausel aber lediglich gegenüber dem schützenswerten Erwerber nachteilig auswirke, dürfe es dem Klauselverwender auch nur gegenüber ihm verwehrt sein, sie auf ein zulässiges Maß zu reduzieren. Das Verbot der geltungserhaltenden Reduktion könne daher nicht zur generellen Unwirksamkeit der Klausel führen.

---

567 *Kreikenbohm/Niederstetter*, NJW 2009, 406 (408).
568 *Streyl*, NZM 2015, 28 (29).
569 So etwa *Leo*, NZM 2006, 815 (816).
570 *Klimke*, WuM 2010, 8 (12).

c) Wirksamkeit zwischen den Ursprungsparteien

Einige Autoren[571] vertreten daher die differenzierende Ansicht, dass die Schriftformheilungsklausel zwar grundsätzlich wirksam ist (§ 307 BGB), gegenüber einem Grundstückserwerber aber keine Bindung entfaltet (§ 242 BGB). Zwischen den Ursprungsparteien erlange die Klausel deshalb volle Geltung, da der zu ihren Gunsten bestehende Schutzzweck durch sie nicht beeinträchtigt werde. Ein Umgehungsgeschäft liege demnach nicht vor. Insofern stimmt der Begründungsansatz mit dem der Anhänger einer generellen Wirksamkeit der Klausel überein. Insbesondere würde die Beweisfunktion durch die Klausel nicht vereitelt, sondern aufgrund der in ihr enthaltenen Heilungsverpflichtung vielmehr sichergestellt.[572] Außerdem sei die Umgehung einer zwingenden Rechtsfolge immer nur dann verboten, wenn so der mit ihr vom Gesetz verfolgte Zweck vereitelt würde. Dies sei aber durch eine von den Parteien vereinbarte Schriftformheilungsklausel, die allein der Sicherstellung der Festlaufzeit dient, bei Gewerbemietverträgen gerade nicht der Fall. So ermögliche es § 544 BGB den Parteien, eine langfristige mietvertragliche Bindung bis zu 30 Jahren einzugehen.[573] Die Schriftformheilungsklausel belaste die Mietvertragsparteien demnach nicht stärker als der Abschluss eines solchen befristeten Vertrages selbst.[574]

Übereinstimmend gehen die Vertreter dieser Ansicht allerdings davon aus, dass gegenüber einem Erwerber ein Formmangel nur dann geltend gemacht werden könne, wenn er aufgrund einer nach Übergang des Mietvertrages getroffenen Abrede begründet wurde. *Streyl*[575] wendet darüber hinaus ein sogenanntes Prioritätsprinzip an, das die Grenze der Treuwidrigkeit festgelegt: Die Partei, die ihr Kündigungsrecht oder ihren Heilungsanspruch zuerst geltend mache, sperre hierdurch das gegenläufige Recht der anderen Partei. Nur solange kein Heilungsverlangen geäußert wurde, könne der Vertrag ordentlich gekündigt werden.

---

571 *Klimke*, WuM 2010, 8 (8 ff.); *Piepers/Robles y Zepf*, NZM 2014, 152 (152 ff.); sofern die Klausel eine entsprechende Einschränkung hinsichtlich des Erwerbers enthält auch *Streyl*, NZM 2015, 28 (28 ff.) unter Abänderung seiner früheren Ansicht in NZM 2009, 261 (261 ff.).

572 *Streyl*, NZM 2015, 28 (30); *Piepers/Robles y Zepf*, NZM 2014, 152 (153).

573 *Piepers/Robles y Zepf*, NZM 2014, 152 (153).

574 *Klimke*, WuM 2010, 8 (12).

575 *Streyl*, NZM 2015, 28 (31); NZM 2009, 261 (263).

d) Generelle Unwirksamkeit

Für generell unwirksam wird die Schriftformheilungsklausel unter anderem von *Leo*[576], *Dittert*[577], *Lützenkirchen*[578] und *Emmerich*[579] gehalten. Im Einklang mit der Ansicht des Bundesgerichtshofes gehen auch sie übereinstimmend davon aus, dass sich der zwingende Schutzzweck des § 550 BGB nicht nur auf den Erwerber, sondern auch auf die ursprünglichen Mietvertragsparteien erstreckt. Dieser letztgenannte Schutzzweck würde bei Geltung der Klausel unzulässig ausgehöhlt.

Durch die Anerkennung der Klausel könne – entgegen der widerstreitenden Ansichten – die Einhaltung der Schriftform nicht sichergestellt werden. Vielmehr entfiele die Einhaltung der Schriftform und Überprüfung der Mietverträge. Folglich wäre weder die Beweisfunktion gegenüber den Ursprungsparteien, noch das Informationsinteresse des Erwerbers gewährleistet.[580] Insbesondere könne die Schriftformheilungsklausel selbst nicht die vom Gesetz geforderte Aufklärungsfunktion erfüllen. Denn der Zweck des § 550 BGB bestehe nicht allein darin, den Erwerber auf das Risiko des Eintretens in einen Mietvertrag mit formlos getroffenen Nebenabreden hinzuweisen. Vielmehr solle die langfristige Bindung des Erwerbers an entsprechende Verträge verhindert werden.[581]

Darüber bezwecke der Formzwang des § 550 BGB nach Intention des Gesetzgebers auch die Gewährleistung eines Übereilungsschutzes. Die häufige Berufung der ursprünglichen Mietvertragsparteien auf einen Schriftformmangel sei ein verlässlicher Indikator dafür, dass die Warnfunktion zum einen notwendig sei und zum anderen, eine allgemein unterschätzte Dimension habe. Dies spräche deshalb dafür, dass die Parteien langfristige Bindungen häufig leichtfertig eingehen, ohne dass sie sich der wirtschaftlichen Tragweite bewusst sind oder ausreichende Berechnungen anstellen.[582]

Darüber hinaus sei der Treuwidrigkeitseinwand bereits seiner Funktion nach nicht als Begründungsansatz geeignet. Denn § 242 BGB solle keiner

---

576 *Leo*, NJOZ 2014, 321 (323); *Leo/Ghassemi-Tabar*, in: 10 Jahre Mietrechtsreformgesetz, 428 (428 ff); *Leo*, NZM 2006, 815 (815 f.).
577 *Dittert*, in: BeckOGK-BGB, § 550 Rn. 175.
578 *Lützenkirchen*, MietRB 2004, 305 (305 ff.).
579 *Emmerich*, in: Staudinger, § 550 Rn. 45 ff.
580 *Leo/Ghassemi-Tabar*, in: 10 Jahre Mietrechtsreformgesetz, 428 (432).
581 *Leo/Ghassemi-Tabar*, in: 10 Jahre Mietrechtsreformgesetz, 428 (432).
582 *Leo*, NJOZ 2014, 321 (323); *Leo/Ghassemi-Tabar*, in: 10 Jahre Mietrechtsreformgesetz, 428 (432).

Billigkeitsjustiz Vorschub leisten und dürfe insofern nur im Einzelfall und nur in restriktiv zu handhabenden Ausnahmefällen zur Anwendung kommen.[583]

7. Zusammenfassung

Dem vorstehenden Überblick über die in Rechtsprechung und Schrifttum vertretenen Ansichten ist zu entnehmen, dass auch weiterhin keine Klarheit über die Frage nach der Wirksamkeit der Schriftformheilungsklausel besteht. Selbst nach der in diesem Zusammenhang ergangenen Grundsatzentscheidung des Bundesgerichthofes aus dem Jahr 2017, in der er der Klausel jegliche Geltung abspricht, wird sie noch immer sehr unterschiedlich bewertet. Die Analyse der einzelnen Ansichten ergibt, dass im Ergebnis vier unterschiedliche Lösungsansätze vertreten werden. Während einige Autoren nach wie vor von der generellen Wirksamkeit der Klausel ausgehen, finden sich gleichermaßen Stimmen, die sich – im Einklang mit der höchstrichterlichen Rechtsprechung – für die generelle Unwirksamkeit der Klausel aussprechen. Der Großteil der Oberlandesgerichte vertrat eine differenzierte Ansicht, wonach jedenfalls ein Grundstückserwerber nicht an die Klausel gebunden sein dürfe. Keine Einigkeit herrschte allerdings in der Frage, ob dieser Umstand auch zur Gesamtunwirksamkeit der Klausel führt.

Begründet liegt diese Divergenz in den Ansichten im Schutzzweck der zwingenden Formvorschrift des § 550 BGB. Dieser ist stets Ausgangspunkt der in Rechtsprechung und Schrifttum geführten Diskussion. Die hierzu vertretenen Ansichten stellen im Rahmen ihrer Bewertung allerdings auf ganz unterschiedliche Aspekte ab, sodass sich kein einheitlicher Prüfungsmaßstab erkennen lässt. Zusammenfassend lassen sich deshalb nur folgende Kriterien herausarbeiten, auf die sich die unterschiedlichen Meinungen im Wesentlichen beziehen: In erster Linie wird sich auf den zugunsten des Erwerbers bestehenden Hauptzweck des § 550 BGB bezogen. Darüber hinaus wird auch ein sekundärer Schutzzweck zugunsten der Ursprungsparteien anerkannt. Letztlich stellen einige Autoren entweder noch auf den Grundsatz „pacta sunt servanda", den Vorvertrag oder die Möglichkeit der Geltendmachung von Schadensersatzansprüchen ab.

Besonders auffällig ist, dass insbesondere die Oberlandesgerichte im Rahmen ihrer Rechtsprechung nur den primären Schutzzweck zugunsten des Erwerbers als maßgeblich erachten. Dies hat zur Folge, dass sie die Klausel zwischen den Ursprungsparteien für wirksam halten, ohne aber den zu ihren Gunsten

583 *Leo*, NJOZ 2014, 321 (323); *Leo/Ghassemi-Tabar*, in: 10 Jahre Mietrechtsreformgesetz, 428 (432).

bestehenden Schutzzweck einzubeziehen. Insoweit erfolgt weder eine Auseinandersetzung damit, ob überhaupt ein eigenständiger – wenn auch untergeordneter – Schutzzweck zugunsten der Ursprungsparteien besteht, noch damit, ob dieser durch die Klausel beeinträchtigt wird. Dagegen stützen die Ansichten, die im Rahmen ihrer Beurteilung zur generellen Unwirksamkeit der Klausel kommen, ihr Ergebnis maßgeblich auf den eigenständigen zugunsten der Ursprungsparteien bestehenden Schutzzweck. Auch der Bundesgerichtshof bejaht die generelle Unwirksamkeit der Klausel nicht wegen einer Verletzung des primären, sondern des sekundären Schutzzwecks. Allein das Landesgericht Krefeld schlussfolgerte, dass die Schriftformheilungsklausel bereits im Verhältnis der Ursprungsparteien aufgrund des Erwerberschutzzwecks unwirksam ist.

II. Stellungnahme

Unter Berücksichtigung der bisher gewonnenen Erkenntnisse ergibt sich für die Verfasserin Folgendes: Die herkömmliche Schriftformheilungsklausel ist generell unwirksam. Dies gilt unabhängig davon, ob sie in Allgemeinen Geschäftsbedingungen enthalten ist oder eine Individualvereinbarung darstellt. Durch die Anerkennung einer hieraus resultierenden Bindungswirkung – sei es gegenüber dem Erwerber, sei es zwischen den Ursprungsparteien – würde der Schutzzweck des § 550 BGB in jedem Fall vereitelt. Nach der hier vertretenen Ansicht spielt es insoweit keine Rolle, ob man lediglich auf das (primäre) Informationsinteresse des Erwerbers abstellt oder zudem von einer (sekundären) Beweis- und Warnfunktion zugunsten der Ursprungsparteien ausgeht. Beide Alternativen führen – anders als nach der Begründung des Bundesgerichtshofes und der Oberlandesgerichte – zur generellen Unwirksamkeit der Klausel. Zutreffend ist zwar, dass die herkömmliche Schriftformheilungsklausel den eigenständigen zugunsten der Ursprungsparteien bestehenden Schutzzweck vereitelt. Ungeachtet dessen erfordert aber bereits der primäre Hauptzweck des § 550 BGB, die herkömmliche Klausel als generell unwirksam zu bewerten. Denn letzten Endes ist der Schutzzweck zugunsten des Erwerbers untrennbar mit dem Schutzzweck zugunsten der Ursprungsparteien verbunden. Er kann nur dann realisiert werden, wenn der zwingende Charakter der Norm ausnahmslos gegenüber allen Mietvertragsparteien greift.

1. Keine Bindung eines Grundstückserwerbers

Ein später eintretender Grundstückserwerber ist nicht an die herkömmliche Schriftformheilungsklausel gebunden. Der Hauptzweck des § 550 BGB besteht – wie bereits im zweiten Kapitel dieser Arbeit erörtert[584] – darin, einen potentiellen Grundstückserwerber zu schützen. Das Schriftformgebot dient als Ausgleich für die Mieterschutzbestimmung des § 566 BGB. Durch den angeordneten Formzwang soll es dem Erwerber möglich sein, sich über den Umfang und Inhalt der kraft Gesetzes auf ihn übergehenden mietvertraglichen Verpflichtungen zu informieren. Dieses Informationsinteresse kann denknotwendig nur dann realisiert werden, wenn sämtliche Vertragsbedingungen aus der Mietvertragsurkunde ersichtlich sind. Ist dies nicht der Fall, steht ihm gemäß § 550 BGB ein nicht abdingbares Kündigungsrecht zu. Bei Anerkennung der Wirksamkeit der Schriftformheilungsklausel würde ihm aber dieses Recht genommen. Damit verstößt sie gegen zwingendes Recht. Eine Verweisung auf Schadensersatz ist nicht ausreichend. Denn die zwingende gesetzliche Rechtsfolge ist das ordentliche Kündigungsrecht, nicht lediglich ein Anspruch auf Schadensersatz.

Weiterhin kann das Informationsinteresse nicht durch die Schriftformheilungsklausel selbst erfüllt werden. Soweit vertreten wird, dass dem Erwerber bereits durch die Klausel ausreichend Möglichkeit gegeben würde, sich nach Formmängeln zu erkundigen, kann dem nicht gefolgt werden. Die Klausel hat nämlich keinerlei Aufklärungsfunktion und verschafft dem Erwerber keine Kenntnis vom Formmangel. Die formlos getroffene Vereinbarung ist aus der Vertragsurkunde nicht ersichtlich. Da sie sich aber auf sämtliche Vertragsabreden bezieht, kann vom Erwerber nicht erwartet werden, dass er sich beim Mieter über alle erdenklichen, formfehlerhaft geschlossenen Vereinbarungen erkundigt.

2. Keine Bindung der Ursprungsparteien

Ebenso wenig sind die Ursprungsparteien an die herkömmliche Schriftformheilungsklausel gebunden. Sei es aufgrund der Annahme eines zu ihren Gunsten bestehenden eigenständigen Schutzzwecks, sei es wegen des primären Erwerberschutzzwecks.

a) Eigenständiger Schutzzweck zugunsten der Ursprungsparteien

Als überzeugendes Argument für eine eingeschränkte Geltung der Schriftformheilungsklausel lässt sich zwar das beiderseitige Interesse der Vertragsparteien anführen. Angesichts der gleichermaßen auf Mieter wie auch auf Vermieterseite bestehenden Interessenlage an der Sicherstellung der Einhaltung der Form

584 Hier sei auf die Ausführungen im zweiten Kapitel unter C. und D. II. 1. verwiesen.

erscheint die Annahme einer unangemessenen Benachteiligung eher fremd und wenig überzeugend.

Dennoch vertritt auch die vorliegende Abhandlung die Auffassung, dass das Schriftformgebot des § 550 BGB nicht nur dem Ausgleich des § 566 BGB, sondern auch dem Schutz der ursprünglichen Mietvertragsparteien dient. Eine allgemeine Warn- und Beweisfunktion ergibt sich insoweit – wie bereits ausführlich im zweiten Kapitel unter D. II. 3.[585] dargestellt – aus dem Telos der Norm. Durch Anerkennung der herkömmlichen Schriftformheilungsklausel würde der Formzwang faktisch aufgehoben und damit zugleich die Warn- und Beweisfunktion umgangen. Die Meinung, dass gerade die Heilungsvereinbarung die Einhaltung der Schriftform sicherstelle, kann nicht überzeugen. Denn letztlich postuliert die Klausel zwar ein Formgebot, ohne aber eine entsprechende Verletzung zu sanktionieren. Bleibt ein Formmangel aber ohne Folgen, besteht seitens der Parteien auch kein zwingendes Interesse, einen solchen zu beheben. Mangels drohender Sanktionen führt die Klausel vielmehr dazu, dass sowohl die Einhaltung wie auch die Überprüfung der Schriftform entbehrlich würde. Folglich entfiele die für die Abwicklung des Geschäftsverkehrs bedeutende Beweisfunktion. Besteht aber kein Formzwang, besteht auch keine zusätzliche Hürde, die es bei Abschluss des Vertrages zu überwinden gilt. Bei Anerkennung der Klausel würde demnach auch die Warnfunktion entfallen. Zugleich würde dies aber bedeuten, dass die Parteien an die vereinbarte Festlaufzeit gebunden wären. Genau vor der hiermit verbundenen und oftmals unterschätzten wirtschaftlichen Tragweite sollen die Parteien aber gewarnt werden.

b) Untrennbarkeit der Schutzzwecke

Aber auch für den Fall, dass man einen eigenständigen zugunsten der Ursprungsparteien bestehenden Schutzzweck nicht anerkennen oder diesen als sekundären Zweck im Rahmen der Auslegung nicht berücksichtigen mag, kommt man zu keinem anderen Ergebnis. Denn bereits der primäre Schutzzweck zugunsten des Erwerbers erfordert eine Gleichbehandlung aller Vertragsparteien. Wie bereits ausführlich im zweiten Kapitel unter D. II. 4. b) dargestellt, lautet die Frage weniger, ob das Schriftformgebot einen eigenständigen über § 566 BGB hinausgehenden Schutzzweck zugunsten der Ursprungsparteien enthält, als vielmehr, ob deren Schutz nicht bereits von § 566 BGB umfasst ist.

Der differenzierenden Ansicht, wonach die herkömmliche Schriftformheilungsklausel lediglich einem Erwerber gegenüber unwirksam ist, kann insoweit

585 Siehe die Ausführungen auf S. 66–69.

nicht gefolgt werden. Das Argument, dass der Erwerber hierdurch ausreichend geschützt sei, kann nicht überzeugen. Das Informationsinteresse des Erwerbers kann nur dann realisiert werden, wenn das Schriftformgebot bereits von den Ursprungsparteien – also schon vor der Veräußerung – eingehalten wird. Nur dann ist es dem Erwerber möglich, Umfang und Inhalt der bestehenden Vertragsbedingungen aus der Mietvertragsurkunde zu ersehen. Sichergestellt werden kann dies nur durch die – aus diesem Grund auch gegenüber allen Vertragsparteien angeordnete – Rechtsfolge der ordentlichen Kündbarkeit. Die vom Gesetz angeordnete Gleichstellung aller Vertragsparteien muss daher zwingend auch im Rahmen der Auslegung des § 550 BGB berücksichtigt werden. So ist der Schutz der Ursprungsparteien schließlich untrennbar mit dem des Erwerbers verbunden.

Fünftes Kapitel: Notwendige Durchbrechung des Formzwangs

Das Ergebnis der durchgeführten Untersuchung zeigt: Die Parteien eines langfristigen Mietvertrages sehen sich in der Praxis häufig dem permanenten Risiko einer ungewollten Entfristung ausgesetzt. Die herkömmliche Schriftformheilungsklausel bietet keinen Schutz vor dieser Beeinträchtigung. Der in § 550 BGB angeordnete Formzwang führt insofern nicht, wie vom Gesetzgeber beabsichtigt, zum Schutz der Vertragsparteien, sondern zu einer erheblichen Rechtsunsicherheit. Die Wirkung der Norm verläuft entsprechend konträr zu dem eigentlich von ihr verfolgten Zweck. Insoweit erscheint eine Durchbrechung des Formzwangs unerlässlich, da nur so der Rechtsverkehr ausreichend geschützt werden kann.

In seiner jetzigen Form führt die Anwendung des § 550 BGB zu einer erheblichen Beeinträchtigung des Wirtschaftsverkehrs. Werden gewerbliche Mietverträge – wie gewöhnlich – auf bestimmte Zeit eingegangen, ist es den Parteien nach derzeitiger Rechtslage faktisch kaum mehr möglich, die Einhaltung der vereinbarten Festlaufzeit sicherzustellen. In der Praxis ist der Bestand des langfristig geschlossenen Mietvertrages jedoch von enormer wirtschaftlicher Bedeutung. Eine ungewollte Entfristung zieht erhebliche finanzielle, im Zweifel sogar existenzvernichtende Folgen nach sich. Die damit drohende Gefahr betrifft den Mieter, Vermieter und Erwerber gleichermaßen. Sei es aufgrund des möglichen Standortverlustes und der hierdurch bedrohten wirtschaftlichen Existenz des Mieters, sei es wegen des Verlustes veranschlagter Mieteinnahmen und der daraus folgenden Kreditwürdigkeit des Vermieters. Die aus einer strikten Anwendung des § 550 BGB resultierenden Auswirkungen sind daher weder aus wirtschaftlichen Gesichtspunkten tragbar, noch sind sie in dieser Form vom Gesetzgeber gewollt.

Bereits der historische Gesetzgeber erkannte, dass die Befristung im Gewerberaummietrecht die Regel darstellt und statuierte sie zum Leitbild der gesetzlichen Vorgaben. Aus diesem Grund unterwarf er die Vereinbarung einer Festlaufzeit, anders als im Wohnraummietrecht, gesetzlich keinen besonderen Hürden. Einzige Voraussetzung ist die Einhaltung der Schriftform des § 550 BGB. Intention des Gesetzgebers war es aber damit gerade nicht, die Verbindlichkeit der in der Praxis regelmäßig vereinbarten Befristung einzuschränken. Vielmehr war es Ziel des Gesetzgebers, die Mietvertragsparteien hierdurch zu schützen. Das Schriftformgebot soll eine Dokumentations- und Warnfunktion erfüllen.

Grundsätzlich stellt die Anordnung des Formzwangs ein geeignetes Mittel dar, um diese Zwecke zu erreichen, da die gesetzlich angeordnete Rechtsfolge eines Formverstoßes den notwendigen Anreiz für die Parteien schafft, die Schriftform einzuhalten.[586] Die in § 550 BGB angeordnete Rechtsfolge der ordentlichen Kündbarkeit erscheint insoweit als Druckmittel geeignet. Die Parteien sind aufgrund der drohenden Gefahr einer frühzeitigen Beendigung des langfristigen Mietvertrages, insbesondere wegen der enormen wirtschaftlichen Tragweite, dazu angehalten, die Schriftform einzuhalten. An dieser Stelle wird aber die bestehende Unvorhersehbarkeit der Schriftformanforderungen relevant. In den letzten Jahrzehnten entwickelte sich in Rechtsprechung und Literatur eine kaum noch überschaubare Kasuistik, was es den Parteien häufig unmöglich macht, die Schriftform während der gesamten Vertragslaufzeit aufrechtzuerhalten. Da in der Praxis aber die überwiegende Mehrheit der Mietverträge zumindest temporär einem Schriftformmangel unterliegt, stellt die gesetzliche Rechtsfolge der ordentlichen Kündbarkeit – entgegen dem gesetzgeberischen Willen – nunmehr die Regel dar. Nach der heutigen Rechtslage erfüllt sie daher weniger ihre Funktion als Sanktionsmittel, als dass sie den Parteien eine Option eröffnet, sich jederzeit frühzeitig von einem langfristig geschlossenen Mietvertrag lösen zu können. In der Praxis führte und führt dies vor allem zur missbräuchlichen Nutzung des Kündigungsrechts und damit zur Pervertierung des Schriftformgebots.

Deswegen ist es das Anliegen dieses Kapitels, eine sinnvolle und effektive Lösungsalternative zu erarbeiten. Primäres Ziel ist der optimale Schutz des Rechtsverkehrs. Hierfür ist es erforderlich, die mit der Schriftform verfolgten Schutzzwecke zugunsten des Erwerbers und der Ursprungsparteien sicherzustellen, ohne hierdurch aber zugleich die gesetzlich vorgesehene Befristungsmöglichkeit zu negieren. Gleichwohl soll dabei aber nicht die gesetzlich angeordnete Rechtsfolge der ordentlichen Kündbarkeit gänzlich ausgeschlossen werden. Sie soll, wie es nach der gesetzgeberischen Konzeption vorgesehen ist, allerdings die Ausnahme und nicht die Regel darstellen. Es geht also darum, eine Regelung zu finden, die einen ausreichenden Kündigungsschutz bietet, aber auch zugleich der gegenwärtig bestehenden Missbrauchsgefahr vorbeugt. Unter dieser Prämisse soll die in § 550 BGB angeordnete Rechtsfolge ihrem ursprünglichen Sanktionscharakter zugeführt werden. Hierzu sollen in diesem Kapitel auf der einen Seite die kautelarjuristischen und auf der anderen Seite die gesetzgeberischen Gestaltungsmöglichkeiten beleuchtet werden. Es gilt also in einem ersten Schritt zunächst die im Rahmen der bestehenden Gesetzeslage bestehenden

586 *Reingardt*, Das Schriftformerfordernis nach § 550 BGB, S. 79.

Sicherungsmöglichkeiten zu erörtern, bevor in einem zweiten Schritt überprüft wird, ob die Neugestaltung des Gesetzes einen effektiveren Schutz zu bieten vermag. Der Fokus gilt also zunächst den Gestaltungsmöglichkeiten de lege lata und dem nach Möglichkeit auf kautelarjuristischem Weg zu erzielenden, ausreichenden und effektiven Schutz. Nach hiesiger Ansicht lässt sich dies – wenn überhaupt – allein durch die konkrete Schriftformheilungsklausel erreichen. Vor diesem Hintergrund wird sodann unter Beachtung der im vorherigen Kapitel gewonnenen Erkenntnisse – soweit möglich – eine als nach derzeitiger Rechtslage zulässig erachtete Gestaltungsempfehlung postuliert. Darüber hinaus sollen aber auch die de lege ferenda bestehenden Möglichkeiten in Betracht gezogen werden und erarbeitet werden, ob und auf welche Weise ein optimaler Schutz des Rechtsverkehrs hierdurch erzielt werden kann. Auf Basis dieser Ergebnisse wird abschließend ein eigener Reformvorschlag formuliert.

A. Gestaltungsmöglichkeiten de lege lata

Es stellt sich zunächst die Frage, ob die aktuelle Rechtslage überhaupt die Möglichkeit bietet, einen ausreichenden Kündigungsschutz mittels einer kautelarjuristischen Regelung zu erreichen. Ein vollumfänglicher Schutz, wie ihn die herkömmliche Schriftformheilungsklausel vermittelte, scheint aufgrund des zwingenden Charakters des § 550 BGB jedenfalls nicht umsetzbar. Die Schriftformheilungsklausel bot insbesondere deshalb umfängliche Sicherheit, weil sie nicht nur eine abstrakte Regelung mit präventivem Charakter darstellte, sondern zugleich eine generelle Verpflichtung gegenüber allen am Vertrag beteiligten Parteien aussprach und sich darüber hinaus ganz allgemein auf formlose Vertragsabsprachen jedweder Art bezog. Sie beschränkte sich weder auf spezielle Formverstöße, noch unterschied sie zwischen anfänglichen oder erst nachträglich entstehenden Formmängeln.[587] Im Ergebnis führte sie damit zu einem vollumfänglichen Kündigungsausschluss und damit zur Vereitelung der nicht abdingbaren Rechtsfolge des § 550 BGB. Vor diesem Hintergrund endeten auch die Versuche der Gestaltungspraxis, alternative Sicherungsmechanismen zu entwickeln, überwiegend in der von dieser Arbeit insoweit geteilten Erkenntnis, dass eine umfängliche sowie präventiv und allgemein gültige Lösung nach derzeitigem Stand der Rechtslage nicht möglich ist.[588]

---

587 Siehe hierzu die Ausführungen im ersten Kapitel unter A. III. 1.

588 *Lindner-Figura*, NJW 2018, 897 (900); *Nemzov*, ZfIR 2019, 73 (84); *Schweitzer*, NJW 2019, 198 (200); *Günter*, NZM 2019, 561 (563, 569).

Intention dieser Überlegungen kann es folglich nicht sein, das Recht der ordentlichen Kündbarkeit gänzlich auszuschließen. Ein effektiver und ausreichender Kündigungsschutz ist bereits dann gegeben, wenn die bestehende Missbrauchsgefahr ausgeräumt wird. So führt eine Regelung, welche die zwingende Rechtsfolge nicht ausschließt, sondern deren Anwendbarkeit lediglich dahingehend beschränkt, dass sie ihren ursprünglichen Sanktionscharakter erfüllen kann, nicht zwingend zur Umgehung des Schriftformgebotes. Ziel vorliegender Arbeit ist es innerhalb dieses vorgegebenen Rahmens eine effektive und als wirksam zu erachtende Gestaltungsalternative de lege lata zu finden. Im weiteren Fortgang werden daher die unterschiedlichen und im Schrifttum behandelten Sicherungsmechanismen beleuchtet und auf ihre Eignung hin untersucht. Berücksichtigung finden dabei insbesondere die modifizierte Schriftformklausel, der Treuwidrigkeitseinwand, die Mieterdienstbarkeit, die Vorvertragsklausel und die konkrete Schriftformheilungsklausel. Besonders Letztere vermag einen effektiven, wenn auch keinen vollumfänglichen Kündigungsschutz vermitteln zu können.

I. Modifizierte Schriftformklausel

Versuche, die herkömmliche Schriftformheilungsklausel lediglich in ein neues Gewand zu kleiden, sind wenig erfolgversprechend. Sofern eine Klausel nur eine andere Formulierung oder einen ähnlichen Regelungsgegenstand beinhaltet, im Ergebnis aber gleichermaßen zur Umgehung des nicht abdingbaren Schutzzwecks des § 550 BGB führt, ist zu erwarten, dass auch sie der höchstrichterlichen Überprüfung nicht standhalten würde.[589] Um solch eine modifizierte Schriftformheilungsklausel handelt es sich beispielsweise, wenn anstatt einer Heilungsverpflichtung – welche mittelbar zur Treuwidrigkeit führt – nunmehr positiv ein Verstoß gegen Treu und Glauben postuliert wird:

> *„Die Kündigung des Mietvertrags wegen der Nichteinhaltung des Schriftformerfordernisses stellt einen Verstoß gegen Treu und Glauben (§ 242 BGB) dar, wenn nicht zuvor erfolglos alle den Parteien zumutbaren Anstrengungen unternommen wurden, um die Schriftform des Mietvertrags herzustellen.“*[590]

Ähnlich dürfte auch der Fall zu beurteilen sein, bei dem sich die Parteien für den Fall einer Schriftformkündigung einem pauschalen Schadensersatz unterwerfen:

589 *Günter*, NZM 2019, 561 (566).
590 *Linder-Figura/Reuter*, NJW 2018, 897 (900).

> *„Jede Partei ist verpflichtet, an die andere Partei einen Betrag in Höhe von EUR ____ als pauschale Entschädigung für den erlittenen Schaden (insb. entgangenen Gewinn) zu bezahlen, wenn sie trotz einer vorherigen schriftlichen Aufforderung der Gegenseite, eine mündlich oder nicht in benötigter Schriftform getroffene wesentliche Änderung des Mietvertrages in Form eines Nachtrages zum Mietvertrag dokumentieren, den Mietvertrag aufgrund § 550 BGB kündigt."*[591]

Denn in seinem Urteil vom 27. Januar 2017 entschied der Bundesgerichtshof, dass die zwingende Vorschrift des § 550 BGB nicht de facto umgangen werden dürfe.[592] Eine Klausel ist also immer dann als unwirksam zu erachten, wenn sie die Möglichkeit zu einer auf einen Schriftformmangel gestützten Kündigung beeinträchtigt. Insofern ist davon auszugehen, dass es zu keiner anderen Beurteilung führen kann, wenn eine allein im Wortlaut veränderte Vereinbarung den Hinderungsgrund darstellt. Es kann keine Rolle spielen, ob der Kündigungsausschluss auf einer vereinbarten Heilungsverpflichtung, einem positiv formulierten Treuwidrigkeitsverstoß oder auf einer vereinbarten Pflicht zur Zahlung eines Schadensersatzes beruht.

II. Treuwidrigkeitseinwand

Der Treuwidrigkeitseinwand des § 242 BGB kann einer Schriftformkündigung ebenfalls nicht generell, sondern nur in absoluten Ausnahmefällen entgegengehalten werden. Die sachfremde Motivation des Kündigenden ist insoweit grundsätzlich unschädlich. Die „missbräuchliche" Nutzung des Kündigungsrechtes, um sich eines lästig gewordenen Mietvertrags zu entledigen, ist nach Auffassung des Bundesgerichtshofes regelmäßig nicht als treuwidrig anzusehen.[593]

Treuwidrigkeit kann, wie bereits im vorherigen Kapitel unter B. I. 3.[594] dargestellt, nur dann bejaht werden, wenn eine der im Rahmen von § 242 BGB anerkannten Fallgruppen vorliegt. Die ordentliche Kündigung muss demnach entweder zu einer Existenzgefährdung führen oder auf einer sonstigen schweren Treuepflichtverletzung beruhen. Beide Fälle dürften nur äußerst selten vorliegen. Eine Entscheidung, in welcher der Bundesgerichtshof tatsächlich davon ausging, dass die vorzeitige Beendigung des Mietvertrages die wirtschaftliche Existenz einer der Vertragsparteien gefährdet, gibt es bisher nicht.[595] Der Anwendungsfall

---

591 *Nemzov*, ZfIR 2019, 73 (78).
592 BGHZ 216, 68 (81).
593 *Lindner-Figura/Reuter*, NJW 2018, 897 (900).
594 Siehe oben S. 134 f.
595 *Günter*, NZM 2019, 561 (566).

der besonders schweren Treuepflichtverletzung stellt damit die für die Praxis allein bedeutende Fallgruppe dar. Im Hinblick auf die Art der Treuepflichtverletzung lassen sich eine Reihe verschiedener Unterfallgruppen bilden. Allen gemein ist allerdings die Frage danach, wer den Formmangel zu verantworten hat. Fällt die Formwidrigkeit allein in den Verantwortungsbereich einer Partei, soll sie hieraus keine vorteilhaften Rechte ableiten können. Beruft sie sich trotzdem auf die Formunwirksamkeit, ist von einer derart schweren Treuepflichtverletzung auszugehen, die es der Partei ausnahmsweise verwehrt, sich auf die Formnichtigkeit zu berufen.[596] Neben der arglisten Täuschung über die notwendige Einhaltung der Schriftform existiert noch eine weitere relevante Unterfallgruppe[597], die bei einer Schriftformkündigung zum Tragen kommen kann: die einseitige Vorteilsziehung. Treuwidrig ist eine Kündigung nämlich immer dann, wenn der Kündigende durch eine schriftformwidrige Vertragsänderung einseitig begünstigt wurde und er seine Kündigung auf den hierdurch entstandenen Formmangel stützt. So kommt es nach *Schweitzer*[598] maßgeblich darauf an, ob die Änderung auf einer Initiative des Kündigenden beruhe und die mit der Vereinbarung verbundenen Vorteile für den Kündigenden aus wirtschaftlichen Gesichtspunkten im Vordergrund stünden.

Fest steht damit: Der Grundsatz von Treu und Glauben vermag die Parteien wegen seines eingeschränkten Anwendungsbereichs nicht effektiv vor der regelmäßig drohenden Entfristung langfristiger Mietverträge schützen. Der Treuwidrigkeitseinwand bietet weder einen abstrakten, noch einen präventiven oder generell wirkenden Schutz vor Schriftformkündigungen. Im Gegensatz zur herkömmlichen Schriftformklausel lässt sich ein Kündigungsschutz anhand des § 242 BGB nur in eng umgrenzten Ausnahmefällen und in der Regel nur einseitig für eine Vertragspartei ableiten.

III. Mieterdienstbarkeit

Eine weitere Variante, das Risiko einer Schriftformkündigung abwenden zu können, ist die Vereinbarung einer Mieterdienstbarkeit im Sinne des § 1090 Abs. 1 BGB. Dies scheint zunächst ein probates Sicherungsmittel zu sein, da sie den Mieter im Falle der vorzeitigen Beendigung des Mietvertrages vor dem Verlust der Mietsache schützt. Ab Beendigung des Mietvertrages wird durch sie ein

596 Armbrüster, NJW 2007, 3317 (3317).
597 Zur Anerkennung einer weiteren Fallgruppe hinsichtlich eines konkret befürchteten Formmangels siehe sogleich unter V. 2. a).
598 *Schweitzer*, NJW 2019, 198 (198).

Ersatznutzungsrecht begründet, das den Mieter weiterhin zum Besitz und zur Nutzung der Mietsache berechtigt.[599] Sie gewährleistet also sowohl einen abstrakten, präventiven als auch einen sämtliche Vertragsabreden umfassenden Schutz.

Dennoch stellt sie kein geeignetes Sicherungsmittel zur effektiven Verhinderung einer vorzeitigen Entfristung dar. Hierfür lassen sich folgende Gründe aufführen: Als beschränkt persönliche Dienstbarkeit ist sie, und im Regelfall damit auch der gesamte Mietvertrag, beurkundungspflichtig.[600] Wären sämtliche Gewerberaummietverträge aber notariell zu beurkunden, würde der allgemeine Geschäftsverkehr unnötig behindert.[601] Regelmäßig scheitert die Vereinbarung einer Mieterdienstbarkeit allerdings bereits schon daran, dass sie nur einen einseitigen Schutz zugunsten des Mieters vermittelt. Der Vermieter kann auf diese Weise nicht geschützt werden.[602] Außerdem ist sie für den Vermieter mit finanziellen Nachteilen verknüpft. Als Belastung des Grundstücks führt sie nämlich zur Minderung seines Beleihungs- und Verkehrswertes. In der Praxis werden sich daher regelmäßig nur besonders verhandlungsstarke Mieter durchsetzen können, etwa weil sie erhebliche Investitionen im Mietobjekt vornehmen.[603]

IV. Vorvertragsklausel

Eine andere Variante besteht in der Vereinbarung einer sogenannten Vorvertragsklausel. Nach ständiger Rechtsprechung des Bundesgerichtshofes[604] ist es zulässig, im Rahmen eines sogenannten Vorvertrages eine Mitwirkungspflicht am Zustandekommen eines schriftformkonformen Mietvertrages zu vereinbaren. Der Abschluss einer derartigen Klausel erscheint aber deshalb wenig praktikabel, weil sie nicht im Mietvertag selbst, sondern nur in einer zeitlich vorhergehenden Vereinbarung getroffen werden kann.[605] Auf Bestandsmietverträge ist sie zudem nicht anwendbar. Die vorherige Vereinbarung eines zusätzlichen Vorvertrages dürfte in der Regel aber auch bei neu abzuschließenden

---

599 *Horst*, NZM 2018, 889 (891); *Günter*, NZM 2019, 561 (565).
600 *Horst*, NZM 2018, 889 (891).
601 *Siering*, Die Auswirkungen des § 550 BGB auf die Gestaltungspraxis von Immobilientransaktionen, S. 171 f.
602 *Krüger*, NZM 2018, 38 (42).
603 *Horst*, NZM 2018, 889 (891);
604 BGHZ 216, 68 (76 f); BGHZ 200, 98 (104); BGH BeckRS 1953, 31197649.
605 *Börstinghaus*, NZM 2018, 529 (532), *Lindner-Figura/Reuter*, NJW 2018, 897 (899); *Nemzov*, ZfIR 2019, 73 (77).

Mietverträgen von den Parteien als zu aufwändig empfunden werden.[606] Darüber hinaus vermag eine Vorvertragsklausel auch keinen vollumfänglichen Schutz vermitteln, da sie sich lediglich auf den Abschluss eines schriftformkonformen Mietvertrages und damit auf anfängliche Schriftformmängel bezieht. Eine Mitwirkungsverpflichtung zur Behebung nachträglich entstehender Schriftformmängel, welche praktisch den Hauptanwendungsbereich des § 550 BGB bilden, kann hierdurch nicht vereinbart werden.[607]

V. Gestaltungsempfehlung: Konkrete Schriftformheilungsklausel

Eine letzte Variante stellt die Vereinbarung einer konkreten Schriftformheilungsklausel dar. Unter Berücksichtigung der oben skizzierten Erkenntnisse und aufgrund mangelnder Sicherungsalternativen der aktuellen Vertragspraxis erscheint dieses Vorgehen als einzige sinnvolle und effektive Lösung. Im Gegensatz zur herkömmlichen Schriftformheilungsklausel enthält eine solche Bestimmung keine generelle Verpflichtung, Schriftformverstöße jedweder Art zu beheben. Vielmehr beschränkt sich ihr Regelungsgegenstand auf spezielle Formmängel, die den Parteien bei Abschluss der Klausel bereits bekannt sind oder mit deren Eintritt sie fest rechnen. Aufgrund außenliegender bzw. künftiger Umstände ist der genaue Inhalt der Vertragsabrede allerdings noch nicht regelungsfähig und damit der konkrete Formmangel noch nicht behebbar.

Ist im Mietobjekt beispielsweise die Ausführung größerer Baumaßnahmen geplant, so müsste jede einzelne Änderung, die einen wesentlichen Umstand betrifft, in einem schriftformkonformen Nachtrag niedergelegt werden. Nachdem ein derartiges Prozedere praktisch kaum umsetzbar ist, führt dies zwingend zu einer zumindest temporär bestehenden Formwidrigkeit und damit zur ordentlichen Kündbarkeit des Mietvertrages. Vor diesem Hintergrund erscheint es sinnvoll, dass sich die Parteien im Rahmen der konkreten Schriftformheilungsklausel verpflichten, die entsprechenden Änderungen nach erfolgter Bauausführung allesamt in einem schriftformkonformen Nachtrag festzuhalten. Da die bereits entstandenen Formmängel hierdurch geheilt werden, erscheint es dann verboten, den Vertrag – trotz der konkret vereinbarten Mitwirkungsverpflichtung – infolge eines solchen, temporär bestehenden Formverstoßes frühzeitig zu kündigen.

Auch der Bundesgerichtshof[608] geht grundsätzlich von der Zulässigkeit einer derart konkreten Heilungsverpflichtung aus. Trotzdem und insoweit auch

606 *Lindner-Figura/Reuter*, NJW 2018, 897 (899).
607 *Börstinghaus*, NZM 2018, 529 (532); *Lindner-Figura/Reuter*, NJW 2018, 897 (898).
608 BGHZ 216, 68 (76 f.); BGHZ 200, 98 (104); BGH NJW 2005, 2225 (2227).

überraschend fand sie in der Gestaltungspraxis bislang aber kaum Berücksichtigung. Im Schrifttum wird ihr vor allem deshalb keine Bedeutung beigemessen, weil sie als lediglich speziell ausgestaltete Klausel keinen vollumfänglichen Schutz biete.[609] Diese Auffassung wird der Klausel allerdings schon deshalb nicht gerecht, weil sie, wie im Folgenden gezeigt werden wird, ihre Funktionalität verkennt. Entsprechend soll zunächst eine Auseinandersetzung mit den Vorzügen der konkreten Schriftformheilungsklausel erfolgen, bevor anschließend ihre Wirksamkeit erörtert wird. Daran anschließend werden abstrakte Fallgestaltungen herausgearbeitet, die eine konkrete Klausel zum Regelungsgegenstand haben kann. Hierauf basierend wird abschließend ein Formulierungsvorschlag erarbeitet.

1. Vorzüge

Die Vereinbarung einer konkreten Schriftformheilungsklausel bietet gegenüber den sonstigen Sicherungsalternativen einige wesentliche Vorteile. So bezieht sie sich – im Unterschied zur Vorvertragsklausel – auf nachträglich entstehende Formmängel und deckt damit einen in der Praxis bedeutenden Anwendungsbereich des § 550 BGB ab. Obwohl sie zwar keine allgemeine Verpflichtung hinsichtlich sämtlicher Formmängel ausspricht und insofern keinen vollumfänglichen Schutz bieten kann, vermag sie es dennoch, den Parteien eine effektive Sicherheit zu vermitteln. Schließlich können auf diese Weise – wenn auch im Einzelfall – typische Schriftformverstöße präventiv unterbunden und damit der Bestand des langfristig geschlossenen Mietvertrages sichergestellt werden. Von Bedeutung ist dies insbesondere bei der Vermietung noch zu errichtender Räumlichkeiten. Hier droht regelmäßig ein ganzes Spektrum der immer selben eintretenden Formmängel, die grundsätzlich auf die Änderung der bereits erstellten Pläne und Anlagen zurückzuführen sind. Mit der konkreten Schriftformheilungsklausel kann aber ein Großteil der so während des Mietverhältnisses eintretenden Schriftformverstöße abgewendet werden. Dabei erstreckt sich die Mitwirkungsverpflichtung zur Herstellung der notwendigen Schriftform – anders als bei der Mieterdienstbarkeit – auf alle am Vertrag beteiligten Parteien; Mieter, Vermieter und Erwerber. Die konkrete Schriftformheilungsklausel stellt demnach ein geeignetes Mittel dar, um die greifbare und damit bisweilen größte Gefahr einer frühzeitigen Beendigung zu unterbinden. Das in der Praxis vorherrschende Missbrauchsrisiko einer ungewollten Entfristung kann

---

609 *Lindner-Figura/Reuter*, NJW 2018, 897 (899); *Nemzov*, ZfIR 2019, 73 (77); *Schweitzer*, NJW 2019, 198 (200).

dadurch maßgeblich beschränkt werden. Mithin scheint diese Sicherungsalternative – ihre Wirksamkeit unterstellt – die größtmögliche, de lege lata zu erreichende Rechtssicherheit zu bieten.

2. *Wirksamkeit*

Da die konkrete Schriftformheilungsklausel, wenn auch nur in dem von ihr speziell geregelten Fall, letztlich effektiv die Möglichkeit zur ordentlichen Kündigung ausschließt, stellt sich die Frage, ob und unter welchen Voraussetzungen sie mit der zwingenden Vorschrift des § 550 BGB vereinbar ist. Obwohl solche Klauseln bislang nicht als gängige Standardklauseln Eingang in eine Vielzahl von Verträgen gefunden haben, sind einige Varianten jedoch bereits Gegenstand von Untersuchungen in Rechtsprechung und Gestaltungpraxis gewesen.

Nach Auffassung des Bundesgerichtshofes[610] ist es den Mietvertragsparteien im Hinblick auf nachträglich zustande gekommene Vertragsabreden durchaus möglich, sich zur Herstellung der erforderlichen Schriftform zu verpflichten. Denn in derartigen Fällen gehe es darum, einem konkret befürchteten Formverstoß entgegenzuwirken. In dem der Entscheidung zugrundeliegenden Sachverhalt vereinbarten die Parteien einen Nachtrag zum Mietvertrag, der zugleich eine konkrete Heilungsverpflichtung enthielt. Aufgrund bestehender Zweifel an der erforderlichen Einhaltung der Schriftform, regelten sie, „diesen Nachtrag 2 dem Hauptmietvertrag als Anlage beizuheften“[611], was allerdings nicht geschah. Angesichts der wirksam vereinbarten Pflicht, den konkret befürchteten Formmangel zu heilen, erachtete der Bundesgerichtshof die hierauf gestützte Kündigung als treuwidrig.[612] Höchstrichterlich geklärt scheint also jedenfalls der Fall, dass die Parteien sich im Rahmen einer bereits getroffenen Änderungsvereinbarung zur Herstellung der Schriftform verpflichten.

Darüber hinaus scheint eine derart konkrete Heilungsverpflichtung nicht nur im Rahmen der Nachtragsvereinbarung, sondern bereits präventiv in der Mietvertragsurkunde selbst zulässig zu sein. So entspricht es schon jetzt der gängigen Mietvertragspraxis, für den Fall einer später durchzuführenden Vermessung des Objektes, sogenannte Vermessungsklauseln aufzunehmen. Eine solche lautet etwa: „Aufgrund der bisher vorliegenden Planung gehen die Parteien davon aus, dass die vermietete Fläche die in Anlage X ausgewiesene Größe erreicht. Nach Fertigstellung wird die vermietbare Fläche im Wege eines gemeinsamen

---

610 BGHZ 216, 68 (76 f.); BGHZ 200, 98 (104); BGH NJW 2005, 2225 (2227).
611 BGH NJW 2005, 2225 (2226).
612 BGH NJW 2005, 2225 (2225, 2227).

Aufmaßes vermessen. Dieses gemeinsame Aufmaß ist als Anlage zu allen Ausfertigungen des Vertrages zu nehmen und fest mit ihnen zu verbinden."[613] Die Klausel enthält also eine dahingehende Verpflichtung, eine konkrete Urkunde zu erstellen und hierbei die erforderliche Schriftform zu wahren. Der Unterschied besteht also darin, dass die Urkunde, welche die Entstehung eines Formmangels befürchten lässt – anders als bei dem der Entscheidung des Bundesgerichtshofes zugrundeliegenden Sachverhaltes – noch nicht erstellt ist. Mithin handelt es sich um eine präventive Regelung zur Abwendung eines künftigen Formverstoßes. Es kann aber insoweit keinen Unterschied machen, ob die Parteien Zweifel daran haben, dass sie die Schriftform wegen eines bestimmten Umstandes nicht wahren können oder Zweifel daran haben, dass sie die Schriftform wegen eines bestimmten Umstandes nicht gewahrt haben könnten.

Vor diesem Hintergrund erscheint es sinnvoll, eine derartige Heilungsverpflichtung auch für andere relevante Sachverhaltsvarianten zu adaptieren. So erfordert eine Änderung in der Bauausführung beispielsweise nicht nur die spätere Vermessung des Mietobjektes, sondern darüber hinaus auch die Änderung der bereits erstellten Anlagen und Pläne. Alle diese konkret drohenden Formmängel, welche auf eine spezielle und bereits vereinbarte künftige Maßnahme zurückgehen, könnten sinnvollerweise in einer konkreten Schriftformheilungsklausel berücksichtigt werden. Ob und unter welchen Voraussetzungen eine solch präventive Bestimmung als zulässig erachtet werden kann, ist Gegenstand der folgenden Untersuchung.

Die rechtliche Beurteilung der Wirksamkeit einer formularmäßigen konkreten Schriftformheilungsklausel erfordert einen zweistufigen Prüfungsmaßstab. Zunächst gilt es zu klären, ob durch die Regelung gegen zwingendes Recht verstoßen wird. Denn nur für den Fall, dass hierdurch nicht schon gegen zwingendes Recht verstoßen wird, kann die Norm sinnvollerweise einer Angemessenheitsprüfung im Rahmen des § 307 BGB unterzogen werden.[614] Es bedarf deshalb zunächst einer eingehenden Untersuchung, ob § 550 BGB derart zwingenden Charakter hat, dass auch eng gefasste, spezielle Fallgruppen mit seiner Rechtsnatur nicht in Einklang zu bringen sind und damit unzulässig sind. Diese Annahme könnte auf den ersten Blick jedenfalls die unabdingbare Rechtsfolge der ordentlichen Kündbarkeit nahelegen. An dieser Stelle einmal unterstellt, dass eine spezielle Klausel mit dem Charakter des § 550 BGB zu vereinbaren wäre, sind in einem weiteren Schritt die Schutzzweckerwägungen des § 550 BGB

613 *Eggert/Kiermeier Haselier Grosse*, in: BeckOF Vertrag, Form. 15.4, § 1 (4).

614 *Wendland*, in: Staudinger, § 307 Rn. 19, 232.

zu berücksichtigen. Es stellt sich hier die Frage, ob in einer derartigen Klausel gemäß § 307 Abs. 2 Nr. 1 BGB sowohl der Schutz des Erwerbers als auch der Ursprungsparteien ausreichend Berücksichtigung finden. Schließlich wäre zu klären, ob eine auf einer derartigen Klausel basierende zuwiderlaufende Kündigung stets zur Treuwidrigkeit derselben führt.

a) Kein Verstoß gegen zwingendes Recht

Wie erläutert ist zunächst die Frage zu beantworten, ob eine speziell ausgestaltete Schriftformheilungsklausel, welche sich auf einen konkret befürchteten Formmangel bezieht, gegen den zwingenden Charakter des § 550 BGB verstößt.

Problematisch erscheint dies insbesondere deshalb, weil § 550 BGB grundsätzlich die Einhaltung der Schriftform zu dem Zeitpunkt vorsieht, in dem die konkrete Vertragsabrede getroffen wird. Wird die Schriftform zu diesem Zeitpunkt nicht gewahrt, tritt die Rechtsfolge der ordentlichen Kündbarkeit automatisch ein. Die in Frage stehende Klausel weicht deshalb insoweit von den gesetzlichen Vorgaben ab, als sie die Einhaltung der Schriftform bereits zu einem früheren Zeitpunkt, also vor Abschluss der zu treffenden Nachtragsvereinbarung, postuliert. Weil dies faktisch – wenn auch nur für den speziell geregelten Einzelfall – zum Ausschluss der gesetzlich vorgesehenen Rechtsfolge führt, liegt die Annahme nahe, dass hierdurch § 550 BGB ausgehebelt wird.

Bei näherer Betrachtung zeigt sich allerdings, dass durch eine konkrete Heilungsklausel weder die Schriftform noch die Rechtsfolge des § 550 BGB umgangen wird. Dies beruht darauf, dass es sich um eine sogenannte antizipierende Schriftformvereinbarung handelt, durch welche die Schriftform bereits hinreichend gewahrt wird. Denn sie bezieht sich auf einen speziellen Einzelfall, der einen Umstand betrifft, welcher den Parteien bereits bekannt, aber noch nicht regelungsfähig ist. Ist aber schon mangels Formwidrigkeit der Tatbestand des §550 BGB nicht erfüllt, kommt auch die ordentliche Kündbarkeit des Vertrages als angeordnete Rechtsfolge nicht zum Tragen, sodass diese auch nicht durch die Klausel vereitelt werden kann.

aa) Formwirksame antizipierende Vereinbarung

Die konkrete Schriftformheilungsklausel statuiert die auf einen speziellen Einzelfall bezogene Verpflichtung, eine spätere schriftformkonforme Nachtragsvereinbarung zu treffen. Der einzige Grund, weshalb die Parteien die entsprechende Regelung nicht bereits selbst mit in den Mietvertrag aufnehmen, liegt darin, dass deren Inhalt noch nicht regelungsfähig ist. Die Parteien haben aber zu diesem Zeitpunkt bereits Kenntnis über den Umstand, welcher zur Notwendigkeit der künftigen Regelung führt. Nur deshalb ist es ihnen bereits vor Eintritt des konkreten Sachverhalts möglich, für diesen speziellen Einzelfall eine Mitwirkungsverpflichtung zu vereinbaren. Ein konkret befürchteter Formmangel beruht damit immer zugleich auf einem konkreten Umstand, der bereits im Mietvertrag selbst geregelt ist. So kommt es bei der Ausführung geplanter Baumaßnahmen beispielsweise regelmäßig zu formbedürftigen Abweichungen der ursprünglichen Baubeschreibung. Da aber den Parteien die konkret eintretenden Abweichungen vor Ausführung der Maßnahmen denknotwendig noch nicht bekannt sind, bleibt ihnen nur die Möglichkeit, eine entsprechende Regelung über die erforderliche Vereinbarung nach Abschluss der Arbeiten zu treffen. So kommt die Nachtragsvereinbarung zwar erst später zustande, aber sie beruht auf der bereits zuvor im Mietvertrag getroffenen schriftformkonformen Regelung. Damit ist die später eintretende Nachtragsvereinbarung als speziell benannter Regelungsgegenstand der konkreten Schriftformheilungsklausel immer zugleich im Mietvertrag selbst formwirksam antizipiert. Hieraus folgt, dass die Schriftform des § 550 BGB bereits ausreichend gewahrt ist. Dies gilt auch und gerade für den Fall, dass es später, zumindest temporär, zum Eintritt des konkret befürchteten Formmangels kommt.

Dieser Ansatz ist im Ergebnis auch mit der Rechtsprechung des Bundesgerichtshofes vereinbar. Denn wie bereits im dritten Kapitel unter B. III. 4. dargestellt, erachtet er eine spätere Vertragsabrede, die auf eine bereits zuvor im Mietvertrag getroffene Vereinbarung zurückgeht, regelmäßig als formfrei. So ist beispielsweise die Einräumung eines Optionsrechts oder eines Rechts zur Untervermietung formbedürftig, die Ausübung des jeweiligen Rechts hingegen formfrei möglich. Insofern handelt es sich auch bei der Verpflichtung, eine Nachtragsvereinbarung zu treffen und bei der tatsächlich später getroffenen Vereinbarung um einen ähnlich gelagerten Fall. Wird die Schriftform durch eine formwirksam antizipierende konkrete Schriftformheilungsklausel gewahrt, droht insofern auch keine Umgehung der Rechtsfolge, da diese mangels Tatbestandsmäßigkeit nicht eintreten kann.

bb) Zulässige Rechtsfolgenbeschränkung im Einzelfall

Im Übrigen wird die gesetzliche Rechtsfolge durch eine individuell vereinbarte, auf einen speziellen Einzelfall bezogene Regelung, auch wenn sie in einer formularvertraglichen Klausel enthalten ist, nicht in Gänze ausgeschlossen. Die konkrete Schriftformheilungsklausel enthält weder einen regelmäßigen noch einen generellen Kündigungsausschluss. Vielmehr verhindert sie den Eintritt der ordentlichen Kündbarkeit lediglich in speziellen Einzelfällen. Ein solcher

Einzelfall kann immer dann gegeben sein, wenn die Parteien infolge eines ihnen bereits bekannten Umstandes, einen konkreten Formmangel befürchten. Da der konkrete in der Zukunft liegende Sachverhalt aber noch nicht regelungsfähig ist, liegt insoweit eine sachlich gerechtfertigte und damit zulässige Beschränkung des Kündigungsrechtes vor. Es muss in einem solchen Fall den Parteien sinnvollerweise immer möglich sein, von der gesetzlich vorgesehenen Rechtsfolge abzuweichen. Aus diesem Grund muss ein solcher Einzelfall im Ergebnis auch als von der Rechtsfolge umfasst angesehen werden.

Für die Zulässigkeit einer solchen Rechtsfolgenbeschränkung im Einzelfall lässt sich auch die ständige Rechtsprechung des Bundesgerichtshofes zu der gleichgelagerten Problematik einer unwiderruflichen Vollmacht anführen. Diese kann auch für den vorliegenden Fall fruchtbar gemacht werden, da sich der Bundesgerichtshof auch hier mit der Frage auseinandersetzen musste, ob von grundsätzlich zwingendem Recht im Einzelfall abgewichen werden darf.

Im Mittelpunkt dieser Auseinandersetzung steht die Vorschrift des § 167 Abs. 2 BGB. Das Gesetz sieht hier vor, dass die Erteilung einer Vollmacht nicht der Form des Rechtsgeschäftes bedarf, auf das sie sich bezieht. Eine Vollmacht kann damit formfrei erteilt werden, obwohl das spätere Rechtsgeschäft formbedürftig ist.

Diese Regelung mit ihrer Rechtsfolge erfährt im Schrifttum[615] seit jeher dahingehend erhebliche Kritik, dass hierdurch die Warn- und Beweisfunktion des formbedürftigen Rechtsgeschäftes umgangen und dieses damit ad absurdum geführt würde. Deshalb sei es entgegen des Wortlauts der Norm zwingend erforderlich, das Formerfordernis bereits auf die Vollmachtserteilung selbst vor zu verlagern.

Der Bundesgerichtshof greift in seiner hierzu ergangenen Rechtsprechung die seitens des Schrifttums geäußerte Kritik zwar auf und erkennt grundsätzlich ebenfalls die Notwendigkeit einer Beschränkung der auch nach seiner Auffassung verfehlten gesetzlichen Vorgabe. Gleichzeitig stellte er unmissverständlich klar, dass ein solches Ergebnis zwar wünschenswert, der Wortlaut der Norm aber eindeutig und insofern zwingend sei, sodass eine formfreie Vollmachtserteilung bei Vorliegen einer Formvorschrift nicht ausgeschlossen werden könne.[616] Deshalb dürfe, so der Bundesgerichtshof im Ergebnis, ihr Anwendungsbereich zwar nicht generell, aber zumindest, trotz des entgegenstehenden Wortlautes, im Einzelfall eingeschränkt werden, mit der Folge, dass dann auch die Vollmacht selbst

615 *Rösler*, NJW 1999, 1150 (1150 f.); *Schilken*, in: Staudinger, § 167 Rn. 20.
616 BGH NJW 1998, 1857 (1858).

der Form des Rechtsgeschäftes bedarf. Ein solcher Einzelfall liegt nach ständiger Rechtsprechung[617] des Bundesgerichtshofes etwa immer dann vor, wenn die Erteilung der Vollmacht unwiderruflich ist. In diesem Fall sei eine Ausnahme von dem an sich zwingenden Gesetzeswortlaut gerechtfertigt, weil die Vollmacht bereits selbst eine rechtliche Bindung des Vollmachtgebers enthält und damit dem Abschluss des Rechtsgeschäftes faktisch gleich zu setzen ist.

Überträgt man diese Rechtsprechung auf die hier zu beurteilende Problematik, so erscheint der in dieser Arbeit präferierte Lösungsvorschlag als eine durchaus gangbare Möglichkeit, da auch insoweit die Rechtsfolge des § 550 BGB lediglich im Einzelfall eingeschränkt werden soll. Das Recht zur Kündigung wird nämlich allein für solche Fälle ausgeschlossen, bei denen sich die Klausel auf einen konkret befürchteten Formmangel bezieht. In diesen Fällen ist aber – wie bereits erläutert – die Beschränkung der zwingenden gesetzlichen Vorgabe als gerechtfertigt anzusehen und mit der grundsätzlich durch den eindeutigen Wortlaut verfolgten Intention des Gesetzgebers in Einklang zu bringen. Insoweit kann davon ausgegangen werden, dass die konkrete Schriftformheilungsklausel, gerade auch unter Berücksichtigung dieser vorzitierten höchstrichterlichen Rechtsprechung, dann nicht zu einem Verstoß gegen zwingendes Recht führt, wenn sie lediglich im Einzelfall eine Beschränkung der gesetzlichen Rechtsfolge bei einem konkret befürchteten Formmangel enthält.

cc) Zwischenergebnis

Die oben aufgeführte Untersuchung hat gezeigt, dass die konkrete Schriftformheilungsklausel als präventiv ausgestaltete Regelung nicht gegen den zwingenden Charakter des § 550 BGB verstößt. Da den Parteien der konkrete Sachverhalt, welcher den befürchteten Formmangel tatsächlich hervorruft, meist noch nicht bekannt ist, ist es ihnen noch nicht möglich, bereits einen spezifischen Mangel zu bezeichnen. Ausreichend muss daher sein, wenn sie in der Klausel den konkreten, ihnen bereits bekannten Umstand benennen, welcher den tragenden Grund für die Annahme der konkret eintretenden Formwidrigkeit darstellt. Ein speziell geregelter Einzelfall liegt also immer dann vor, wenn die Parteien entweder bereits den spezifischen Mangel selbst bezeichnen oder aber den dem Formmangel konkret zugrundeliegenden Umstand benennen und insoweit die Folgen eines Formmangels hierdurch abstrakt regeln. Schließlich handelt es sich um eine spezielle auf einen bestimmten Einzelfall bezogene Klausel mit präventivem

617 BGH NJW 1998, 1857 (1858); BGH NJW 1996, 1467 (1468); BGH NJW 1952, 1210 (1211).

Charakter. Liegt also kein Verstoß gegen zwingendes Recht vor, ist sie daher im Rahmen einer Inhaltskontrolle des § 307 BGB auf ihre Angemessenheit hin zu überprüfen.

b) Vereinbarkeit mit dem Schutzzweck der Norm

Die konkrete Schriftformheilungsklausel kann nur dann als wirksam erachtet werden, wenn sie mit dem Schutzzweck des § 550 BGB konform ist. Dieser umfasst – wie sich im Rahmen der Auslegung gezeigt hat[618] – sowohl den Erwerber wie auch die Ursprungsparteien. Um die Frage nach der Wirksamkeit der konkreten Schriftformheilungsklausel zutreffend beantworten zu können, sind im Rahmen der Bewertung daher beide der Schriftform des § 550 BGB immanenten Formzwecke zu berücksichtigen.

aa) Erwerberschutzzweck

Nach allgemeiner Meinung dient das Schriftformgebot, aufgrund der Mieterschutzbestimmung des § 566 BGB, vorrangig dem Informationsinteresse eines Erwerbers und verfolgt damit eine Klarstellungsfunktion. Diese kann nur dann erfüllt werden, wenn es dem Erwerber anhand der Mietvertragsurkunde möglich ist, sich über den Umfang und Inhalt der auf ihn kraft Gesetzes übergehenden Verpflichtungen zu informieren. Demnach müssen sich sämtliche Vertragsbedingungen aus der Mietvertragsurkunde ergeben. Dies ist schließlich auch bei Geltung der konkreten Schriftformheilungsklausel der Fall. Denn anders als die herkömmliche Schriftformheilungsklausel führt die konkrete de facto nicht zum Ausschluss des gesetzlich angeordneten Formzwangs; vielmehr wird durch die Schriftformheilungsklausel selbst die Schriftform realisiert. Hiermit wird zugleich auch die erforderliche Klarstellungsfunktion erfüllt.

Als speziell ausgestaltete, auf einen Einzelfall bezogene Klausel enthält sie nämlich – erstens – keine allgemeine Heilungsverpflichtung und bezieht sich damit nicht auf die Gesamtheit aller Vertragsabreden. Es steht also die generelle Aufhebung der Schriftform gar nicht in Frage, sodass folglich auch keine grundsätzliche Aushöhlung des mit ihr verfolgten Zwecks drohen kann.

Eine Umgehung der Klarstellungsfunktion droht – zweitens – aber auch nicht wegen der konkreten Heilungsverpflichtung. Denn die erforderliche Nachtragsvereinbarung ist als speziell benannter Regelungsgegenstand – wie bereits zuvor ausgeführt[619] – immer zugleich in der konkreten Schriftformheilungsklausel

---

618 Siehe hierzu die Ausführungen im zweiten Kapitel unter D. II. 4.
619 Siehe oben unter 2. a) aa).

selbst formwirksam antizipiert. Hieraus folgt, dass die Schriftform – auch bei Eintritt des konkret befürchteten Mangels – bereits ausreichend gewahrt und ihr Zweck damit erfüllt ist. Selbst für den Fall, dass die Parteien den erforderlichen Nachtrag noch nicht geschlossen haben, obwohl sich bereits eine schriftformbedürftige Änderung des Mietvertrages realisiert hat, ist diese bereits hinreichend aus der Urkunde ersichtlich. Es enthält die Klausel selbst bereits die für einen Erwerber notwendige Information. Da sie sich nicht allgemein auf sämtliche Vertragsabreden bezieht, sondern einen konkreten Umstand benennt, ist es einem Erwerber möglich und darf insofern auch von ihm erwartet werden, dass er sich in diesem speziellen Einzelfall beim Mieter nach dem Eintritt des konkret befürchteten Formmangels erkundigt. Im Unterschied zur herkömmlichen Schriftformheilungsklausel erfüllt sie schließlich selbst die erforderliche Aufklärungsfunktion, da sie eine hinreichende Erkundungsmöglichkeit bzw. -pflicht des Erwerbers statuiert.

Eine solche Annahme entspricht überdies der ständigen Rechtsprechung des Bundesgerichtshofes[620], in der er schon mehrfach festgestellt hat, dass es keinen umfassenden Erwerberschutz gebe. Denn ein Erwerber könne insbesondere nicht darauf vertrauen, dass der Vertrag wirksam zustande gekommen ist oder noch besteht bzw. bereits gekündigt worden ist. Außerdem sei aus der Mietvertragsurkunde selbst auch nicht ersichtlich, ob eine vertraglich vereinbarte Bestimmung eingetreten ist oder ein gewährtes Optionsrecht ausgeübt wurde.[621] Dennoch bietet der Mietvertrag in all diesen Fällen nach Ansicht des Bundesgerichtshofes – wie dies auch vorliegend der Fall ist – eine hinreichende Informationsmöglichkeit des Erwerbers.

bb) Schutz der Ursprungsparteien

Vor diesem Hintergrund ergibt sich, dass schließlich auch der (eigenständige über den § 566 BGB hinausgehende) Schutzzweck zugunsten der Ursprungsparteien erfüllt ist. Angemessen erscheint die Klausel insbesondere deshalb, weil sie das regelmäßig beiderseits bestehende Sicherungsinteresse der Vertragsparteien stärkt, indem sie den Bestand des langfristigen Mietvertrages zumindest im Hinblick auf konkret drohende Schriftformmängel sichert. Als formwirksam antizipierende Regelung stellt sie ferner die Einhaltung der Schriftform und damit zugleich der dieser immanenten Dokumentations- und Warnfunktion sicher.

---

620 Siehe hierzu ausführlich im dritten Kapitel unter A. II. 2.

621 *Günter*, NZM 2019, 561 (568).

3. *Fallgestaltungen*

Die einzelnen Fallgestaltungen, in denen eine konkrete Heilungsverpflichtung sinnvoll erscheint, sind ebenso vielfältig wie die verschiedenen Gestaltungsmöglichkeiten der Vertragsparteien selbst. Dennoch soll im Folgenden ein Überblick über typischerweise auftretende Formmängel und den damit einhergehenden abstrakten Fallgruppen gegeben werden.

Die für die Praxis bedeutendste Variante ist, wie zuvor bereits mehrmals erwähnt, die geplante Änderung in der Bauausführung. Denn sofern die Beschaffenheit des Mietobjekts geändert wird, müssen auch diese Änderungen wiederum in einem schriftformkonformen Nachtrag festgehalten werden. Eine vor Ausführung der Baumaßnahmen präzise Regelung ist meist nicht möglich, sodass die bereits erstellte Bauausführung und die dem Mietvertrag beigefügten Grundriss- und Lagepläne formwidrig zu werden drohen. Aus diesem Grund erscheint es sowohl bei der „Vermietung vom Reißbrett" wie auch bei sonstigen geplanten Um- und Ausbauarbeiten stets sinnvoll, im Voraus eine konkrete Heilungsverpflichtung zu vereinbaren.

Häufig findet sich in Mietverträgen – wie dies insbesondere bei der Vermietung in der Bau- und Planungsphase der Fall ist – keine kalendarische Vereinbarung des konkreten Mietbeginns. Sofern lediglich die Regelung enthalten ist, dass das Mietverhältnis mit Übergabe der Mietsache beginnen soll, kommt es in der Praxis häufig zu einem Formverstoß, da der tatsächlich vollzogene Mietbeginn nicht mit der Angabe im Mietvertrag übereinstimmt. In diesem Fall erscheint es sinnvoll, dass sich die Mietvertragsparteien bereits im Mietvertrag selbst dazu verpflichten, ein schriftformkonformes Übergabeprotokoll zu vereinbaren, in welchem eventuelle Änderungen des Mietbeginns festzuhalten sind. Bei einer bereits im Mietvertrag angelegten Vertragsverlängerung besteht hingegen regelmäßig keine Notwendigkeit eine konkrete Heilungsverpflichtung zu vereinbaren, da die Änderung bereits formwirksam im Mietvertrag selbst enthalten ist.

Ähnlich gelagert ist der Fall bei einer geplanten Mietänderung, sofern im Mietvertrag bereits eine Mietanpassungsklausel enthalten ist. In der Regel besteht dann entweder eine Anpassungsautomatik oder ein einseitiges Anpassungsrecht, das formlos ausgeübt werden kann, sodass die Schriftform insofern bereits ausreichend durch die formwirksame, antizipierende Mietanpassungsklausel gewahrt ist. Etwas anders gilt aber dann, wenn eine zu erwartende Mietänderung der Neufestsetzung und damit der erneuten Einigung beider Vertragsparteien bedarf. In solch einem Fall erscheint es sinnvoll, eine entsprechende antizipierende konkrete Heilungsverpflichtung zu vereinbaren. Darüber hinaus bestehen immer dann, wenn die Vertragsparteien eine konkrete Änderung des Mietvertrages beabsichtigen, zahlreiche weitere Gestaltungsmöglichkeiten.

4. Formulierungsvorschlag

Abschließend ist der Entwurf eines konkreten Formulierungsvorschlags Desiderat dieser Arbeit. Die im Folgenden entworfene Klausel bezieht sich dabei auf den praktisch bedeutsamen Fall der „Vermietung vom Reißbrett" und stellt damit eine sinnvolle Ergänzung eines jeden Mietvertrages über noch zu errichtende Räumlichkeiten dar.

Die nachfolgende Klausel kann selbstverständlich je nach dem, auf welchen konkreten noch nicht regelungsfähigen Umstand sie sich beziehen soll, ergänzt bzw. abgeändert werden und damit auf weitere bedeutsame Fälle des Mietrechts angewendet werden.

> *„§ X Verpflichtung zum Abschluss schriftformkonformer Nachträge*
> *Da das Mietobjekt sich noch in der Errichtungsphase befindet und aufgrund der Fortschreibung der Planung bzw. Durchführung der Baumaßnahmen, Änderungen in Bezug auf das Mietobjekt und die Mietdauer zu erwarten sind, verpflichten sich die Vertragsparteien, alle sich hieraus ergebenden nicht nur unwesentlichen Abweichungen und die damit verbundene Änderung der in diesem Mietvertrag niedergelegten Vertragsbestimmungen in einem ordnungsgemäßen, schriftformkonformen Nachtrag festzuhalten. Die Heilungsverpflichtung betrifft insbesondere die Erstellung bzw. Änderung der dieser Urkunde als Anlage beigefügten Baubeschreibung und Pläne."*

VI. Ergebnis

Als Ergebnis bleibt damit festzuhalten: Vermag die herkömmliche Schriftformheilungsklausel wegen ihrer Unvereinbarkeit mit zwingendem geltenden Recht den erwünschten Kündigungsschutz nicht mehr zu vermitteln, hat dies dennoch nicht zugleich zur Folge, dass den mietrechtlichen Schriftformklauseln bei der Ausgestaltung zukünftiger Mietverträge keine Relevanz mehr zukommt. Vielmehr hat diese Arbeit insoweit gezeigt, dass einer Schriftformheilungsklausel in speziell ausgestalteter Form durchaus ein sinnvoller Anwendungsbereich zukommt.

So kann durch sie die Gefahr einer ungewollten Entfristung zumindest wesentlich beschränkt werden. Sie vermittelt den Vertragsparteien immerhin eine – im Bereich der Gestaltungspraxis nicht zu unterschätzende – Möglichkeit, den Bestand des Mietvertrages im Hinblick auf typische Schriftformfehler sicherzustellen, wodurch die Rechtssicherheit maßgeblich erhöht werden kann.

Denn besonders dann, wenn ein konkreter Formverstoß zu erwarten ist, ist stets auch zu befürchten, dass sich diese Gefahr verwirklicht und die Rechtsfolge der ordentlichen Kündbarkeit eintritt. Trotz ihres speziellen Anwendungsbereichs ermöglicht es die konkrete Schriftformheilungsklausel insoweit, jedenfalls eine schon bei Beginn der Vertragsverbindung drohende Gefahr einer Entfristung zu beseitigen. Hierdurch wird, wie es Desiderat der Vertragspraxis ist, die derzeit vorherrschende Missbrauchsgefahr – nicht unwesentlich – beschränkt und die Sicherheit des Rechtsverkehrs erhöht.

Dennoch ist auch bei dieser Gestaltungsalternative einzuräumen, dass sie die bestehende Missbrauchsgefahr nicht vollumfänglich zu beseitigen vermag, da auch sie insoweit nicht geeignet ist, ausreichenden Kündigungsschutz zu bieten. Denn angesichts der Vielzahl von im Zeitpunkt des Vertragsschlusses noch nicht erkennbaren oder nicht erkannten Gefahren, die einen Schriftformverstoß nach sich ziehen können, sind nach wie vor zahlreiche Konstellationen denkbar und von der Klausel nicht erfasst, in denen es zu einem Schriftformverstoß und damit zur frühzeitigen Kündbarkeit kommen kann.

Beispielhaft sei hier nur auf die Konstellation mit ihren komplexen Anforderungen an die Unterzeichnung hingewiesen, bei der Personenmehrheiten Partei des Mietvertrags werden sollen.[622] So erscheint es in diesem Zusammenhang für den Rechtsverkehr nicht nachvollziehbar und deshalb auch kaum vorherzusehen, dass ein Mietvertrag, welcher durch eine vertretungsberechtigte Person unterzeichnet wurde, deshalb formwidrig sein kann, weil bereits eine andere vertretungsberechtigte Person im Rubrum ausgewiesen ist. Die Entstehung von Schriftformfehlern ist angesichts der bestehenden Komplexität daher oftmals weder vorhersehbar noch vermeidbar. In derartigen Fällen droht also weiterhin ein Missbrauch des durch § 550 BGB eingeräumten Kündigungsrechtes.

B. Gestaltungsmöglichkeiten de lege ferenda

Selbst bei Vereinbarung einer konkreten Schriftformheilungsklausel bietet die aktuelle Rechtslage den Vertragsparteien weiterhin eine Kündigungsoption. Da ein vollumfänglicher Kündigungsschutz, wie es die vorliegende Untersuchung gezeigt hat, nicht durch eine kautelarjuritische Regelung erreicht werden kann, besteht insoweit Anlass für eine gesetzliche Neugestaltung.

In Anbetracht der Gefahr, dass es durch eine Gesetzesreform durchaus auch zur Verschlimmerung der bestehenden Rechtslage kommen kann, stellt sich an

622 Siehe hierzu die Ausführungen im dritten Kapitel unter A. III. 2. b) bb).

dieser Stelle zunächst die Frage, ob überhaupt die Möglichkeit besteht, den mit § 550 BGB verfolgten Zweck im Wege einer Gesetzesänderung besser erreichen zu können.[623] Ansonsten wäre zu konstatieren, dass die Vereinbarung einer konkreten Schriftformheilungsklausel das einzige Sicherungsmittel darstellt, was überhaupt geeignet ist, den Zweck des mietrechtlichen Schriftformerfordernisses zumindest bedingt zu erreichen.

Insoweit gilt es im Folgenden zu erläutern, welche gesetzgeberischen Gestaltungsmöglichkeiten in Betracht kommen und ob diese, im Hinblick auf den der Norm des § 550 BGB zugrundeliegenden Zweck, überzeugen können. Dieser Abschnitt konturiert daher zunächst die Anforderungen, die an eine Änderung des § 550 BGB zu stellen sind. Anschließend erfolgt eine kritische Auseinandersetzung mit den bestehenden Reformentwürfen, bevor sodann, soweit dies für sinnvoll erachtet wird, ein eigener Reformvorschlag postuliert wird.

I. Reformbedürftigkeit

Der Zweck der Schriftform, den der Gesetzgeber der Norm des § 550 BGB beizumessen gedachte, bestand ursprünglich allein darin, die Dokumentation des Vertragskonstrukts sicherzustellen und die Parteien vor der unbedachten Eingehung einer langfristigen Bindung zu schützen. Entfaltet die angeordnete Rechtsfolge aber wegen ihrer Missbrauchsanfälligkeit derzeit nicht die beabsichtigte Wirkung, so scheint der Schluss nahezuliegen, dass die Vorschrift mit dem Ziel reformbedürftig ist, die Rechtsfolge wieder ihrem ursprünglichen Sanktionscharakter zuzuführen. Das bedeutet, dass die Entfristung langfristiger Verträge nicht länger die Regel darstellen darf, da nur so der missbräuchlichen Kündigung wegen eines Formverstoßes Einhalt geboten werden kann. Gleichzeitig muss im Falle einer Neugestaltung des Gesetzes zwingend bedacht werden, dass auch weiterhin die mit der Schriftform unmittelbar verfolgten Schutzzwecke zugunsten des Erwerbers und der Ursprungsparteien sichergestellt bleiben. Denn die Lösung der bestehenden Missbrauchsproblematik kann nicht darin bestehen, die beabsichtigte Befristungswirkung in der Weise wiederherzustellen, dass die Norm zugleich ihren unmittelbaren Schutzzweck einbüßt. Nur wenn dies im

623 Aus diesem Grund distanziert sich auch *Jacoby* von einer gesetzlichen Neugestaltung des § 550 BGB: NZM 2011, 1 (7); Anstatt einer Gesetzesreform fordern zudem etwa *Leo/Ghassemi-Tabar* eine Rückbesinnung auf die Ursprünge der Schriftformrechtsprechung, ohne eine derart weite Auflockerung der Schriftformanforderungen, wie sie heute existiert: 10 Jahre Mietrechtsreformgesetz, 448 (436).

Rahmen einer Gesetzesreform sichergestellt werden kann, erscheint eine solche zur Gewährleistung eines optimalen Schutzes des Rechtsverkehrs sinnvoll.

II. Kritik an bestehenden Reformvorschlägen

Dem mietrechtlichen Schriftformgebot des § 550 BGB wird nunmehr seit 120 Jahren sein Geltungsanspruch zuteil. Nicht zuletzt aus diesem Grund erschien es lange Zeit sehr unwahrscheinlich, dass der Gesetzgeber im Wege einer Reform tätig wird, zumal er die Norm bei der Mietrechtsreform im Jahr 2001 inhaltlich unverändert bestehen ließ.

Allerdings gewann die Norm insbesondere in den letzten Jahren an Brisanz, weshalb die Forderung der Literatur an den Gesetzgeber, in dieser Hinsicht tätig zu werden, an Vehemenz nunmehr deutlich zugenommen hat.[624]

1. Gesetzentwurf des Bundesrates

Als erstes ist in diesem Zusammenhang ein vom Bundesrat gefasster Reformvorschlag zu nennen. Dieser beschloss am 20. Dezember 2019, eine Gesetzesinitiative zur Änderung des Schriftformerfordernisses in den Bundestag[625] einzubringen. Wie auch die bereits im Schrifttum statuierten Reformvorschläge[626] sieht der vom Bundesrat beschlossene Gesetzentwurf allerdings eine erhebliche Beschränkung des Schriftformgebotes vor. Wie eingangs dieser Arbeit bereits erläutert[627], soll hiernach das Kündigungsrecht auf einen Erwerber und zudem zeitlich auf drei Monate nach Kenntnis des Formmangels beschränkt werden. Darüber hinaus soll dem Mieter das Recht zustehen, eine Schriftformkündigung des Erwerbers dadurch abzuwenden, dass er sich mit der Fortsetzung des Mietvertrages zu den schriftformkonform getroffenen Vereinbarungen bereit erklärt.[628] Hierdurch wird das Schriftformgebot zwischen den Ursprungsparteien gänzlich aufgehoben und das Kündigungsrecht des Erwerbers im Ergebnis auf die formwidrige Vertragsabrede reduziert. Diese Regelung erscheint deshalb sinnvoll, da insoweit eine Entfristung des Mietvertrages faktisch nicht mehr

---

624 *Conradi*, FAZ vom 03.01.2020, S. 13; *Günter*, NZM 2019, 561 (568, 569); *Lindner-Figura/Reuter*, NJW 2018, 897 (900); *Nemzov*, ZfIR, 73 (84).

625 BR-Drs 469/19(B).

626 *Günter*, NZM 2019, 561 (569); *Reingardt*, Das Schriftformerfordernis nach § 550 BGB, S. 171; *Siering*, Die Auswirkungen des § 550 BGB auf die Gestaltungspraxis von Immobilientransaktionen, S. 195.

627 Siehe hierzu die Ausführungen im ersten Kapitel unter D. III.

628 BR-Drs 469/19(B), Anlage S. 1 f.

droht und damit ein Missbrauch der Norm ausgeschlossen würde.[629] Allerdings würde hierdurch nicht nur die Schriftform des § 550 BGB, sondern zugleich auch deren Schutzumfang drastisch reduziert. Unter anderem aus diesem Grund wurde der Gesetzentwurf auch von der Bundesregierung[630] inhaltlich abgelehnt. Ob das vom Bundesrat geplante Gesetzesvorhaben die entsprechende Zustimmung von Seiten des Bundestages erfährt, bleibt daher fraglich.

2. Exklusives Kündigungsrecht des Erwerbers

Untersucht man vor diesem Hintergrund die weiteren im Schrifttum vorgeschlagenen Reformentwürfe, ergibt sich stets als gemeinsames Merkmal, dass sie allesamt ein exklusives Kündigungsrecht des Erwerbers vorgeben. So finden sich im Schrifttum zwar unterschiedliche Ansätze und Konstellationen im Hinblick auf eine Neugestaltung des § 550 BGB, sei es im Wege der gesetzlichen Einräumung eines bloßen Anspruchs auf Herbeiführung der Form[631] oder schlicht der teilweisen Abschaffung des Schriftformgebotes[632]. Im Ergebnis sehen sie – wie auch der aktuelle Gesetzentwurf des Bundesrates – aber alle die Aufhebung des Kündigungsrechts der Ursprungsparteien vor. Es wird regelmäßig eine Beschränkung des Kündigungsrechtes auf den Erwerber gefordert.[633] Als Begründung wird hierfür insbesondere angeführt, dass im Hinblick auf den Grundsatz „Kauf bricht nicht Miete" allein der Erwerber vom Schutzzweck des § 550 BGB erfasst sei.[634] Mit der Beschränkung der Rechtsfolge würde der „Schutzzweck der Regelung wieder auf den vom historischen Gesetzgeber verfolgten Zweck des Erwerberschutzes reduziert"[635].

---

629 Den Gesetzentwurf befürwortend *Conradi* in FAZ vom 03.01.2020, S. 13.

630 BT-Drs 19/17034, Anlage 2.

631 *Reingardt*, Das Schriftformerfordernis nach § 550 BGB, S. 171.

632 *Günter*, NZM 2019, 561 (569).

633 *Siering* fordert nicht nur die Streichung des ordentlichen Kündigungsrechtes der Ursprungsparteien, sondern darüber hinaus auch des Erwerbers. Er plädiert also für die komplette Aufhebung des Schriftformgebotes. Zum Ausgleich spricht er sich in Bezug auf einen Erwerber für die Einführung der Teilnichtigkeit und einer entsprechenden Haftungsregelung aus: Die Auswirkungen des § 550 BGB auf die Gestaltungspraxis von Immobilientransaktionen, S. 177–195.

634 *Günter*, NZM 2019, 561 (567 f.); BR-Drs 469/19(B), Anlage S. 5.

635 BR-Drs 469/19(B), Anlage S. 5.

3. Unzulässige Reduzierung des Schutzumfangs

Angesichts der im Rahmen dieser Abhandlung gewonnenen Erkenntnisse kann diesem Ansatz aber nicht gefolgt werden. Hiergegen spricht sowohl der erforderliche Schutz der Ursprungsparteien als auch der primäre Erwerberschutzzweck. Wie bereits ausführlich im zweiten Kapitel unter D. II. 4.[636] erörtert, dient das mietrechtliche Schriftformgebot nicht nur dem Informationsinteresse des Erwerbers, sondern erfüllt auch eine – nach heutigem Rechtsempfinden wohl sogar vorherrschende – Dokumentations- und Warnfunktion zugunsten der Ursprungsparteien. Durch die teilweise Abschaffung des Schriftformgebotes würde dieser Schutzzweck gänzlich entfallen, die Ursprungsparteien damit schutzlos gestellt. Weder würde die für den Geschäftsverkehr erforderliche schriftliche Fixierung der Mietvertragsbestimmungen sichergestellt, noch würden die Parteien vor Eingehung der langfristigen Bindung gewarnt werden. Dies wiegt umso schwerer, als sie mangels Kündigungsrechtes nunmehr zwingend an die Festlaufzeit gebunden wären. Wie bereits zuvor unter I. erläutert kann insoweit eine (teilweise) Abschaffung der Schriftform nicht die gewünschte Wirkung erzielen. Zwar würde hierdurch einerseits die Befristung sichergestellt, aber andererseits zugleich der gesetzliche Schutzumgang erheblich reduziert. Eine derartige Änderung des § 550 BGB wäre nach der hier vertretenen Auffassung damit im Ergebnis einer erhöhten Rechtssicherheit abträglich.

Aber selbst für den Fall, dass man einen eigenen über § 566 BGB hinausgehenden Schutzzweck der Ursprungsparteien nicht anerkennen mag, kann dieser Ansatz nicht überzeugen. Durch die einseitige Beschränkung des Kündigungsrechtes würde der Schutzzweck des § 550 BGB – entgegen der hierfür angeführten Begründung – gerade nicht auf den ursprünglichen Erwerberschutz reduziert werden, sondern dieser vielmehr beschränkt: Denn das erforderliche Informationsinteresse des Erwerbers kann nur dann erfüllt werden, wenn bereits die Ursprungsparteien an die Schriftform gebunden sind. Aufgrund der Untrennbarkeit der Schutzzwecke[637] scheidet die teilweise Aufhebung des Schriftformgebotes schon nicht nur mit Blick auf die Ursprungsparteien aus, sondern auch dann, wenn man allein den Schutz des Erwerbers für maßgeblich hält.

---

636 Siehe hierzu im Detail auf S. 69 f.

637 Siehe hierzu im Detail im zweiten Kapitel unter D. II. 4. b) und im vierten Kapitel unter B. II. 2. b).

4. Zwischenergebnis

Unter Berücksichtigung der im Rahmen dieser Abhandlung gewonnenen Erkenntnisse können die bestehenden Reformvorschläge nicht überzeugen. Denn der Rechtsverkehr kann nicht dadurch geschützt werden, dass zwar einerseits die Missbrauchsgefahr beseitigt wird, aber andererseits zugleich die Vertragsparteien schutzlos gestellt werden. Insoweit kann nach hiesiger Auffassung eine Reform des Gesetzes nur dann als gelungen und sinnvoll bewertet werden, wenn sowohl die Befristungsregelung als auch die Schutzzwecke des § 550 BGB sichergestellt werden können.

III. Eigener Reformvorschlag

Eine allen Beteiligten gerecht werdende und sinnvolle Änderung des § 550 BGB kann allein darin bestehen, eine gesetzliche Heilungsverpflichtung gegenüber allen Vertragsparteien in die Norm aufzunehmen. Im Hinblick auf die Mieterschutzbestimmung des § 566 BGB ist diese zudem um ein inhaltlich beschränktes Kündigungsrecht zugunsten des Erwerbers unter Aufnahme einer entsprechenden Haftungsregelung zu ergänzen.

1. Ausschluss weiterer Gestaltungsmöglichkeiten

Wie bereits ausführlich dargestellt, muss das Ziel einer gesetzlichen Neugestaltung des § 550 BGB immer auch darin bestehen, die für den Schutz des Rechtsverkehrs erforderliche Schriftform aufrechtzuerhalten, sodass eine gesetzgeberische Korrektur auf Tatbestandsebene ausscheidet.

Angesichts der Komplexität der mietrechtlichen Schriftform wäre zwar durchaus daran zu denken, anstatt eines Schriftformgebotes ein bloßes Schriftlichkeitsgebot zu postulieren. Damit würden die teilweise überhöhten sowie unübersichtlichen Anforderungen des § 126 BGB wegfallen und die Einhaltung der Textform im Sinne des § 126b BGB genügen. Vor dem Hintergrund des zuvor gesagten kann diese Möglichkeit aber nicht überzeugen. Denn mit Aufhebung der Schriftform des § 126 BGB würde zugleich auch die Einheitlichkeit der Urkunde entfallen. Dies hätte zur Folge, dass die Vertragsbestimmungen zwar schriftlich fixiert sein müssten, aber nicht aus einem einheitlichen Dokument ersichtlich wären. Den Mietvertragsparteien stünde in diesem Fall keine einheitliche Vertragsurkunde zur Verfügung, aus der sich die Vertragspflichten ergeben. Weder ist dies mit dem Charakter eines langfristigen Mietvertrages als Dauerschuldverhältnis noch mit den zahlreichen mietvertraglichen Bestimmungen vereinbar. Besonders im Gewerberaummietrecht ist die schriftliche und einheitliche Verkörperung der Vertragsbestimmungen für eine reibungslose und dauerhafte Abwicklung eines befristeten Mietvertrages unerlässlich. Insofern scheidet eine Herabsetzung der Schriftform gemäß § 126 BGB aus.

Auch erscheint die Verschärfung des Formgebotes, etwa durch Aufnahme des langfristigen Mietvertrages in das Grundbuch oder die Einführung eines öffentlichen Registers, als wenig sinnvoll. Die Eintragung sämtlicher Vertragsbestimmungen würde nicht nur einen erheblichen Aufwand für die Parteien selbst bedeuten, sondern wäre für die öffentliche Verwaltung schlichtweg nicht umsetzbar.[638] Damit steht fest, dass die Tatbestandsvoraussetzung des § 550 BGB – Einhaltung der Schriftform des § 126 BGB – im Rahmen einer Gesetzesreform, trotz der in der Praxis bestehenden Komplexitäten nicht sinnvoll abgeändert werden kann, sodass nur eine Anpassung auf Rechtsfolgenseite zielführend ist.

2. *Gesetzlich verankerte Heilungsverpflichtung*

Ein tauglicher Reformansatz kann nur in der gesetzlichen Verankerung einer Heilungsverpflichtung bestehen: Das bedeutet, dass die bisherige Rechtsfolge der ordentlichen Kündbarkeit nach wie vor gegenüber allen Parteien bestehen bleibt. Allerdings kommt sie erst dann zum Tragen, sofern der Kündigungsgegner erfolglos zur Heilung des Schriftformmangels aufgefordert wurde. Im Ergebnis führt diese Regelung dazu, dass die Parteien nicht nur zur Einhaltung der Form, sondern auch zur Heilung von Formmängeln verpflichtet sind. Aus einem Formverstoß folgt demnach nicht per se ein ordentliches Kündigungsrecht. Die Gefahr der permanenten Entfristung besteht insoweit nicht länger und beseitigt auch die hierauf beruhende Missbrauchsanfälligkeit befristeter Mietverträge.

Aus Gründen der Rechtssicherheit und -klarheit ist die Regelung um eine Frist zu ergänzen, die zwischen der Aufforderung zur Heilung und der Kündigung eingehalten werden muss. Eine Heilungsaufforderung kann erst dann als erfolglos angesehen werden und insofern zur Kündigung berechtigen, wenn seit ihr eine angemessene Zeit verstrichen ist, in der Abhilfe hätte geschafft werden können. Der Zeitfaktor, indem ein Formmangel behoben werden muss, kann nicht generell für alle Schriftformmängel festgelegt werden, weil es hierbei maßgeblich auf die Umstände des Einzelfalls ankommt. Die Behebung eines rein formalistischen Fehlers ist naturgemäß mit einem geringeren zeitlichen Aufwand verbunden als wenn die Parteien beispielsweise erst noch ein neues Aufmaß erstellen müssen, um den Formmangel heilen zu können. Grundsätzlich wird

638 BR-Drs 469/19(B), Anlage S. 6; *Siering*, Die Auswirkungen des § 550 BGB auf die Gestaltungspraxis von Immobilientransaktionen, S. 173 f.

man den Parteien aber zugestehen müssen, Rechtsrat für die Erstellung einer schriftformkonformen Nachtragsvereinbarung einholen zu können, sodass in der Regel wohl eine Mindestfrist von einem Monat angemessen erscheint. Sofern die Erstellung einer schriftformkonformen Nachtragsvereinbarung mit größerem Aufwand verbunden ist und die Parteien zunächst in Verhandlungen treten, kann wohl eine Frist von längstens drei Monaten für angemessen erachtet werden.

Eine solche gesetzlich verankerte Heilungsverpflichtung federt das Kündigungsrecht ab und sorgt für einen verhältnismäßigen Interessenausgleich: Sie würde nicht nur den Fällen missbräuchlicher Kündigung vorbeugen, sondern auch den vom Gesetzgeber verfolgten Schutzzweck des § 550 BGB erfüllen. Die gesetzliche Heilungsverpflichtung stellt insoweit das erforderliche Korrektiv für die missbräuchliche Nutzung der Norm dar, ohne zugleich dem umfänglichen durch die Schriftform bezweckten Schutz abträglich zu sein. Auch würde eine solche Änderung der Norm bereits jetzt bestehende Tendenzen in der Rechtsprechung zur ordentlichen Kündbarkeit von Mietverträgen wegen eines Formmangels berücksichtigen. Denn der Grundsatz des Rechtsmissbrauchs wird schon jetzt von der Rechtsprechung als Korrektiv herangezogen. Stellt aber gerade der Rechtsmissbrauch in der Praxis den einzigen Grund für eine Neugestaltung des Gesetzes dar, erscheint es insofern naheliegend, bereits auf Gesetzesebene diesen Einwand zu berücksichtigen.

Zudem würde bei der Aufnahme einer gesetzlichen Heilungsverpflichtung auch der unmittelbar von § 550 BGB verfolgte Schutzzweck gewahrt. So wäre hierdurch sowohl die Dokumentations- als auch die Warnfunktion gewährleistet, gleichzeitig aber insbesondere eine solche Sanktion der Norm immanent, dass – auch wenn die Rechtsfolge der ordentlichen Kündbarkeit weniger häufig zur Anwendung kommt – die Parteien zur Wahrung der Schriftform angehalten würden. Denn für den Fall, dass sich eine Partei weigert, die gesetzliche Schriftform zu erfüllen, droht die ordentliche Kündbarkeit und damit die frühzeitige Beendigung des Mietverhältnisses. Aufgrund der Gleichstellung aller Vertragsparteien steht das notwendige Druckmittel allen gleichermaßen zur Verfügung, um die Herstellung der Schriftform durchzusetzen. Damit würde die gesetzliche Schriftform, so wie sie vom historischen Gesetzgeber gewollt war, weiterhin Bestand haben. Darüber hinaus würde die ursprünglich angeordnete Rechtsfolge der ordentlichen Kündbarkeit im Falle der Aufnahme einer gesetzlichen Heilungsverpflichtung wieder ihrem ursprünglichen Sanktionscharakter zugeführt. Die Regelung würde also keine Verschlechterung der jetzigen Rechtslage, sondern nur eine Verbesserung bedeuten.

3. *Erwerberschutz*

Die einzige Schwäche der zuvor dargestellten Regelung könnte darin gesehen werden, dass der erforderliche Erwerberschutz nicht hinreichend gesichert ist. Da auch die Ursprungsparteien weiterhin zur Einhaltung der Schriftform verpflichtet sind und ihnen das notwendige Druckmittel zur Erfüllung dieser Pflicht zur Verfügung steht, wird grundsätzlich auch das Informationsinteresse eines Erwerbers erfüllt. Für den Fall, dass aber weder dem Mieter noch dem Vermieter daran gelegen ist, von diesem Druckmittel Gebrauch zu machen und insofern dafür Sorge zu tragen, dass die Schriftform – auch vor Veräußerung – eingehalten wird, bedarf es eines zusätzlichen Schutzmechanismus.

Aus diesem Grund erscheint es sinnvoll, dem Erwerber hinsichtlich derjenigen Vertragsabreden, die zwischen den Ursprungsparteien lediglich formlos getroffen wurden und von denen er zum Zeitpunkt der Veräußerung keine Kenntnis hatte, außerdem das Recht zuzugestehen, diese für unwirksam zu erklären.

Die dem § 550 BGB zugrundeliegende Klarstellungsfunktion wäre hierdurch hinreichend erfüllt. Im Vergleich zur aktuellen Rechtslage würde diese Regelung eine zweifache Beschränkung enthalten: Zum einen würde die Kündigung durch ein Gestaltungsrecht zur Vertragsänderung ersetzt, mit dem der Erwerber die Bindung an nicht formgerecht vereinbarte Regelungen vermeidet. Es stünde dem Erwerber also lediglich ein inhaltlich beschränktes Kündigungsrecht hinsichtlich der formlos getroffenen Vertragsabrede zu. Gesamtunwirksamkeit würde nur dann eintreten, wenn von dem Formmangel eine Essentiale des Vertrages betroffen ist, ohne die der Vertrag nicht weiterbestehen könnte. Zum anderen würde das inhaltlich beschränkte Kündigungsrecht nicht automatisch bei jedem Formmangel eintreten, sondern nur sofern dem Erwerber die formlos getroffene Abrede tatsächlich nicht zur Kenntnis gebracht wurde, sei es durch den Verkäufer oder durch den Mieter selbst, sei es mündlich oder schriftlich. Diese Lösung erscheint deshalb vorzugswürdig, weil der Erwerber angesichts des gesetzlich angeordneten Eintritts in die bestehenden Mietverhältnisse, nur vor dem Übergang ihm unbekannter Verpflichtungen geschützt werden soll. Hierdurch würde insbesondere die in der Praxis derzeitig häufig genutzte Möglichkeit unterbunden, Mietverträge bereits vor Veräußerung auf Schriftformmängel hin zu prüfen, um sie dann im Erwerbsfall kündigen zu können.

Allerdings ist zu bedenken, dass in diesem Szenario der Mieter unzulässig benachteiligt würde, da nur er die Unwirksamkeit der zwischen ihm und dem Vermieter getroffenen Abrede zu fürchten hätte. Der Erwerber kann sein inhaltlich beschränktes Kündigungsrecht schließlich nur gegenüber dem Mieter ausüben. Aus diesem Grund ist der Gesetzestext ebenfalls um eine zusätzliche Haftungsregelung zu ergänzen, auf die sich der Mieter im Erwerbsfall berufen kann. Danach wäre dem Mieter für den Fall der seitens des Erwerbers erfolgten Ausübung des inhaltlich beschränkten Kündigungsrechtes ein ihm wegen der für unwirksam erklärten Vertragsabrede entstandener Schaden vom Verkäufer zu ersetzen. Mit dieser Regelung würde den Interessen aller Beteiligten gleichermaßen Rechnung getragen, da nicht lediglich dem Mieter, sondern auch dem vormaligen Vermieter eine Sanktion droht. Entsprechend steht beiden Vertragsparteien ein Druckmittel zur Verfügung, um die andere Vertragspartei vor Veräußerung zur Wahrung bzw. Heilung der Schriftform anzuhalten, wodurch auch der Erwerberschutz im Hinblick auf § 566 BGB hinreichend verwirklicht wird.

Im Hinblick auf einen ausgewogenen Schutz von Erwerber und Mieter soll in beiden Fällen, sowohl bei der Kündigung des gesamten Vertrages als auch bei der Kündigung einer formlosen Vertragsbestimmung, an der Regelung festgehalten werden, dass das Mietverhältnis eine Mindestlaufzeit von einem Jahr haben muss.

4. Formulierungsvorschlag

Abschließend wird unter den gewonnenen Erkenntnissen folgender Vorschlag für eine entsprechende Neugestaltung des mietrechtlichen Schriftformgebotes postuliert:

„§ 550 BGB: Form des Mietvertrages

(1) Wird der Mietvertrag für längere Zeit als ein Jahr nicht in schriftlicher Form geschlossen, so gilt er nach erfolgloser Aufforderung zur Heilung eines bestehenden Schriftformverstoßes für unbestimmte Zeit. Die Kündigung ist erst zulässig, wenn seit der Aufforderung zur Heilung eine zur Abhilfe angemessene Zeit verstrichen ist.

(2) Soweit dem Erwerber bei Eintritt in das Mietverhältnis eine schriftformwidrig getroffene Vertragsbestimmung nicht zur Kenntnis gebracht wurde, kann er unbeschadet dem Recht zur Kündigung die Bestimmung für unwirksam erklären. Der Veräußerer haftet dem Mieter für den hieraus entstehenden Schaden.

(3) Der Berechtigte kann jedoch frühestens zum Ablauf eines Jahres nach Überlassung des Wohnraums den Vertrag kündigen oder die schriftformwidrig getroffene Vertragsbestimmung für unwirksam erklären.“

Fazit und Ausblick

Ausgangspunkt dieser Arbeit ist, wie eingangs erwähnt, das für die Immobilienbranche bedeutsame Urteil des Bundesgerichtshofes zur Unwirksamkeit der Schriftformheilungsklausel und dessen Auswirkungen auf die Vertragspraxis. Sie stellt demnach nicht mehr länger ein geeignetes Instrument dar, um die Einhaltung der vereinbarten Festlaufzeit eines befristeten Mietvertrages sicherstellen zu können. Denn ihrem Inhalt nach führte sie, indem sie eine Mitwirkungsverpflichtung der Vertragsparteien zur Behebung bestehender Formmängel begründete, de facto zu einem vollumfänglichen Kündigungsausschluss. Hieraus kam es, so die Begründung des Bundesgerichtshofes, zur Umgehung des zwingenden Charakters des § 550 BGB.

Auch diese Arbeit kommt nach eingehender Auseinandersetzung mit den vertretenen Gegenansichten, die insbesondere aus praktischen Gesichtspunkten für die Geltung einer derartigen Regelung plädieren, zu dem Ergebnis, dass die herkömmliche Schriftformheilungsklausel mit geltendem Recht nicht zu vereinbaren und damit unwirksam ist.

Zentrales Anliegen dieser Arbeit war es daher, diese Lücke – soweit möglich – zu schließen.

Die Rechtsprechung des Bundesgerichtshofes führte dazu, dass sich den Parteien eines langfristigen Mietvertrages nunmehr regelmäßig die Option bietet, sich frühzeitig von einem unliebsam gewordenen Vertrag zu lösen. Zurückführen lässt sich diese Missbrauchsanfälligkeit insbesondere auf die bestehende Komplexität der Schriftformanforderungen. Angesichts der in der Praxis häufig auftretenden Formmängel stellt die zwingende Rechtsfolge der ordentlichen Kündbarkeit – entgegen der gesetzgeberischen Intention – nunmehr die Regel dar. Die Anwendung des § 550 BGB führt damit in seiner jetzigen Form zu einer erheblichen Beeinträchtigung des Rechts- und Wirtschaftsverkehrs.

Das Schriftformerfordernis sollte aber nach dem Willen des historischen Gesetzgebers nicht dazu dienen, die in der Praxis bedeutsame Befristungsmöglichkeit zu negieren. Vielmehr sollte sie sowohl den Vertragsparteien als auch dem Erwerber zu größtmöglichem Schutz verhelfen. Wirkung und Zweck der Norm verlaufen konträr zueinander. Insofern ist es unerlässlich, den überhöhten Formzwang zu durchbrechen und § 550 BGB in seiner Wirkungsform auf den ursprünglichen Schutzzweck zurückzuführen. Grundsätzlich gilt es aber trotz allem, an dem mietrechtlichen Schriftformgebot festzuhalten. Dementsprechend ist eine Regelung zu finden, die einen ausreichenden Kündigungsschutz bietet, aber auch zugleich die Einhaltung der erforderlichen Dokumentations- und Warnfunktion garantiert.

In Anbetracht der Tatsache, dass die Norm des § 550 BGB bereits seit 120 Jahren geltendes Recht darstellt und ein gesetzgeberisches Tätigwerden – so blieb die Norm auch im Zuge der Mietrechtsreform im Jahr 2001 unverändert bestehen – nicht mit hinreichender Sicherheit prognostizierbar ist, richtete diese Abhandlung ihren Fokus zunächst auf die Gestaltungsmöglichkeiten de lege lata. Die Gestaltungspraxis unter Beachtung der aktuellen Rechtslage erscheint derzeit deshalb die einzige Möglichkeit, der bestehenden Missbrauchsanfälligkeit vorzubeugen. Auf dieser Basis untersuchte vorliegende Arbeit zunächst, inwieweit der mietrechtlichen Schriftformklausel heute noch ein Geltungsanspruch zukommt. Daran anknüpfend wurde zusätzlich herausgearbeitet, ob eine Neugestaltung der mietrechtlichen Formvorschrift zu einem effektiveren Schutz des Rechtsverkehrs führen würde und wie dieser alsdann durch den Gesetzgeber bestmöglich umgesetzt werden könnte.

Diese Abhandlung kommt dabei zu folgendem Ergebnis:

Als einzige effektive Gestaltungsmöglichkeit kommt nach derzeitiger Rechtslage die Vereinbarung einer konkreten Schriftformheilungsklausel in Betracht. Anders als die herkömmliche Schriftformheilungsklausel enthält sie keine allgemeine Mitwirkungsverpflichtung zur Herstellung der Schriftform und führt damit nicht zu einem vollumfänglichen Kündigungsausschluss. Vielmehr bezieht sie sich auf spezielle Formmängel, die den Parteien bereits bekannt sind oder mit deren Eintritt sie fest rechnen. Die zur Herstellung der Schriftform erforderliche Nachtragsvereinbarung ist damit bereits in der Klausel selbst formwirksam antizipiert. Weder verstößt sie damit gegen den zwingenden Charakter des § 550 BGB noch führt sie zur Umgehung des Schutzzwecks der Norm. Als speziell ausgestaltete Klausel vermag sie es zwar nicht, die bestehende Missbrauchsgefahr vollumfänglich zu beseitigen, jedoch insoweit effektiven Kündigungsschutz zu vermitteln, als dass eine Vielzahl typischer Schriftformverstöße präventiv unterbunden werden und damit der Bestand des langfristigen Mietvertrages sichergestellt werden kann. Gestützt wird ein solches Vorgehen auch durch den aktuellen Gesetzentwurf des Bundesrates, der insoweit zeigt, dass eine solche präventive Heilungsverpflichtung nicht nur als zulässig zu erachten, sondern auch rechtspolitisch gewollt ist. Abschließend bleibt damit festzuhalten, dass das Ende der herkömmlichen Schriftformheilungsklausel nicht zugleich auch das Ende der mietrechtlichen Schriftformklausel zu bedeuten hat, da ihr in speziell ausgestalteter Form durchaus ein sinnvoller Anwendungsbereich zukommt.

Allerdings ist aufgrund des Geschilderten gleichwohl zu konstatieren, dass ein optimaler Schutz der Vertragsparteien auf kautelarjuristischem Weg nicht erreicht werden kann, sondern es hierfür eine Änderung des Gesetzes bedarf. Nur dann kann die Missbrauchsanfälligkeit der Norm vollumfänglich unterbunden werden. Die bestehenden Reformvorschläge – mitunter auch der aktuelle Gesetzentwurf des Bundesrates – können allerdings nicht überzeugen, da sie allesamt zu einer erheblichen Beschränkung der Schriftform und damit zugleich des Schutzumfangs des § 550 BGB führen.

Vor diesem Hintergrund besteht eine sinnvolle Lösung allein in der gesetzlichen Verankerung einer Heilungsverpflichtung. Nur sie bildet das notwendige Korrektiv gegenüber dem in der Praxis häufig anzutreffenden Rechtsmissbrauch der Norm. Mit der Aufnahme einer Heilungsverpflichtung in den Gesetzestext käme die Rechtsfolge der ordentlichen Kündbarkeit nämlich nicht bereits bei Eintritt eines Formmangels zum Tragen, sondern erst nach erfolgloser Aufforderung zur Heilung. Durch diese Regelung würde die Schriftform in ihrer jetzigen Form aufrechterhalten und zugleich der vom Gesetzgeber intendierte Schutzzweck des § 550 BGB garantiert. Gleichwohl würde sie die nach heutiger Rechtslage bei einer Mehrzahl der befristeten Mietverträge bestehende Kündigungsoption ausschließen und die vom Gesetzgeber und den Parteien ursprünglich gewollte Befristung garantieren.

Daneben ist die Regelung um ein inhaltlich beschränktes Kündigungsrecht zu ergänzen. Hat der Erwerber bei Eintritt in den Mietvertrag keine Kenntnis vom Formmangel, besteht für ihn die Möglichkeit, die formwidrige Vertragsbestimmung einseitig für unwirksam zu erklären. Da der Mieter in diesem Fall gegenüber seinem ursprünglichen Vermieter schlechter gestellt würde, ist zusätzlich eine entsprechende Haftungsregelung aufzunehmen.

Im Ergebnis lässt sich damit abschließend festhalten: Ein optimaler Schutz des Rechtsverkehrs kann nur im Wege der gesetzlichen Verankerung einer Heilungsverpflichtung erzielt werden. Solange der Gesetzgeber in dieser Hinsicht jedoch noch nicht tätig geworden ist, ist es für die Vertragsparteien eines langfristigen Mietvertrages, insbesondere bei Vertragsabschluss in der Bau- und Planungsphase, jedenfalls ratsam, eine konkrete Schriftformheilungsklausel zu vereinbaren und in den Vertrag aufzunehmen.

Abkürzungsverzeichnis

Abs.	Absatz
AcP	Archiv für die civilistische Praxis
a. F.	alte Fassung
AG	Aktiengesellschaft
AGB	Allgemeine Geschäftsbedingungen
AGB-Gesetz	Gesetz zur Regelung des Rechts der Allgemeinen Geschäftsbedingungen
AktG	Aktiengesetz
a. M.	am Main/amtliche Mitteilung
Anm.	Anmerkung[en]
AT	allgemeiner Teil
Az.	Aktenzeichen
BAG	Bundesarbeitsgericht/Bundesarbeitsgemeinschaft
Beck MandatsHdB Due Diligence	Beck'sches Mandatshandbuch Due Diligence
BeckOF Vertrag	Beck'sche Online-Formulare Vertrag
BeckOGK-BGB	Beck'scher Online-Großkommentar zum Bürgerlichen Gesetzbuch
BeckOK-BGB	Beck'scher Online-Kommentar zum Bürgerlichen Gesetzbuch
BeckOK MietR	Beck'scher Online-Kommentar für Mietrecht
BeckRS	Beck-Rechtsprechung
BGB	Bürgerliches Gesetzbuch
BGBl	Bundesgesetzblatt
BGH	Bundesgerichtshof
BGHZ	Entscheidungen des Bundesgerichtshofs in Zivilsachen
BR-Drs	Bundesrat Drucksache
BT-Drs	Bundestag Drucksache
bzw.	beziehungsweise
CDU	Christlich Demokratische Union
CSU	Christlich Soziale Union
Diss.	Dissertation

DNotZ	Deutsche Notar-Zeitschrift
Drs	Drucksache
DStR	Deutsches Steuerrecht
FAZ	Frankfurter Allgemeine Zeitung
FD-MietR	Fachdienst Miet- und Wohnungseigentumsrecht
f.	folgende/die folgende
ff.	fortfolgende/die folgenden
Form.	Formular[e]
GbR	Gesellschaft bürgerlichen Rechts
GesamtHrsg.	Gesamtherausgeber
GmbH	Gesellschaft mit beschränkter Haftung
GmbHG	Gesetz betreffend die Gesellschaften mit beschränkter Haftung
Habil.	Habilitation
HGB	Handelsgesetzbuch
Hrsg.	Herausgeber
i. V.	in Vertretung
i. V. m.	in Verbindung mit
JA	Juristische Ausbildung
jurisPR-BGHZivilR	juris PraxisReport BGH-Zivilrecht
jurisPR-MietR	Juris PraxisReport Mietrecht
JuS	Juristische Schulung
Kap.	Kapitel
KG	Kommanditgesellschaft/Kammergericht
LG	Landgericht
LMK	Landeszentrale für Medien und Kommunikation
MDR	Monatsschrift für Deutsches Recht
MietRB	Der Miet-Rechts-Berater
MüKo-BGB	Münchener Kommentar zum Bürgerlichen Gesetzbuch
NJOZ	Neue Juristische Online Zeitschrift
NJW	Neue Juristische Wochenschrift
NJW-RR	Neue Juristische Wochenschrift – Rechtsprechungsreport
NZA	Neue Zeitschrift für Arbeitsrecht
NZM	Neue Zeitschrift für Miet- und Wohnungsrecht

OHG	Offene Handelsgesellschaft
OLG	Oberlandesgericht
RegE	Gesetzentwurf der Bundesregierung
RGZ	Entscheidungen des Reichsgerichts in Zivilsachen
Rn.	Randnummer
S.	Seite/Satz
s.	siehe
UCC	Uniform Commercial Code (USA)
UN-Kaufrecht	Übereinkommen der Vereinten Nationen vom 11. April 1980 über Verträge über den internationalen Warenkauf
Urt. v.	Urteil vom
vgl.	vergleiche
WuM	Wohnungswirtschaft und Mietrecht
z. B.	zum Beispiel
ZfIR	Zeitschrift für Immobilienrecht
ZMR	Zeitschrift für Miet- und Raumrecht
zugl.	zugleich

Literaturverzeichnis

Armbrüster, Christian: Treuwidrigkeit der Berufung auf Formmängel, NJW 2007, S. 3317–3320.

Baumgarten, Bettina/Engel, Simone: Schriftform bei Änderungen und Ergänzungen langfristiger Gewerbemietverträge, MietRB 2011, S. 189–193.

Beck'sches Mandatshandbuch Due Diligence: Hrsg.: Beisel, Daniel/Andreas Friedhold, 3. Auflage, München 2017 [zitiert als: *Bearbeiter*, in: Beck MandatsHdB Due Diligence].

Beck'sche Online-Formulare Vertrag: Hrsg.: Weise, Stefan/Krauß, Hans-Frieder, 52. Edition, München 2020 [zitiert als: *Bearbeiter*, in: BeckOF Vertrag].

Beck'scher Online-Großkommentar zum BGB: GesamtHrsg.: Gsell, Beate/Krüger, Wolfgang/Lorenz, Stephan/Reymann, Christoph, BGB §§ 305–310 Artz, Markus (Hrsg.), BGB §§ 535–580a Schmidt, Hubert (Hrsg.), München 2020 [zitiert als: *Bearbeiter*, in: BeckOGK-BGB].

Beck'scher Online-Kommentar zum BGB: Hrsg.: Bamberger, Georg/Roth, Herbert/Hau, Wolfgang/Poseck, Roman, 54. Edition, München 2020 [zitiert als: *Bearbeiter*, in: BeckOK-BGB].

Beck'scher Online-Kommentar zum Mietrecht: Hrsg.: Schach, Klaus/Schultz, Michael/Schüller, Peter, 20. Edition, München 2020 [zitiert als: *Bearbeiter*, in: BeckOK MietR].

Bieber, Hans-Jürgen: Anmerkung zu OLG Naumburg, Urt. v. 26.07.2012, Az.: 9 U 38/12, Wirksamkeit der formlosen Abänderung von formularmäßig vereinbarten qualifizierten Schriftformklauseln, jurisPR-MietR 2/2013, Anm. 5.

Birnbach, Adrian/Gassert, Kai: Mietvertrag – Wahrung der Schriftform durch späteren Einzug?, MDR 2010, S. 727–730.

Blank, Hubert/Börstinghaus, Ulf: Miete, Kommentar, 6. Auflage, München 2020 [zitiert als: *Bearbeiter*, in: Miete].

Bloching, Micha/Ortolf, Daniel: Schriftformklauseln in der Rechtsprechung von BGH und BAG – Zukunfts- oder Auslaufmodell, insbesondere beim Schutz gegen betriebliche Übungen?, NJW 2009, S. 3393–3397.

Böhm, Helmut: Das Abgehen von rechtsgeschäftlichen Formgesetzen, AcP 179, S. 425–451.

Börstinghaus, Ulf: Die aktuelle Rechtsprechung des BGH zum Mietrecht, NZM 2018, S. 529–543.

Breitling, Siegfried: Bedeutung und Wirkung von Schriftformklauseln – Eine Untersuchung mit Bezug auf Individualvereinbarungen und Allgemeine Geschäftsbedingungen unter Einbeziehung des schweizerischen Rechts, des amerikanischen UCC sowie des UN-Kaufrechts, Pfaffenweiler 1994 (zugl. Diss. Freiburg 1993).

Bub, Wolf-Rüdiger/Bernhard, Nicola: Anmerkung zu BGH, Urt. v. 08.10.2008, Az.: XII ZR 66/06, Schriftformklausel hindert nicht die formlose Fortsetzung des Mietvertrages, FD-MietR 2008, 271080.

Bub, Wolf-Rüdiger/Bernhard, Nicola: Anmerkung zu BGH, Urt. v. 17.06.2015, Az.: XII ZR 98/13, Schriftform des § 550 S. 1 BGB ist bei Vorliegen einer inhaltlich vollständigen Mietvertragsurkunde auch dann gewahrt, wenn der Vertragsschluss nicht den Anforderungen des § 126 II BGB entspricht, FD-MietR 2015, 370908.

Conradi, Johannes: Hoffnung für Mieter und Vermieter, Frankfurter Allgemeine Zeitung, Hauptausgabe vom 03.01.2020, Ressort Immobilienmarkt, Seitentitel Immobilien, S. 13 [zitiert als: Conradi, FAZ vom 03.01.2020, S. 13].

Di Fabio, Udo: Form und Freiheit, DNotZ 2006, S. 342–350.

Einsele, Dorothee: Anmerkung zu BGH, Urt. v. 27.09.2017, Az.: XII ZR 114/16, Unwirksamkeit von Schriftformheilungsklauseln in Mietverträgen, LMK 2018, 401890.

Eisner, Frederick: Die Schriftformklausel in der Praxis, NJW 1969, S. 118–122.

Erman: Hrsg.: Grunewald, Barbara/Maier-Reimer, Georg/Westermann, Harm Peter, 15. Auflage, Köln 2017 [zitiert als: *Bearbeiter*, in: Erman].

Eupen, Marcel: Schriftlichkeit statt Schriftform bei verspäteter Annahme eines Mietvertragsangebotes, NZM 2010, S. 389–390.

Flume, Werner: Allgemeiner Teil des Bürgerlichen Rechts, Zweiter Band Das Rechtsgeschäft, 3. Auflage, Berlin 1979.

Geschäftsraummiete Handbuch: Hrsg.: Lindner-Figura, Jan/Oprée, Frank/Stellmann, Frank, 4. Auflage, München 2017 [zitiert als *Bearbeiter*, in: Geschäftsraummiete].

Grüttemeier, Hans Peter: Das Formerfordernis des § 566 BGB, Konstanz 2011.

Günter, Peter: Schriftform langfristiger Mietverträge: Ein Lösungsvorschlag für ein „ewiges Problem“, NZM 2019, S. 561–569.

Häsemeyer, Ludwig: Die gesetzliche Form der Rechtsgeschäfte – Objektive Ordnung und privatautonome Selbstbestimmung im formgebundenen Rechtsgeschäft –, Frankfurt am Main 1971 (zugl. Habil. Göttingen 1971).

Häsemeyer, Ludwig: Die Bedeutung der Form im Privatrecht, JuS 1980, S. 1–9.

Heile, Bernhard: Gesetzlicher Formzwang nach § 566 BGB für Mietvorverträge über Grundstücke und Räume?, NJW 1991, S. 6–12.

Heile, Bernhard: Form des Langzeitmietvertrags, NZM 2002, S. 505–512.

Huneke, Maike: Schriftformgebot und „Wesentlichkeit" von Mietvertragsänderungen – Eingrenzung und Konkretisierung im Rahmen von § 550 BGB, NZM 2015, S. 478–481.

Horst, Reinold: Sicherung der Ansprüche der Vertragsparteien in der Gewerberaummiete, NZM 2018, S. 889–899.

Jacoby, Florian: Die gesetzliche Schriftform bei Abschluss und Änderung von Gewerberaummietverträgen – Oder: Zurück zu den Wurzeln des Vertretungsrechts und der Bestätigung (§ 141 BGB), NZM 2011, S. 1–7.

Klimke, Dominik: Heilungsvereinbarungen bei Nichtigkeit von Mietvertragsklauseln, WuM 2010, S. 8–13.

Körnig, Joachim: Schriftformklauseln und Mündliche Abreden – Ein Beitrag zu § 125 Satz 2 BGB –, München 1972 (zugl. Diss. München 1972).

Kraemer, Hans-Jörg: Die Gesellschaft bürgerlichen Rechts als Partei gewerblicher Mietverträge, NZM 2002, S. 465–473.

Kreikenbohm, Jan/Niederstetter, Christina: Qualifizierte Schriftformklauseln in Mietverträgen, NJW 2009, S. 406–409.

Krüger, Martin: Anmerkung zu BGH, Urt. v. 27.09.2017, Az.: XII ZR 114/16, Unwirksamkeit von Schriftformheilungsklauseln in Mietverträgen, NZM 2018, S. 38–42.

Kuckein, Mathias: Einhaltung der gesetzlichen Schriftform bei Unterzeichnung eines Mietvertrags für eine Kapitalgesellschaft – Die Aktiengesellschaft, NZM 2010, S. 148–152.

Leonhard, Marc: Schriftformrisiken bei formlosen Änderungsvereinbarungen, NZM 2008, S. 353–356.

Leo, Ulrich: Sind Schriftformheilungsklauseln in Gewerberaummietverträgen wirksam?, NZM 2006, S. 815–816.

Leo, Ulrich: Zur Unwirksamkeit so genannter „Schriftformsanierungsklauseln" in der Gewerberaummiete, NJOZ 2014, S. 321–323.

Lindner-Figura, Jan: Im aktuellen Überblick: Schriftform von Geschäftsraummietverträgen, NZM 2007, S. 705–714.

Lindner-Figura, Jan: Die Einhaltung des mietvertraglichen Schriftformgebots bei Nachträgen, NJW 2009, S. 1861–1862.

Lindner-Figura, Jan/Reuter, Ulla: Nach dem Ende der Schriftformheilungsklauseln in Mietverträgen: Was nun?, NJW 2018, S. 897–900.

Lützenkirchen, Klaus: Pflicht zur Heilung eines Schriftformmangels?, MietRB 2004, S. 305–307.

Mehrings, Josef: Typische Beratungsfallen im Mietrecht – Haftungsklauseln, Schriftform, Untervermietung, NZM 2009, S. 386–392.

Meyer, Peter: Wirksamkeit mündlicher Abreden trotz vereinbarter konstitutiver Schriftform unter besonderer Berücksichtigung des Erklärungsbewußtseins, Bielefeld 1987 (zugl. Diss. Bielefeld 1987).

Michalski, Lutz: Schriftformklauseln in Individual- und Formularverträgen, DStR 1998, S. 771–780.

Motive: Motive zu dem Entwurfe eines Bürgerlichen Gesetzbuches für das Deutsche Reich, Berlin und Leipzig 1988, Band 1, Allgemeiner Teil [zitiert als: Motive I].

Münchener Kommentar zum Bürgerlichen Gesetzbuch: Hrsg.: Säcker, Jürgen/ Rixecker, Roland/Oetker, Hartmut/Limperg, Bettina, Band 1 §§1–240 BGB, Band 2 §§ 241–310, 8. Auflage, München 2019 [zitiert als: *Bearbeiter*, in: MüKo-BGB].

Mugdan, Benno: Die gesammten Materialien zum Bürgerlichen Gesetzbuch für das Deutsche Reich, II. Band Recht der Schuldverhältnisse, Berlin 1899 [zitiert als: Mugdan II].

Mummenhoff, Claudia: Anmerkung zu BGH, Urt. v. 25.07.2007, Az.: XII ZR 143/05, Anwendungs- und Geltungsbereich einer salvatorischen Klausel im Mietvertrag, jurisPR-MietR 25/2007 Anm. 2.

Nemzov, Alexander/Aspar, Aytac: Schriftform- und Schriftformheilungsklauseln in Mietverträgen – quo vadis?, ZflR 2019, S. 73–84.

Niederstetter, Christina: Schriftform des Mietvertrags bei geänderter Bauausführung, NZM 2017, S. 550–553.

Palandt, Otto: Bürgerliches Gesetzbuch mit Nebengesetzen, 79. Auflage, München 2020 [zitiert als: *Bearbeiter*, in: Palandt].

Piepers, Andreas/Robles y Zepf, Carlos: Der Wirksamkeitsumfang von Vorsorgeklauseln zur Einhaltung der Schriftform bei langfristigen Mietverträgen, NZM 2014, S. 152–158.

Plassmann, Sebastian: Treuwidriges Verhalten bei Formverstößen, Baden-Baden 2017.

Pufal, Daniela: Schriftformklauseln im deutschen und südafrikanischen Recht, Frankfurt am Main 2011.

Regenfus, Thomas: Gesetzliche Schriftformerfordernisse – Auswirkungen des Normzwecks auf die tatbestandlichen Anforderungen (Teil 1), JA 2008, S. 161–165.

Reinelt, Ekkehart: Anmerkung zu BGH, Urt. v. 25.07.2007, Az.: XII ZR 143/05, Keine Verpflichtung zur Nachholung der nicht gewahrten Schriftform durch salvatorische Klausel im Mietvertrag, jurisPR-BGHZivilR 39/2007 Anm. 1.

Reingardt, Isabel: Das Schriftformerfordernis nach § 550 BGB; Frankfurt a. M. 2013.

Rösler, Patrick: Formbedürftigkeit der Vollmacht – Eine Darstellung nach Fallgruppen, NJW 1999, S. 1150–1153.

Schultz, Michael: Die Annahmeerklärung als „casus belli" der gesetzlichen Schriftform gewerblicher Mietverträge, NZM 2007, S. 509–510.

Siering, Benjamin: Die Auswirkungen des § 550 BGB auf die Gestaltungspraxis von Immobilientransaktionen – Zugleich ein Reformbeitrag, Hamburg 2010.

Schmid, Michael: Mietnebenkosten und Schriftform, NZM 2002, S. 483–484.

Schmidt-Futterer Mietrecht: Großkommentar des Wohn- und Geweberaummietrechts, Blank, Hubert (Hrsg.), 14. Auflage, München 2019 [zitiert als: *Bearbeiter*, in: Schmidt-Futterer].

Schraufl, Martin: Schriftform bei GbR als Partei eines Langzeitmietvertrags, NZM 2005, S. 443–447.

Schultz, Michael: Die Annahmeerklärung als „casus belli" der gesetzlichen Schriftform gewerblicher Mietverträge, NZM 2007, S. 509–510.

Schweitzer, Philipp: Anmerkung zu BGH, Urt. v. 25.11.2015, Az.: XII ZR 114/14, BGH: Schriftform: Änderung der Miethöhe sowie Um- und Ausbaumaßnahmen, NZM 2016, S. 98–101.

Schweitzer, Philipp: Anmerkung zu BGH, Urt. v. 07.03.2018, Az.: XII ZR 129/16, Schriftform bei einseitig unterzeichneten, nicht ausgetauschten Mietvertragsurkunden – Qualifikation des Photovoltaikanlagen-Vertrags als Miete oder Pacht, NZM 2018, S. 394–398.

Schweitzer, Philipp: Die Mietvertragsänderung: Alarmstufe rot für das Wahren der Schriftform, NJW 2019, S. 198–200.

Specht, Ralf: Anmerkung zu BGH, Urt. v. 25.07.2007, Az.: XII ZR 143/05, Schriftform: Keine Nachholpflicht bei salvatorischer Klausel, MietRB 2007, S. 285–286.

Staudinger: Kommentar zum Bürgerlichen Gesetzbuch mit Einführungsgesetz und Nebengesetzen, Buch 1 Allgemeiner Teil §§ 1–240, Buch 2 Recht der Schuldverhältnisse §§ 241–853, Berlin Neubearbeitung 2019.

Streyl, Elmar: Alles vergeblich? Zur Rettung von Formverstößen durch qualifizierte Schriftformklauseln, NZM 2009, S. 261–263.

Streyl, Elmar: Zur Heilkraft von Schriftformheilungsklauseln, NZM 2015, S. 28–31.

Teske, Wolfgang: Schriftformklauseln in Allgemeinen Geschäftsbedingungen, Köln 1990.

Westphalen, Graf von Friedrich: Die Entwicklung des AGB-Rechts im Jahr 2001, NJW 2002, S. 1688–1698.

10 Jahre Mietrechtsreformgesetz – Eine Bilanz –: Hrsg.: Artz, Markus/Börstinghaus, Ulf, München 2011.

Krüger, Martin: Schriftform langfristiger Mietverträge, S. 410–417.

Lammel, Siegbert: § 550 (566 a. F.) BGB – eine missbrauchte Vorschfrift?(!), S. 418–428.

Leo, Ulrich/Ghassemi-Tabar, Nima: Zur Unwirksamkeit sog. Schriftformklauseln, S. 428–436.

Lindner-Figura, Jan/Schnieders, Tobias: Schriftformvorsorgeklauseln in Geschäftsraummietverträgen, S. 436–446.

www.ingramcontent.com/pod-product-compliance
Ingram Content Group UK Ltd.
Pitfield, Milton Keynes, MK11 3LW, UK
UKHW021132041026
8980IPUK00034B/1696

9 783631 835289